治理现代化背景下民族地区乡土社会与现代国家关系研究

Research on the Relationship between Rural Society and Modern State in Ethnic Areas under the Background of Governance Modernization

慕良泽 著

陕西新华出版
陕西人民出版社

图书在版编目（CIP）数据

治理现代化背景下民族地区乡土社会与现代国家关系研究／慕良泽著．—西安：陕西人民出版社，2023.2
ISBN 978-7-224-14804-6

Ⅰ.①治… Ⅱ.①慕… Ⅲ.①民族地区—农村—社会管理—研究—中国 Ⅳ.①C912.82

中国国家版本馆 CIP 数据核字（2023）第 009467 号

责任编辑：南先锋
封面设计：蒲梦雅
内文设计：朵云文化

治理现代化背景下民族地区乡土社会与现代国家关系研究
ZHILI XIANDAIHUA BEIJING XIA MINZU DIQU XIANGTU SHEHUI YU XIANDAI GUOJIA GUANXI YANJIU

作　　者	慕良泽
出版发行	陕西人民出版社
	（西安北大街147号　邮编：710003）
印　　刷	广东虎彩云印刷有限公司
开　　本	787毫米×1092毫米　1/16
印　　张	19
字　　数	350千字
版　　次	2023年2月第1版
印　　次	2023年2月第1次印刷
书　　号	ISBN 978-7-224-14804-6
定　　价	78.00元

如有印装质量问题，请与本社联系调换。电话：029-87205094

国家社科基金后期资助项目出版说明

  后期资助项目是国家社科基金设立的一类重要项目，旨在鼓励广大社科研究者潜心治学，支持基础研究多出优秀成果。它是经过严格评审，从接近完成的科研成果中遴选立项的。为扩大后期资助项目的影响，更好地推动学术发展，促进成果转化，全国哲学社会科学工作办公室按照"统一设计、统一标识、统一版式，形成系列"的总体要求，组织出版国家社科基金后期资助项目成果。

全国哲学社会科学工作办公室

序

　　良泽希望为他的著作作序一事，说了好久，我一直未能着手，主要是在思考写什么。直到近日才有了思路和冲动。

　　良泽的这本著作是以其博士论文为基础撰写的。他2005年便进入我所在的中国农村研究院，作为研究生参与了本院的一系列田野调查活动。良泽是典型的西北汉子，很有激情，不仅做调研很投入，就是院里的公共事务也非常投入和用心。后来跟随我读博士。在选择博士论文选题时，我希望他研究西部民族地区，并进行深度调查。

　　为何要做西部农村调查？这是完善对中国整体的认识的需要。自从做中国农村研究之后，我总是说，要了解中国农村，必须读"两费"的书。一是费正清，他作为历史学家对中国社会有着深刻的认识。《美国与中国》是我研究中要反复引用的书。二是费孝通，他作为社会学家对中国社会也有着深刻的认识。《乡土中国》也是我研究中要反复引用的书。我衡量学术著作的价值大小的依据便是能否被反复引用，常读常新，不断给人以启迪。但是，即使是经典也有局限。"两费"的书主要是以中国的核心地区或者农耕地区为研究对象。这与他们生活的区域有关。但是，中国地域广大，历史悠久，除了"乡土中国"以外，还有"游牧中国"等。仅仅是"乡土中国"，对中国整体的认识是不全面的。"乡土中国"之外的地方与"乡土中国"有着不同的特性。而对于这一地域的认识还非常欠缺。之后，我又提出要了解"游牧中国"，需要读"两尔"的书。一是巴菲尔德的《危险的边疆：游牧帝国与中国》，一是拉铁摩尔的《中国的亚洲内陆边疆》。这两本书分别于2010和2011年在国内出版。我阅读后受到的冲击很大。两本书所描述的游牧人群对于中国历史进程的影响，这是我之前闻所未闻的。同样，读过后也有不满足感。这就是这两部书都是宏大叙事，虽然提到游牧人群的基本组织方式——部落制，但基本上是一笔带过，没有细致的描述，更没有进入游牧部落内部。知其不足往往是新探索的开启。

　　实际上我很早便注意到"乡土中国"之外的地域特性。西北师范大学的王宗礼老师于1995年出版了《中国西北农牧民政治行为研究》一书。可以说这本书是中国政治学者最早研究西北农牧民政治行为的著作,为此,此项研究引起了我的注意。1996年我们在启动"中国农村村级治理——22个村的调查与比较"项目时,专门设立了内蒙古的牧业村庄调查,开始进入农牧民生活区域进行调查。2006年我们在设立"百村十年观察"项目时,西部地区也有观察点。但总体上看,包括我们在内的中国政治学者对"乡土中国"之外地域的调查和研究还很少,也很薄弱。2008年,西部地区发生了一系列政治事件,从而将世界的眼光聚焦于西部。我们的研究也开始由"乡土中国"加快向西部地区扩展。良泽是2008年开始就读我的博士生的,在选择博士论文选题时,我提出了西部民族地区的研究方向。

至少在我指导的博士生中,良泽是西部民族地区研究的开启者。我过往所熟悉的是"乡土中国",对其他区域了解甚少,也不能做太多指导,只是指个方向。良泽确定方向之后,便进入西部地区进行调查。他很有雄心,一下选择了三个不同的民族村进行调查和比较,最后写成博士学位论文《民族、国家与基层治理——藏族、回族、壮族乡村的实证研究》。本书便是在其博士学位论文基础上加工而成的。良泽的论文试图将民族、国家引入基层治理,使我们可以看到少数民族地区基层治理的特性。这篇论文就研究领域看,具有很强的开拓性。

由于良泽的研究是初次尝试,他在论文选题时有些"初生牛犊不怕虎",有宏大理论关怀,同时做三个村庄,因为时间关系很难深入挖掘。他写论文那一年,同样来自西北的博士生王勇入校。王勇从事法理学研究,具有很强的学术想象力。他的博士学位选题是西北游牧地区的国家建构。在牧区调查时,他从一根细细的铁丝编织的网发现牧区生产方式的变化及国家的介入,由此撰写出博士学位论文《划界定牧与国家建构》(后修订出版的书名是《草权政治:划界定牧与国家建构》)。王勇的工作是在良泽论文基础上对西部民族地区研究的深化。

良泽和王勇的西部民族地区的调查和研究进一步激发了我对西部地区的向往和兴趣。在2015年启动的"深度中国调查"中,我设计了七大区域村庄调查,其中就包括西南和西北区域调查。这一调查不仅规模大,而且要求调查员深入村寨。在这一调查中,我进入田野现场,开始对这一区域有强烈的感受。"距离"与"海拔"是这一区域的典型特征。西部地区地域辽阔,与中原核心区域距离遥远。我在内蒙古大草原上才感受到歌曲《天边》中所唱的"天"之"边"的遥远。西部地区属于高海拔地区,从而生活着与平原地区有所不同的人群。在青藏高原上的塔尔寺,我为去那里的人们的宗教虔诚所震撼，感受到宗教的力量。在这样一种"距离"与"海拔"的条件下，中国是怎样成为一个多民族的统一国家的？这是我在调查中产生的问题。美国历史学大家麦克法考尔和费正清指出："在人数和多民族方面，欧洲人和中国人很可以相比，同样是人数众多，民族复杂。可是在他们今天的政治生活中，在欧洲和南北美洲生活的约10亿欧洲人分成约50个独立的主权国，而10亿多的中国人只生活在一个国家中。人们一旦看到1和50的差别，就不能忽视。以上对事实的简单陈述间接地表明，我们的民族主义和民族—国家等字眼当用于中国时，只会使我们误入歧途。要了解中国，不能仅仅靠移植西方的名词。它是一个不同的生命。它的政治只能从其内部进行演变性的了解。"①

从"10亿多的中国人只生活在一个国家中"的命题中，我发现西部地区是一座有待开发的理论富矿，也可能是最能出大成果的区域。因为，西部民族地区居住着与内地有所不同的人口，距离中原核心区域遥远。这些地方是怎样与内地结合为一体，国家是如何进入这些地方并将其纳入国家体系中来的呢？这是西方国家没有的经验，也是基于西方国家经验产生的理论所难以解释的。而要获得解释，"只能从其内部进行演变性的了解"。2016年至2019年的"深度中国调查"开始进行了西部调查，但当时还缺乏理论关怀。2019年的一次偶发事件造成这一调查未能延续，且许多报告未能完成。2021年重新启动村庄调查，首站便是西北区域。这在于西北区域的国家化道路更为漫长也更为艰难，当然也更能产出有分量的成果。为了做好西北区域村庄调查，2021年上半年，我请王宗礼、丁志刚、王勇三位教授做"总归西北会风云——西北地域与长周期政治"的专题讨论，为西北区域村庄调查做理论准备。这一调查有多位师生参与，并有理论关怀，相信会在过往的基础上更进一步。

从良泽的博士论文开始，我们关注西部地区已有十多年，调查和研究步步深入。但无论如何，良泽是第一个尝试者。他毕业时我很想将他留在学校工作，连他当时的女朋友现在的妻子的工作都已有所考虑。只是因为他当时距离深入田野还有些许距离，特别是学校的一位主管领导讲，要像发达国家的学校一样，将自己的毕业生先放到外面锻炼，之后再收回来。良泽博士生毕业后去了外校，一直坚持做研究，现在取得了突出的成绩，不

---

① ［美］R.麦克法考尔、费正清编：《剑桥中华人民共和国史：革命的中国的兴起（1949—1965）》，谢亮生等译，中国社会科学出版社1990年版，第12—13页。

到十年便已成为教授和博导。在2021年第一届田野政治学论坛上,良泽发言语惊四座,我这个曾经的导师也刮目相看。毕竟国情不同,现在要想收回来已不容易了!但无论如何,共同的兴趣和研究,还是会将我们联结在一起!今年的西北村庄调查,良泽便以极大的热情为师弟师妹们指点并提供其他帮助。

经过十多年的努力,良泽已到了衣食无忧的自由境地,治学不必为了稻粱谋,可以专心致志地沿着自己的研究道路前行,取得更大成就!

徐 勇

2021年6月18日

目 录

导 论 …………………………………………………………… 1
 一、研究缘起 ………………………………………………… 1
 二、研究梳理 ………………………………………………… 6
 三、研究架构 ………………………………………………… 27

第一章 "原始民族性"与乡土底色 …………………………… 37
 一、"以牧立村":青藏高原上的藏族村落 ………………… 39
 二、"以商立村":与社会交换的回族社区 ………………… 45
 三、"以农立村":发端于农耕文明的壮族村寨 …………… 51

第二章 民族识别与政治嵌入 ………………………………… 56
 一、国家进入与区域治理 …………………………………… 57
 二、民族识别与进入国家 …………………………………… 64

第三章 结构性整合与民族—国家认同 ……………………… 71
 一、民族地区政权建设:自上而下的路径 ………………… 72
 二、民族地区基层政权机构:同步达到同构 ……………… 79
 三、民族地区基层政权运行机制:调适与特色 …………… 85

第四章 程序性整合与民主—国家认同 ……………………… 96
 一、区域:融合与拒斥 ……………………………………… 97
 二、民族:"多数"与"少数" …………………………… 106
 三、民族区域:自治的历史、文本与现实 ………………… 117

第五章 价值性整合与文化—国家认同 ……………………… 128
 一、革命动员中的政教关系 ………………………………… 129
 二、政权建设中的政教关系 ………………………………… 133
 三、社会主义核心价值观与民族宗教 ……………………… 139

第六章 保障性整合与民生—国家认同 ……………………… 143
 一、游牧、定牧与定居 ……………………………………… 144
 二、散居、搬迁与移民社区 ………………………………… 160
 三、在村、进城与"城乡之间" …………………………… 166

第七章 民族地区秩序建构中的国家与社会 ……………… 171
　　一、宗教与心灵秩序 ………………………………… 171
　　二、市场与基础秩序 ………………………………… 186
　　三、政府与公共秩序 ………………………………… 197

第八章 "民族再造"与乡土自觉 ……………………… 210
　　一、民族身份与身份认同 …………………………… 210
　　二、民族成员的扩充 ………………………………… 215
　　三、民族特色的打造与重塑 ………………………… 219

第九章 治理现代化背景下民族地区乡土社会与现代国家 … 227
　　一、国家治理现代化：目标与诉求 …………………… 227
　　二、乡村治理中的民族与国家：总结与回应 ………… 234
　　三、民族地区乡土社会与现代国家：张力及其调适 … 241

参考文献 …………………………………………………… 245
附　录 ……………………………………………………… 264
博士论文后记 ……………………………………………… 290
出版后记 …………………………………………………… 293

导 论

本书以中国西部民族地区藏族、回族、壮族聚居区三地的民族乡村为研究对象，分民族、分层次、分区域比较，探讨民族地区乡土社会与现代国家的互动关系。在此基础上，希望能为"国家治理现代化"这一重大理论问题和突出现实问题提供一个理解和解释的视角。

一、研究缘起

浏览一下国际新闻，每天都可以看到世界各地有关民族问题、种族冲突的报道。可以说，当今世界，民族主义复兴和转型运动依然是此起彼伏。再拉长历史的视线，就可以更充分地认识到，过去10多年甚至20多年以来所发生的国际政治危机无不掺杂着强烈的族群情感和民族主义的骚动成分。如南斯拉夫、高加索、中东地区和西亚北非等地的危机，均受到民族情感的影响。诸多国家暴露出来的诸多民族问题或多或少都在宣示：国家在治理民族问题上的败笔；民族地区也以民族主义运动的方式表达着对国家治理的看法。

在民族事务治理和民族区域治理上，世界范围内虽然形成了"加拿大的多元文化主义模式""美国熔炉模式""第三世界国家的民族政党政治模式"和"中国以中庸理性为逻辑基础的多民族事务治理模式"[1]，但是，不断更新的现实民族问题也促使政治学者不断聚焦民族政治的具体化研究，关注民族发展的具体问题，不断创新民族政治发展理论。正如民族主义研究专家安东尼·史密斯所言："民族主义不仅既从临近的也从遥远的榜样中得到营养，不仅从其他的和早先的各种民族主义中借来技巧和方法，而且它还是一种回应人类某些最深层的对安全、公正和认同的迫切要求的意识形态和运动。"[2]

---

[1] 青觉：《中庸理性：多民族事务治理的中国经验》，《中国民族报》2017年4月21日第5版。

[2] 安东尼·史密斯：《民族主义——理论，意识形态，历史》，上海人民出版社2006年版，"中文版前言"第1页。

马克思主义者认为:"民族问题不能认为是什么独立自在的、一成不变的问题。民族问题只是改造现存制度总问题的一部分,它完全是由社会环境的条件、国家政权的性质并且总的说来是由社会发展的全部进程决定的。"①顺着这一指导思想分析全球化背景下世界民族主义运动,无非有两种主要视角:国际政治视角和国内政治视角。在多民族国家,国内政治分析的视角又有多种形式:族际政治分析、民族政治体系分析、国家政治体系分析、民族政治关系分析等等。②

就中国国内政治研究而言,20世纪90年代,徐勇提出:"自从国家产生以来,政治体系就一分为二:一是来自社会,又凌驾于社会之上,以其强制性的权力控制全社会的国家权力体系;一是在国家权力的统辖之下,与社会紧密联系在一起并深深渗透在日常社会生活之中的基础性政治社会。"③通过对中国政治发展的反思,他认为:"国家整体层次的一元性、一致性与国家统辖下的政治社会的非等同性、非一致性的结合,'大一统'与非均衡的结合,才是中国政治社会的完整状态和典型特点。"④在"政治体系二分法"的指导下,徐勇提出了中国政治在城乡比较研究、地区比较研究和民族比较研究三个层面上的意义和价值。⑤ 在其代表作《非均衡的中国政治:城市与乡村比较》中系统研究了中国政治在城市和乡村之间的非均衡性,为华中师范大学中国农村研究院的后续研究奠定了基础。以村民自治研究为契机,中国农村研究人员走向田野,将实证方法引入了中国政治学研究,提升了中国政治学研究的本土品质,⑥也使乡村治理研究成为政治学研究中的"中国贡献"。⑦

实证研究方法和乡村治理的结合,华中师范大学中国农村研究院先后产生了一系列的学术著作,有"村治书系""中国农村研究书系""中国农村调查书系""智库书系"等等。这些著作从村民自治研究开始,扩展到乡村

---

① 《斯大林选集》上卷,人民出版社1979年版,第118页。
② 参阅周平《中国少数民族政治分析》,云南人民出版社2007年版。周平:《多民族国家的族际政治整合》,中央编译出版社2012年版。
③ 徐勇:《非均衡的中国政治:城市与乡村比较》,中国广播电视出版社1992年版,第3页。
④ 徐勇:《非均衡的中国政治:城市与乡村比较》,中国广播电视出版社1992年版,第4页。
⑤ 徐勇:《中国政治与乡村治理》,中国社会科学出版社2003年版,第354页。
⑥ 项继权:《集体经济背景下的乡村治理——南街、向高和方家泉村村治实证研究》,华中师范大学出版社2002年版,第3页。
⑦ 新中国政治学学科恢复以来,中国政治学奉行"拿来主义",其理论资源和分析框架主要来源于欧美政治学。但是,乡村治理研究被欧美政治学者视为中国政治学中的"原产品"。此观点也转自徐勇教授在多次讲课中的讲授。

治理研究,再拓展到诸因素与乡村治理关系研究,以及乡村治理诸底色元素研究,比如经营体制与乡村治理、土地流转与乡村治理、农民流动与乡村治理、农民分化与乡村治理、市场发展与乡村治理、乡村资源禀赋与乡村治理、家户制度与乡村治理等主题。① 本书选取民族与乡村治理关系研究,试图继承并开拓这一研究传统,为全面理解乡村治理提供另一种视角。

同时也看到,虽然这些作品都以对乡村治理的实证研究为主,但是有些著作实证方法的运用还不够自觉和系统,与"满铁调查"成果形成的系列著作相比,调查还不够系统和充分。基于此现状,华中师范大学中国农村研究院从 2006 年开始启动了两大基础性工程建设——"百村观察"项目和"中国农村数据库"建设项目。"百村观察"项目在全国农村地区选择了 250 多个具有代表性的村庄,每个村庄选择 15 户进行持续性的、重复性的问卷调查、个案访谈和跟踪式调查。项目的短期目标是通过每年的跟踪式、定点式调查,反馈农村综合发展状况,为各级政府涉农决策提供事实依据和评估报告。项目的长期目标是积累农村发展数据,为全景式反映农村发展、创新性开展农村研究提供基础性研究资源。总之,"百村观察"项目的目标是"百村观农"。"中国农村数据库"项目则是将"百村观察"的数据资源电子化,也借助网络信息技术收集、整理、分析农村研究数据,在大数据的基础上实现人工智能辅助"三农"决策,实现"一库知农"。两大项目都是农村研究的基础性工程,也是农村研究的开创性工程。② 本研究所选取的 3 个民族村庄就属于"百村观察"项目的调研点,本研究借鉴了"中国农村数据库"的数据指标,建立初步的分析模型。所以,本研究充分吸纳了

---

① "经营体制与乡村治理"可参阅项继权《集体经济背景下的乡村治理——南街、向高和方家泉村村治实证研究》,华中师范大学出版社 2002 年版。"土地流转与乡村治理"可参阅徐勇、赵永茂《土地流转与乡村治理——两岸的比较》,社会科学文献出版社 2010 年版;邓大才《土地政治:地主、佃农与国家》,中国社会科学出版社 2010 年版。"农民流动与乡村治理"可参阅徐勇、徐增阳《流动中的乡村治理——对农民流动的政治社会学分析》,中国社会科学出版社 2003 年版。"农民分化与乡村治理"可参阅卢福营、刘成斌《非农化与农村社会分层:十个村庄的实证研究》,中国经济出版社 2005 年版。"农民社会化与乡村治理"可参阅邓大才《小农政治:社会化小农与乡村治理——小农社会化对乡村治理的冲击与治理转型》,中国社会科学出版社 2013 年版。"市场发展与乡村治理"可参阅吴晓燕《集市政治:交换中的权力与整合》,中国社会科学出版社 2008 年版。"乡村资源禀赋与乡村治理"参阅董江爱《三晋政治:公共财产治理中的村民参与》,中国社会科学出版社 2010 年版。"乡村治理诸底色元素研究"可参阅陈明《家户主义的行为逻辑及其公共治理》,中国社会科学出版社 2018 年版;黄振华《家户变迁与政府治理:基于农户的政治人类学考察》,北京大学出版社 2020 年版。

② 徐勇、慕良泽:《田野与政治:实证方法的引入与研究范式的创新——徐勇教授访谈》,《学术月刊》2009 年第 5 期。

华中师范大学中国农村研究院两大项目的已有成果,也希望自己的研究成果能融入这两大项目的运行中。

为什么选择民族村庄作为调研对象？在笔者看来,当代中国在农村改革发展普遍取得重大成就的同时,农村发展的区域性特色也越来越明显。不同要素构成的农村区域,其发展呈现不同状况。正如较早从事乡村治理比较研究的项继权指出的:如果说20世纪80年代以前人民公社时期,中国乡村治理表现出相当明显的同构性和一致性的话,那么,20世纪80年代以后,"随着农村各地经济社会发展的不平衡及社区政策选择的差异,乡村治理的一致性逐渐被多样化取代,对乡村治理的研究必须致力于不同地区、不同社会经济发展水平、不同的人文和自然条件的乡村进行分类比较研究,惟此,才能对中国乡村治理有比较全面的认识,并针对乡村不同的治理状况提出有针对性的政策建议"①。

探寻这种不平衡与差异的原因,徐勇认为:上述差异不仅仅是一种"自然的经济社会过程",同时也是"人为的干预和设定的结果"。② 在如此众多的差异中,尤其引人瞩目的是:与非民族地区相比,民族地区多处于边疆地区和偏远山区,发展相对滞后;与民族地区城市相比,民族地区乡村发展更加滞后。基层政治社会发展受民族分裂势力、宗教邪恶势力的影响较大。具体而言,正如2014年中共中央、国务院印发的《关于加强和改进新形势下民族工作的意见》中指出的:"少数民族和民族地区市场经济起步晚、竞争能力比较弱;民族地区经济加快发展势头和发展低水平并存,总体上与东部地区发展绝对差距拉大、民族地区之间发展差距拉大问题突出;国家对民族地区支持力度持续加大和民族地区基本公共服务能力建设仍然薄弱并存,历史欠账较多,一些群众生产生活条件比较落后;各民族交往交流交融趋势增强和涉及民族因素的矛盾纠纷上升并存,影响民族关系的因素更加复杂;反对民族分裂、宗教极端、暴力恐怖斗争成效显著和局部地区暴力恐怖活动活跃多发并存等。"③民族地区发展中存在的上述特征和问题,在政治学研究看来,就是民族地区的国家整合与国家认同面临挑战。其实,民族、区域差异一方面是经济社会发展的自然结果,同时也是人为干预和人为调控的结果,所以,需要引起党和政府、社会各界和理论界的关

---

① 项继权:《集体经济背景下的乡村治理——南街、向高和方家泉村村治实证研究》,华中师范大学出版社2002年版,第3页。
② 徐勇:《城乡差别的中国政治》,社会科学文献出版社2019年版,"修订说明"第2页。
③ 《加强和改进新形势下民族工作》,《光明日报》2014年12月23日第1版。

注、研究和重视。为此,2014年召开的中央民族工作会议指出:"要发挥好中央、发达地区、民族地区三个积极性,对边疆地区、贫困地区、生态保护区实行差别化的区域政策,优化转移支付和对口支援体制机制,把政策动力和内生潜力有机结合起来。要紧扣民生抓发展,重点抓好就业和教育;发挥资源优势,重点抓好惠及当地和保护生态;搞好扶贫开发,重点抓好特困地区和特困群体脱贫;加强边疆建设,重点抓好基础设施和对外开放。"[①]本次会议中提到的"三个积极性"、区域政策、内生潜力、民生建设等内容是本研究重点关注的对象。

当然,为什么选择青海的藏族、宁夏的回族、广西的壮族乡村作为调研对象,是因为在历史唯物主义看来,经济基础决定上层建筑,不同的生产方式导致了不同的地方治理形态。同一时空下,由于发展起点不同,历史传承不同,民族地区乡村呈现不同的发展态势。本研究调研的青海藏族具有独立的语言文字体系,具有深厚的宗教文化传统,具有以游牧为主的生产传统和世居青藏高原的生活传统。宁夏的回族具有悠久的经商传统,相对居住于内地,与游牧型村庄直接对接草场资源相比,回族村庄的社会化程度比较高,所以社会适应能力比较强。而广西的壮族乡村地处西南,民间信仰、民俗文化众多,通用汉语,世代农耕,社会化程度高。这三个民族、三个地区发展迥异,各有特色,形成鲜明对比。

新中国成立后,国家先后将各民族、地区纳入国家政权体系,民族发展的基本制度安排是民族区域自治,具体制度安排是一系列民族政策,涵盖了政治平等、经济发展、文化繁荣和社会保障诸方面,基本目标是激发民族团结互助,实现民族平等和共同发展,最终实现中华民族的伟大复兴。[②]透过上述文本分析和逻辑论述,现场洞察民族地区乡村发展的动静,本研究主要关注和探讨的是:新中国成立之后,国家采取了哪些方式在少数民族地区建构基层政权?其成效如何?民族地区乡土社会经历了哪些变化?如何实现与现代国家的对接以及对接程度如何?在笔者看来,在民族地区基层治理中研究国家与社会的关系是回答上述一系列问题的基本框架和有效途径。

[①] 《中央民族工作会议暨国务院第六次全国民族团结进步表彰大会在北京举行》,《光明日报》2014年9月30日第1版。

[②] 徐晓萍、金鑫:《中国民族问题报告》,中国社会科学出版社2008年版,"序言"第1页。

二、研究梳理

学术研究是学人共建的一座宏大建筑,按照大家共同遵守的学术规则和学术演进路径,学人不断反思性建构并不断提供知识增量,学术这座大厦才能不断高筑。后人的学术成就是站在前人的肩膀上获得的。同样,对民族地区乡土社会与现代国家关系研究也得益于前辈的探索和已有的研究成果。这些成果不仅对本研究提供资料上的参照、理论上的启发、方法上的指导,同时,对既有研究成果的梳理也是不断理清自己研究思路的过程。所以,在已有的学术成果中遨游,也能为后续的研究提供许多探索空间,获得某些认知的升华。

总体来看,与民族地区乡村的国家与社会关系这一研究主题相关的若干问题,学术界已经取得了一些研究成果,本研究只是把相互分离的理论知识与笔者实地调查所获得的材料相整合,融入对本研究主题相对全面细致的理解与解释之中,以求在细微之中能够迸发出智识之光。也许诸多细微的相互串联和照应,可以让我们找到探析民族地区国家整合与国家认同的一条思路。本研究首先着手于宏观理论的梳理,为现代国家与民族地区乡土社会研究提供背景中的参考、方向上的导引,也是对作者试图将"大问题"与"小村庄"相衔接的铺垫。

由于中英文语言中对"民族"有多种表述,在不同学者的研究中,民族的含义也有不同的指涉。所以,研究民族地区乡土社会与现代国家关系,在梳理已有文献之前,首先要澄清民族的若干项含义和用意,以此才能相对准确地把握不同研究的思想轮廓和目标旨向。

在现有的研究文献中,民族具有广义和狭义之分。中国学者通常所说的民族是广义的,它囊括了英语中的 ethnic group(族群)、ethnicity(族群性)、nation(民族)、nation-state(民族-国家)、cultural-nation(文化-民族)等概念的含义。也就是说,在中国,民族的内涵是十分复杂的,也是分层次的。民族既包括国家层面的"国族"也就是"中华民族",也包括56个个体民族。马戎曾指出:根据中国国情,可以把"国族"(中华民族)与"民族"(汉、满、蒙古、回、藏等各民族)在层次上区分开来,从而建立一个超越各个族群、能够反映中国"多元一体"民族共同体的群体意识。按照这样的思路,他认为有两种选择:第一个是从"国族"的角度来使用"中华民族"这个习惯用语,同时保持"五十六个民族"的称呼;第二个是"中华民族"的称呼不变，以便与英文的"nation"相对应，而把56个民族改称"族群"，以与英文的"ethnic groups"相对应。① 沈桂萍也认为"国族"是与"国家"概念紧密相连的"民族"称谓，是一个国家各族群对共同政治、经济和文化认同的聚合，是一个政治性的人群共同体或者集合体。②

正因为"民族"有多重含义，所以研究民族与民族主义在理论界形成了多种研究范式，各种理论范式也对民族问题研究各有侧重。英国研究民族与族群问题的著名学者安东尼·史密斯将研究民族与民族主义的解释范式分为现代主义（modernism）、永存主义（perennialism）、原生主义（primordialism）和族群-象征主义（ethno-symbolism）。③ 在对诸范式进行归纳分析的基础上，安东尼·史密斯也对汤姆·奈恩（Tom Nairn）、迈克尔·赫克特（Michael Hechter）、欧内斯特·盖尔纳（Ernest Gellner）、安东尼·吉登斯（Anthony Giddens）、迈克尔·曼（Michael Mann）、埃里克·霍布斯鲍姆（Eric Hobsbawm）、本尼迪克特·安德森（Benedict Anderson）、艾德华·希尔斯（Edward Shils）、克利福德·格尔茨（Clifford Geertz）等涉及民族研究的学者的思想进行了细致的梳理。这一梳理是本研究对国外研究的梳理的相对完美的替代。④ 在安东尼·史密斯看来，"现代主义者比较强于理论但是在历史方面比较弱，而永存主义则在历史方面比较强，但却弱于理论。原生主义或者在理论方面有漏洞或者就干脆没有理论，并且几乎不讲历史……对族群-象征主义者们而言，他们没有发展出理论，而只是产生一种方法。但是就如人们可能会期待的那样，他们注重宏观的历史及其社会文化因素"⑤。沿着族群-象征主义的方法论原则，安东尼·史密斯区分了两种"民族"模式：第一种即存在于西方的"民族的公民模式"（a civil model of the nation），这一模式强调政治因素在建构民族认同过程中的作用。第二种即"民族的族群模式"（an ethnic model of the nation），这一模式

---

① 马戎：《民族与社会发展》，民族出版社2001年版，第8—9页。
② 沈桂萍：《对多民族国家一体化建构若干问题的思考》，《中央社会主义学院学报》2004年第6期。
③ 安东尼·史密斯：《民族主义——理论，意识形态，历史》，上海人民出版社2006年版，第48—63页。
④ 详细参阅安东尼·史密斯《民族主义——理论，意识形态，历史》，上海人民出版社2006年版；马戎《评安东尼·史密斯关于"nation"（民族）的论述》，《中国社会科学》2001年第1期。
⑤ 安东尼·史密斯：《民族主义——理论，意识形态，历史》，上海人民出版社2006年版，第63页。

强调的是人们生存的共同体、本土文化和共同的价值追求。① 安东尼·史密斯其实也指出了现代国家研究的两个视角：即作为实体的民族——国家与作为价值体系的民族文化，也就是杨雪冬提出的"民族建设"与"国家建设"②。王希也有相似的观点，他认为，"所谓'国家建设'，指的是建构保证国家赖以生存和发展的内部和外部环境的过程"③，包括保证领土安全和主权统一完整，在统治范围内建立有效的政治秩序，建立有效的资源汲取和分配机制，为民众提供基本的权利保障和权利维护。"所谓'民族建设'，指的是国家的公民群体的建构和更新过程"④，包括确立公民身份，普及国家的核心价值观，强化公民认同感。菲利克斯·格罗斯则从国家（政治）的角度来看待民族，他将国家分为两种类型："公民国家"和"部族国家"。他认为公民国家是自由公民的联合体，在同一地域里居住的所有具备资格的居民，不论其族群或文化背景如何，都是国家的成员。部族国家则往往把族群和政治制度等同为一个原则和属性，因此，它是一种与公民平等权利不相容，甚至具有某些排他性的政治制度安排。⑤

根据对民族问题的分类研究，民族建构与国家建构相比，国家建构更强调政权体系的结构化特点。根据欧洲的国家建构经验，查尔斯·蒂利（Charles Tilly）就认为在欧洲是国家建构先于民族建构。围绕政权结构化，现代欧洲国家的"国家建设"具体经历了四个阶段：第一是整合阶段，即国家精英阶层之间达成妥协，组建统一的主权国家。第二是渗透阶段，即国家通过各种手段消化、吸纳、限制或分解威胁其权威的潜在对手。第三是参与阶段，即社会大众被纳入国家的决策过程中。第四是再分配阶段，即国家利用行政手段，扩大对经济和福利生活的干预，通过税收实行财富的再分配，减小地区差距。⑥ 政权体系经过上述四个发展阶段之后，按

---

① 安东尼·史密斯：《民族主义——理论，意识形态，历史》，上海人民出版社2006年版，第12—14页。
② 杨雪冬：《市场发育、社会生长和公共权力构建——以县为微观分析单位》，河南人民出版社2002年版，第7—11页。
③ 王希：《美国历史上的"国家利益"问题》，《美国研究》2003年第2期。
④ 王希：《美国历史上的"国家利益"问题》，《美国研究》2003年第2期。
⑤ 菲利克斯·格罗斯：《公民与国家——民族、部族和族属身份》，新华出版社2003年版，第43—50页。
⑥ Charles Tilly, "Reflections on the History of European State-Making", in Charles Tilly, eds. *The Formation of National States in Western Europe*, Princeton: Princeton University Press, 1975, p. 77; Stein Kuhnle and Derek Urwin, eds. *State Formation, Nation-Building and Mass politics in Europe: The Theory of Stein Rokkan*, Oxford University Press, 1999, p. 130-133.

照安东尼·吉登斯的分析,即国家进入了与传统国家、绝对主义国家所不同的现代民族国家阶段。安东尼·吉登斯认为:"民族—国家存在于由其它民族—国家所组成的联合体之中,它是统治的一系列制度模式,它对业已划定边界(国界)的领土实施行政垄断,它的统治靠法律以及对内外部暴力工具的直接控制而得以维护。"①这是对民族国家在领土范围内实现横向上的国家整合,政权体系在纵向上的深入则体现为现代国家能力的扩张,使得国家行政控制可以左右个人日常生活中的私密部分。②

对国家政权结构化发展过程的简单分析也面临一个顺势的问题,即民族—国家在实现政权结构化的过程中,其动力来源何处?西达·斯考切波虽然认为国家具有自主性,是一个具有潜在自主性的活动者,国家在某些境况下追求的利益偏好可能与统治者和被统治者的利益都是相左的,但其强制力量的组织以及与国内外其他强大利益团体的关联可以保证它这种利益的实现。③查尔斯·蒂利认为对于脱胎于绝对主义国家而诞生的现代国家,必须借助于外力实现国家的独立和自主性的逐渐成熟。这表现为国家对强制性工具的利用。在《强制、资本和欧洲国家(公元990—1992年)》这本书中,他使用了资本和强制这两大变量,认为在公元990年到1992年这一过程中,国家逐渐实现了对军事力量和税收的直接控制,建立了军队、行政官僚体制,并通过这些机构和人员,实现了国家的全面监控。④安东尼·吉登斯也认为民族—国家以对暴力的全面垄断作为其反思性监控的保障手段。⑤迈克尔·曼则直接认为,战争在近代国家建构中具有重要作用。战争不仅对国家能力提出了挑战,而且通过战争,树立了民族意识和民族认同,也不断确立着民族国家政权体系的结构化和边界的清晰化。⑥

如果说在民族—国家建构的初期主要依靠对强制性的垄断和战争的推动,或者说民族—国家对外依靠强力不断界定和守护彼此的疆界,那在

---

① 安东尼·吉登斯:《民族-国家与暴力》,生活·读书·新知三联书店1998年版,第147页。
② 安东尼·吉登斯:《民族-国家与暴力》,生活·读书·新知三联书店1998年版,第11页。
③ 参阅西达·斯考切波《国家与社会革命——对法国、俄国和中国的比较分析》,上海人民出版社2007年版。
④ 参阅查尔斯·蒂利《强制、资本和欧洲国家(公元990—1992年)》,上海人民出版社2007年版。
⑤ 参阅安东尼·吉登斯《民族-国家与暴力》,生活·读书·新知三联书店1998年版。
⑥ 迈克尔·曼:《社会权力的来源》(第1卷),上海人民出版社2002年版,第34—35页。

既定的疆域范围之内，民主的建立和发展是维持民族—国家稳定、调节国内发展的主要工具，对暴力的垄断则变成其后勤保障手段。现代国家建构的根本目的不是使国家成为完全脱离社会、只凭借自己意志建构社会经济的组织，而是使国家与社会的关系有机化，促进国家对社会经济变化和利益要求的有效回应。从这个层面来讲，民主化的推进是国家调控能力的进一步深化。① 在欧洲现代国家建构的过程中，议会制的确立，分权制衡的权力体制的建立，与市场经济发展同步的法权规则的逐渐完善和与"钞票"并列的"选票"的不断普及，②都是民主作为现代国家的主要动力机制在发挥作用并不断完善。马克斯·韦伯对人类思想留下的两大主要贡献是提出了"市场理性"和"科层制"。政权体系中现代科层制的确立是民主原则的精髓。市场理性又是民主—国家的社会动力源。在民主—国家的建立过程中，政权的现代科层化意味着：由全民选举产生的代议机构独享或与经由全民选举产生的国家元首分享国家主权。而且，公民在国家公共事务的管理和决策中的作用不断扩大。从民主—国家的建构来看，民主化的政权会使公民个人利益和国家利益趋向一致，国家利益也更具有全民利益的外观，进而又会强化国家认同，国家认同也会促进国家整合。③ 科恩也认为："只有以民主方式管理社会时才能充分实现社会自主——人与人相互关联的个人生活的自主。只有在民主政体下，全体社会成员才能拿出自己的规则来管理共同事务，并将自己置于这些规则的约束下。"④众所周知，近代西欧启蒙思想对欧洲国家和民族的发育具有重大意义，而启蒙思想的灵魂就是民主。思想家卢梭就把人民主权、爱国主义、公民责任感等结合在一起，并将其看作是民族团结和国家长治久安的条件。⑤ 就市场理性与民主发展的关系而言，理论和实践都已证明：统一的民族市场这个巨大的商品网络与服务网络，一方面在各国内部会形成复杂的劳动分工和市场分工，把遥远的地区带进直接的联系网络之中，进而从根本上促进国家

---

① 本研究对民族—国家和民主—国家的分述思路和框架来自徐勇教授的启发。参见徐勇《现代国家建构中的非均衡性和自主性分析》，《华中师范大学学报》（人文社会科学版）2003年第5期；《"回归国家"与现代国家的建构》，《东南学术》2006年第4期。

② 资本主义国家在对"钞票"的追求中，实现社会财富的初次分配；在用钞票换取"选票"的过程中，实现了社会资源的二次分配。初次分配和二次分配的结合，是资本主义国家缓解社会危机的有效手段。这是徐勇教授多次在讲座中提到的观点。

③ 张树青、刘光华：《关于民族国家的思考》，《兰州大学学报》（社会科学版）1999年第4期。

④ 科恩：《论民主》，商务印书馆1988年版，第274页。

⑤ 参阅卢梭《社会契约论》，商务印书馆2003年版。

的统一和地区间的联合。另一方面,国家居民又会更加独立和理性,但是其经济活动方式和价值取向也会趋向同一。①

对欧美现代国家的略述可以看出,正如徐勇所指:在欧美地区,民族—国家与民主—国家的建构是同步的;在中国这样的后发国家,民族—国家与民主—国家的建构不是同步进行的,并且二者之间充满矛盾。②周光辉等学者的研究也认为:新中国成立以来,中国建构现代国家的艰辛探索主要在政治组织化、制度化与民主化三个方面展开,这三个方面并非同步发展。针对现代国家建构的非均衡性,他认为:改革开放前,现代国家建构的重点是通过组织化的方式将原先"一盘散沙"的社会整合为政治共同体,健全社会主义国家政权;改革开放后,现代国家建构的重点是政治制度化与民主化,通过积极推进社会主义民主与法治,实现政治生活的规范化与程序化。③ 在民主—国家建构中,徐勇提出的关于民主分三个层次的思想,有助于深化对中国民主政治建设的分阶段分析和理解。他认为:民主经历了三个阶段或三个层面的发展:第一是政治制度层面的民主,即用"多数人意志"和"多数人统治"解决国家与社会关系问题。第二是政治体制层面的民主,即用代议民主和精英培养、选拔机制解决精英与大众关系问题。第三是政治机制层面的民主,即用利益均衡的政治机制或公共政策调节资源和财富占有与分配关系问题。徐勇认为,在政治制度和政治体制相对稳定的当代社会应该特别强调、建设和完善民主的第三个层面。④"以分工、竞争与交换为特征的市场经济必然带来社会分化和利益的不均衡发展。因此,需要通过民主机制进行利益再分配,实现利益相对均衡,从而促进社会和谐。"⑤刘义强的研究也指出:一方面,可以看到缺乏国家能力的失败国家不断出现;一些地方政府能力不足,黑恶势力猖獗。另一方面,也感受到缺乏民主支撑的现代国家机器的单向压制,导致国家与民众之间的疏离和隔阂。从权力体制角度看,成功的国家建构和有效的国家能力必须

---

① 张树青、刘光华:《关于民族国家的思考》,《兰州大学学报》(社会科学版)1999年第4期。
② 徐勇:《现代国家建构中的非均衡性和自主性分析》,《华中师范大学学报》(人文社会科学版)2003年第5期。
③ 周光辉、彭斌:《构建现代国家——以组织化、制度化与民主化为分析视角》,《社会科学战线》2009年第6期。
④ 徐勇:《民主:一种利益均衡的机制——深化对民主理念的认识》,《河北学刊》2008年第2期。
⑤ 徐勇:《民主:一种利益均衡的机制——深化对民主理念的认识》,《河北学刊》2008年第2期。

能够持续有效控制官僚机制、提供公共产品、维持经济繁荣并深入渗透到社会,这需要民主来保障。从民众角度看,现代社会中国家对社会权力高度集中,使得国家及其各级代理人非常容易侵犯公民的权利和个体的利益,而民主则是制衡国家权力恶性扩张的有效手段。[①]

另一方面,中国作为多民族国家,历史上长期的融合与交流形成了"中华民族多元一体的格局"。[②] 民族—国家建设还包括区域整合、民族整合等重要内容。在多民族国家,族群认同和对族群的整合问题则为民族和民族主义研究提供了更加广阔深厚的历史和社会背景。在这方面的研究中,郝时远系统地研究了中国共产党的民族理论与实践,包括中国实行民族区域自治制度的必然性、处理民族关系的基本原则和新型民族关系的建立等方面。[③] 周平在分析中国少数民族政治特征的基础上,提出中国民族政策要将族际主义和区域主义相结合,实现民族区域有效整合与认同。[④] 针对民族区域自治制度,朱伦认为,少数民族的政治权利不仅在于对本民族事务的自治权,而且应当包括对于国家事务的共同管理权,主张用"民族共治"取代"民族自治",并认为民族共治是"后自治"时代民族政治生活发展的必然要求和正确选择。[⑤] 贺金瑞建构的民族发展政治学的理论与方法,对研究民族地区国家整合与认同具有指导意义。他认为,在社会利益诉求多元化并带来社会结构调整和社会矛盾多发的背景下,关注民族社会稳定需要建构反映民族社会发展的民族政治发展理论体系。民族政治发展理论体系包括民族自身发展、民族与外部关系发展、民族与国家关系发展。在民族政治发展实践策略方面,要将民族发展的正义与公平纳入政治制度考量维度;要注重发展民族群体的差异化政治权利;要增进民族成员的公民化、社会化和参与意识;要创造性转化和发展民族传统文化资源,推进民族事务治理的现代化进程。[⑥]

[①] 刘义强:《民主和谐论:现代国家建构中的基层民主与社会和谐》,西北大学出版社2008年版,第10—11页。
[②] 费孝通:《中华民族的多元一体格局》,《北京大学学报》(哲学社会科学版)1989年第4期。
[③] 郝时远:《中国的民族与民族问题——论中国共产党解决民族问题的理论与实践》,江西人民出版社1996年版。
[④] 周平:《中国少数民族政治分析》,云南大学出版社2007年版。周平:《政治学视野下的中国民族和民族问题》,《思想战线》2009年第6期。
[⑤] 朱伦:《自治与共治:民族政治理论新思考》,《民族研究》2003年第2期。
[⑥] 贺金瑞:《民族发展政治学的理论和方法》,《中央民族大学学报》(哲学社会科学版)2006年第6期。

上述简单的回顾和梳理主要基于许多学者赞同的"民族"的第一重含义,即民族的政治内涵,侧重于民族—国家、民主—国家的建构过程。而民族的第二重含义,即侧重于文化、认同和价值体系建构的过程,也成为现代国家建构的一个重要方面,即本研究中提出的"文化—国家"。

现代国家是"历史的和文化的"与"政治的和领土的"两种不同的逻辑和结构的融合。[①] 民族国家不但是一个政治体系,民族—国家也正在被打造为一种价值体系。"从世界范围的国家一体化建构的经验看,文化是基础。没有共同的文化基础很难组成一个长期稳定的国家……只有当政治现代化的价值取向、目标、内涵在人们内心固化后,才能产生巨大的能量。"[②]这就是所谓的国家软实力。另一方面,在国家政权体系建立和稳定之后,各民族国家放下政治竞争的利器,开始回归社会生活中时,现代国家价值体系的输出和渗透、软实力的辐射力被作为国际竞争的新方式和新形态。价值体系成为现代国家必须装备的软实力,在国际竞争中可发挥"硬实力"的效果。对于资本主义国家来说,最经典的论述来源于马克斯·韦伯的《新教伦理与资本主义精神》。马克斯·韦伯认为经过宗教改革的新教徒对劳动具有高度的自觉性和责任心,把劳动当成"天职"来看待,这种职业观念和劳动观念正是"资产阶级文化的社会伦理中最具代表性的东西,而且在某种意义上来说,它是资产阶级文化的根本基础"[③]。另一方面,新教徒"都节制有度,讲究信用,精明强干,全心全意地投入事业中,并且固守着严格的资本主义观点和原则"[④]。这种天职观和禁欲主义伦理把履行世俗职业当成一个人世俗道德的最高形式,潜移默化到新教徒的日常行为中,从而赋予日常生活以宗教的形式和意义。马克斯·韦伯认为正是这种价值追求使工人和企业家在纷繁的经济活动中获得了共同的精神动力,塑造了"资本主义精神"。相比之下,马克斯·韦伯也分析了中国的儒教与道教没能产生资本主义"理性"精神的原因。[⑤]

如果说马克斯·韦伯对"资本主义精神"的分析带有一些封闭性和文

[①] 《布莱克维尔政治学百科全书》,中国政法大学出版社1992年版,第490页。
[②] 沈桂萍:《对多民族国家一体化建构若干问题的思考》,《中央社会主义学院学报》2004年第6期。
[③] 马克斯·韦伯:《新教伦理与资本主义精神》,生活·读书·新知三联书店1987年版,第42页。
[④] 马克斯·韦伯:《新教伦理与资本主义精神》,生活·读书·新知三联书店1987年版,第50页。
[⑤] 参阅马克斯·韦伯《儒教与道教》,江苏人民出版社2005年版。

化相对主义色彩的话,在全球化的背景下,人类的精神价值和文化生活却进入另一个发展的境遇;在开放的社会中,在全球化的大背景下,迷失自我和认同危机时有发生;经济全球化过程可能伴随文明的冲突,文明冲突中的世界秩序面临重建。正如《文明的冲突与世界秩序的重建》这本书的封面所示:"举世震惊的美国'9·11'事件,使声名赫赫的哈佛大学教授塞缪尔·P.亨廷顿1996年出版的这部大著急剧升温,持续列《华盛顿邮报》图书排行榜非小说类榜首。"在这本著作中,塞缪尔·P.亨廷顿认为:随着冷战的结束,以意识形态的差异来解释世界政治的思维框架已经过时,而"文明的冲突"的解释模式可以成为替代的解释框架。"这一模式强调文化在塑造全球政治中的主要作用……提出了一个全世界许多人们认为似乎可能和合意的论点,即:在未来的岁月里,世界上将不会出现一个单一的普世文化,而是将有许多不同的文化和文明相互并存。那些最大的文明也拥有世界上的主要权力。"在这里,塞缪尔·P.亨廷顿将文化实力作为国家竞争力的有效构成来看待。相关学术批评认为塞缪尔·P.亨廷顿提出了一个"自我实现的预言",但是正如作者所交代的,预测能否实现取决于人们对这一预测的反应。他意欲强调各文明之间的交流和参与对话。[①] 继《文明的冲突与世界秩序的重建》之后,塞缪尔·P.亨廷顿又推出了《谁是美国人?——美国国民特性面临的挑战》,在这本著述中,他将"文明的冲突"的国际视野聚焦到美国本土的文化发展上。在他看来,美国已经走到了"文化—国家"发展的十字路口,中国是美国"可能的潜在敌人","伊斯兰好斗分子"是美国现实的敌人。现实的美国需要从国家利益出发,大力捍卫"盎格鲁—新教文化",否则,美国文化的分化和衰落将极大降低美国在世界体系中的领导力和文化优越感。[②] 也许是作为国际问题观察家的角色,塞缪尔·P.亨廷顿过分强调和极力推出的"文明冲突论"又使其陷入了文化绝对主义的泥沼。

从现代国家建构的现实来看,文化相对主义和文化绝对主义均需要调谐或者需要重新解释的土壤。随着东亚"四小龙"经济的快速发展,对马克斯·韦伯的"资本主义精神"的研究也引起极大关注。20世纪60年代起,传统上受到儒家文化影响的韩国、新加坡、中国台湾、中国香港成为亚

[①] 塞缪尔·P.亨廷顿:《文明的冲突与世界秩序的重建》,新华出版社2002年版,"中文版前言"第1—3页。
[②] 塞缪尔·P.亨廷顿:《谁是美国人?——美国国民特性面临的挑战》,新华出版社2010年版。

洲经济发展最快的四个国家或地区,如何解释经济的快速发展成为学术界共同关注的问题。顺势传来的马克斯·韦伯的思想及对该思想的研究就为当时的思想苦旅找到了暂时可以休歇的驿站。许多学者都试图用马克斯·韦伯的"宗教观念影响经济社会发展"的思想解释东亚经济崛起和现代社会发展;还有学者提出以"儒学复兴"来推动东亚经济的持续发展;也有学者提出马克斯·韦伯意义上的"资本主义精神"已经扩展至东亚地区,这种资本主义精神具有普世意义。① 许多学者把宗教作为民族识别的重要标准,把宗教当成民族文化的核心。② 与此相关的另一次学术大争论可谓发生在新近几年有关中国改革开放的争论,以及对中国社会主义道路,甚至扩展到"中国道路""中国模式""中国战略"等问题的争论。阶段性的争论试图在说明,人类发展道路甚至上升为价值导向的社会精神,需要不断总结并不断指导社会前进。"文化自信""制度自信""理论自信"等研究就是这方面的典型代表。

在中国历史上,长期以来形成了各民族人群交往、文化交流与社会交融的传统;也形成了"中原农耕"与"西北游牧"、"核心"与"边缘"、汉族和少数民族之间有明显差别的发展格局。但是,在传统社会,这样的发展格局并不构成整体性的、实质性的社会意义。当中国进入现代国家阶段,特别是改革开放以来,中国已经踏出了经济、政治、文化、社会和生态文明"五位一体"全面发展、可持续发展和高质量发展的道路,这条道路的初期发展战略是非均衡发展:东部优先于西部;工业优先于农业;城市优先于农村。在这样的格局中,相对处于西部、边远的民族和民族地区,发展相对落后。基于前期非均衡发展中城乡和区域发展差距大的现实问题,巩固拓展脱贫攻坚成果,全面推进乡村振兴,党的十九届五中全会提出:在"十四五"时期,要坚持实施区域重大战略、区域协调发展战略和主体功能区战略,健全区域协调发展体制机制。要构建高质量发展的国土空间布局和支撑体系,推动区域协调发展,推进以人为核心的新型城镇化。继续强化以工补农、以城带乡,推动形成工农互促、城乡互补、协调发展、共同繁荣的新型工农

---

① 参见徐讯《民族主义》,中国社会科学出版社2005年版,第276—277页。
② 张践认为:"就中国的情况看,的确有一些民族文化是以宗教为核心的,如伊斯兰教之于穆斯林民族,藏传佛教之于藏族,南传佛教至于傣族等等。但是在中国,由于儒学的巨大影响,汉民族从春秋战国始,就把文化的核心从彼岸转向现世,从宗教转向了哲学。这样就造成我国国内各民族宗教性上的重大差异。"参见张践《中国宗教与中国文化》(第4卷),中国社会科学出版社2005年版,"自序"第3页。

城乡关系,加快农业农村现代化。① 在这一过程中,聚焦到民族区域的基层发展中,民族地区如何解读和贯彻"中国道路""中国模式"和"中国战略",是国家整合与社会认同研究的又一重要层面。特别是少数民族具体的民族文化、民族心理、宗教伦理与总体的国家发展战略及其形成的社会发展氛围之间的关系值得关注和研究。

　　上述文献检索主要是试图检验从结构、机制、价值三方面分述现代国家建构的逻辑性。但是,也有研究指出,现代国家的结构、机制、价值维度,均可看成国家的外在分析,现代国家的内在价值在于民生建设和民生保障。② 所以,有学者提出"民生—国家"的分析维度。③ 追本溯源,"民生"在中国传统典籍中多有论述。《左传·宣公十二年》中有对"民生"的最早记载,即所谓"民生在勤,勤则不匮",主旨是说民众的生计状况在于勤劳,只要勤劳了,衣食住用行则不会匮乏,不会缺吃少穿。这一观点代表了传统中国社会对民生的普遍看法,即民生就是民众的自然生计,民众自立自为所达到的生产生活状态。直到20世纪20年代,孙中山给"民生"注入新的内涵,他将民生上升到国家大政方针、历史观甚至"主义"这样的高度来把握。在孙中山看来,民生就是民众的生命、生活和生计,以及整个社会的生存状态。④ 静态分析,民生就是政治、经济和社会活动的"中心";⑤动态分析,民生也是一切社会活动的原动力。⑥ 上述对民生的理解,可以概括为广义的民生,即与民众生计直接相关或间接相关的事务均可囊括其中。所以,广义的民生强调民生的综合性和重要性,适合对民生问题的总体性把握和概览性认知。也可看到,广义的民生不易具体操作,不利于对民众切身感受和现实体验的民生问题的精准把握,也不利于直接对接改善民生的具体政策和措施。从这一层面出发,需要从狭义上来界定民生,即民生主要指表现于基层社会层面的民众的生产状况和生活状态。狭义上的民

---

① 《中共十九届五中全会在京举行》,《人民日报》2020年10月30日第1版。
② 本部分对民生建设、民生保障、民生政治、民生建设的政治效应分析等相关内容已公开在期刊发表。参阅慕良泽《民生政治:惠农政策的政治效应分析》,《马克思主义与现实》2018年第1期。
③ 参见刘俊祥《民生国家论——中国民生建设的广义政治分析》,《武汉大学学报》(哲学社会科学版)2013年第4期。孙岩《从民族国家建构到民生国家建设——近代以来中国现代国家建设维度的嬗变》,《湖北社会科学》2011年第9期。叶本乾《现代国家建构中的均衡性分析:三维视角》,《东南学术》2006年第4期。
④ 《孙中山选集》,人民出版社1981年版,第802页。
⑤ 《孙中山选集》,人民出版社1981年版,第825页。
⑥ 《孙中山选集》,人民出版社1981年版,第835页。

生，就可以与改善民生的具体措施和政策相对应、相对接。就民生与政治的关系，谢忠文的研究具有代表性和启发性。在他看来，民生与政治的关系经历了民生与政治的二元对立、政治遮蔽甚至替代民生、民生与政治的分离、民生政治观的确立四个阶段。① 具体而言，在中国"大历史"中，传统社会虽然有"民生"记载，但是思考民生问题的主体是民众，视野也仅限于村落共同体。虽然优秀的统治者尽量坚持"不扰民""以苍生为念""养民""保民"等执政理念，但是，这其中更深层次的内涵是对民众主体性和自主性的否定，对"家天下"理念的贯彻和执行。当然，部分民众也坚守"纳完粮，自在王"的无国家束缚的生活状态，甚至在面对国家沉重的赋税时，还想逃至荒野，进入无国家的绝对自由状态。为此，在传统社会，民生未能真正进入"国家"视野，充其量，"民生—国家"与"民本思想""民本政治"等理论一样，只是确立执政合法性的一个理由。将民众生活真正纳入国家视野、将国家与民众关系作为主要政治关系来处理、通过公共政策保障和改善民生等一系列政治和行政活动的开展，是现代国家治理体系的主要任务，也是现代国家的主要内涵。② 可以说，自孙中山开始，"民生"被赋予了现代政治内涵，同时，现代国家也需要民生建设的支撑。正如陈明明研究认为，现代政治从国家和社会的现代化转型和长治久安出发，需要以民意为归依，以共享共治为目的，需要将民生导入公共政策和制度安排的构建中，建立公平的利益分配机制，并从满足民众日益增长的社会需要出发，为发展经济和民生幸福创造适宜的政治和社会环境。③ 曹文宏的研究则直接认为：表现为经济、社会问题的民生问题实质上是一个现代政治问题，现代政治合法性的支撑就来源于民众生活质量的提高。④ 将上述两个层面相结合来探讨，则可以认为，现代社会赋予民生的政治内涵，主要来源于两方面：一方面是在现代社会，民生问题的产生与解决都与政府层面的公共政策有密切关系；另一方面是现代政治的民生取向直接关乎民心向背，乃至整个经济社会发展。⑤

联系对民生的广义和狭义的分类来理解民生—国家，可以认为，从孙中山所处的历史背景和现实环境来看，孙中山所讲的民生与民生—国家，

---

① 谢忠文：《民生政治观的谱系与建构》，《西南大学学报》（社会科学版）2013 年第 5 期。
② 刘俊祥：《民生国家论——中国民生建设的广义政治分析》，《武汉大学学报》（哲学社会科学版）2013 年第 4 期。
③ 陈明明：《以民生政治为基本导向的政治发展战略》，《江苏社会科学》2012 年第 2 期。
④ 曹文宏：《民生政治：民生问题的政治学诠释》，《天府新论》2008 年第 1 期。
⑤ 张翠：《民生政治与民主政治辨析》，《党政论坛》2015 年第 1 期。

属于广义上的理解,更多充当政治动员的口号和策略。但是,直到当下,广义和狭义上对民生的理解,仍然有助于从广义和狭义上理解民生—国家。可以说,广义上的民生—国家更多体现为执政理念、执政方略和民生政治观。① 如有研究认为:民生—国家,是指坚持共建共享原则,以民生保障和民生发展作为政治发展和社会治理的重心,②以民生改善和社会和谐为主要政治行动的一种政治理念、政治模式。③ 而狭义上的民生—国家,则可以通过民生政策来考量。所以,本研究选取民生—国家的视角来研究民族地区的惠农政策;通过惠农政策的保障效应分析,赋予民生—国家新的内涵。

当然,本研究也有包括结构、机制、价值、保障等内容的总体性研究。沈桂萍认为国家整合就是国家一体化。多民族国家一体化建构是指:随着国家政治格局的变化,打破一国之内各个地区、各个族群之间的壁垒,文化上相互融合和吸收,建立和健全集中统一的国家权力体系,各族群共同致力于建设政治经济的一体化和国家民族文化一体化的现代民族,形成国家一体化与国内各族群文化多元发展要求之间的良性互动。从国家一体化的目标设定出发,沈桂萍分析了国家一体化建构的基本要求:认同性政治建构、政治合法性建构、国家权力在各地区的渗透性建构、各民族群众以公民身份的政治参与性建构和国家权威资源在各民族之间均衡分布的分配性建构。这五个方面的要求也被看成是国家一体化建构的五个路径,国家一体化的过程既包括对传统差异性的改造,也包括在既有的整合基础上的不断巩固。所以,多民族国家一体化建构过程被看成是政治现代化的普遍趋势与复杂多变的政治现实相互作用并相辅相成的结果。④ 王希也认为:在研究国家建构过程中,无论是接受马克思主义的观点,将国家视为阶级斗争的工具并且强调国家的阶级属性;还是接受结构主义学派的理论,把国家看成是社会关系的总和;抑或接受现实学派的观点,把国家看成具有自主性的权力机器,都不能否认:所有的国家都是一种组织化的公共权力,这种权力有其组织架构、合法性来源和核心理念。⑤

上述有关现代国家的研究说明:现代国家既是政治现代化的产物,又

---

① 谢忠文:《民生政治观的谱系与建构》,《西南大学学报》(社会科学版)2013年第5期。
② 曹文宏:《民生政治:民生问题的政治学诠释》,《天府新论》2008年第1期。
③ 田新文:《民生政治:理解政治生活变化的新视角》,《社会主义研究》2008年第4期。
④ 沈桂萍:《对多民族国家一体化建构若干问题的思考》,《中央社会主义学院学报》2004年第6期。
⑤ 王希:《美国历史上的"国家利益"问题》,《美国研究》2003年第2期。

是促进现代政治发展的动力。在研究现代国家理论时，有学者指出："现代国家有两个面向：一是外部性，即在相互联系的世界里成为一个有边界的独立自主的主权国家；二是内部性，即主权国家在统一的中央权威下各个部分成为一个有机的整体。"①从现代国家的产生过程和现代政治的逻辑来讲，对现代国家的研究，关注作为现代世界政治体系的现代国家的彼此界定的研究比较多，即关注现代国家的外部性比较多；关注现代国家的内部性相对比较少。对于后发国家，特别是发展中国家来说，取得国家政权的外部性建设固然重要，但是其政权内部的整合问题更需关注。特别是在中国，农业文明传统非常深厚，在工业化的过程中，工农差距很大；中国疆域辽阔，区域发展和区域差异也很大；传统中国也是一个乡土本位的国家，与近现代以来发展起来的城市体系相比，乡村与城市之间的差距也很大；中国也是一个多民族国家，民族文化和民族区域差异也很大。所以，处于现代化进程中的中国，在实现了对外独立之后，大力推进内部一体化，也是一项非常紧迫的任务。这其中，国家实现对乡土社会的多维度整合并建构其现代性，是国家内部一体化中的重点和焦点之一。②

现代国家内部一体化或者内部整合，包含两个上下来去、循环往复的过程：其一，将散落于传统村落里的正式的和非正式的政治权力集中于一体化的国家，形成国家主导的正式的政治权力结构；其二，将国家建构的正式的政治权力结构覆盖、渗透到全体国民和全国空间，实现权力的"集中指挥"和"统一运行"。③中国共产党赢得政权和执掌政权的智慧就在于顺利实现了国家权力和村落权力在上下来去、循环往复中的一体化建构和统一性运行。这是研究现代国家与乡土社会关系的历史背景。在这样的历史背景中，为破解这一难题，主要有两种研究思路。与这两种研究思路相关的研究成果可谓汗牛充栋，这里只是择其要而述之。

国家整合乡村，首先要了解乡村社会，而了解乡村社会主要是深入农民的日常生活，从日常政治生活的辑录中洞察国家的影子，这就是研究乡村社会的思路。这种思路典型的代表人物当属20世纪之初的梁漱溟及其乡村建设运动。梁漱溟认为中国的社会结构以伦理为本位，以农村为本原和根基。在他看来，中国近百年的发展，恰好是破坏了乡村。所以，他认为中国不需要阶级斗争和阶级革命，需要的是通过乡村学校，传授务农知识，

---

① 徐勇：《田野与政治——徐勇学术杂论集》，中国社会科学出版社2009年版，第162页。
② 徐勇：《田野与政治——徐勇学术杂论集》，中国社会科学出版社2009年版，第162页。
③ 徐勇：《田野与政治——徐勇学术杂论集》，中国社会科学出版社2009年版，第162页。

重建和恢复乡村秩序。但是梁漱溟开展的乡村建设运动最终的结局是：工作了9年，结果是号称乡村运动而乡村不动，"知识分子还是知识分子，农民还是农民"①。究其原因，正如前文分析，乡村建设的前提是有独立自主的国家主权的存在和支撑，否则，乡村伦理秩序难以自我重建，并达到推动乡村建设的效果。但是梁漱溟对乡村社会文化的关注也为自上而下实现国家整合提供了认识基础。② 费孝通被誉为20世纪对中国乡村社会研究最权威的代表人物，其提出的"差序格局""礼治秩序""长老统治""无为政治"等理论范畴均成为社会科学研究的经典。③ 在对乡村社会文化诸因素的挖掘和解释的基础上，他提出了以乡村工业重建乡村社会的思想。④

关注乡村社会自身发展的研究思路也同样存在于民族地区的调查研究中。新中国成立初期开展的民族大调查，就是探寻民族地区乡村社会发展思路的延续。为了解民族地区社会发展情况，为民族政策的出台提供认识基础，20世纪50年代由国家民委组织大批专家学者奔赴民族地区进行深入的社会调查。后来国家民委策划出版了"民族问题五种丛书"，包括《中国少数民族》《中国少数民族简史丛书》《中国少数民族自治地方概况丛书》《中国少数民族语言简志丛书》《中国少数民族社会历史调查资料丛刊》。特别是《中国少数民族社会历史调查资料丛刊》，"内容包括了20世纪50年代中央访问团收集的资料，全国人大民委、中央民委等组织民族社会历史调查以及民族识别等工作所搜集到的资料，20世纪80年代以后由各省、自治区陆续分别出版，全套社会历史调查资料丛刊共有84种145本"⑤。后经国家民委组织修订，修订本合计为86种147本。⑥ 这些资料全面记录了我国少数民族社会历史的基本情况和变化发展，是研究我国少数民族的重要参考资料。

在这一次调查的基础上，参与调查的费孝通结合自己长期对民族问题的调查研究，提出了"中华民族多元一体格局"的总体看法，成为其他学者

---

① 艾恺：《最后一个儒家——梁漱溟与现代中国的困境》，湖南人民出版社1988年版，第286页。
② 梁漱溟：《乡村建设理论》，上海人民出版社2011年版。梁漱溟：《中国文化的命运》，中信出版社2010年版。
③ 费孝通：《乡土社会 生育制度》，北京大学出版社1998年版。
④ 费孝通：《江村经济——中国农民的生活》，商务印书馆2001年版。
⑤ 参见《中国少数民族社会历史调查资料丛刊》修订编辑委员会《青海省藏族蒙古族社会历史调查》，民族出版社2009年版"说明"。
⑥ 参见《中国少数民族社会历史调查资料丛刊》修订编辑委员会《青海省藏族蒙古族社会历史调查》，民族出版社2009年版"说明"。

研究民族问题的指导性观点。① 费孝通认为:组成中华民族的50多个民族成员是"多元";各民族长期共处,相互影响,相互融合,自发地结合成不可分割的中华民族。中华民族作为一个自觉的民族实体,是跨入近代,中国和西方列强在对抗和斗争过程中形成的,但作为一个自在的民族实体则是在几千年的历史过程中形成的。中华民族多元一体格局的形成,除了具有一般民族形成过程中的共性外,还有其个性特征,即中华民族多元一体格局中存在一个凝聚的核心,这个核心的前身是华夏族团,后来形成的汉族在多元一体的格局中也发挥着凝聚的核心作用。在中华民族发展过程中,汉族不断吸收其他民族成份而日益壮大,并渗入其他民族聚居区。后来,汉族与其他民族之间形成了"点线结合,东密西疏"的网络,这个网络是多元一体格局的骨架,这个骨架也奠定了在这个疆域内,由许多民族结合而成的不可分割的统一体的基础。费孝通还指出:在现代化的过程中,国家要充分引导,发挥各民族团结互助的精神,达到各民族共同繁荣,从而将多元一体格局发展到更高的层次。② 这一"更高的层次"也正是笔者在本研究中所关注的国家及国家整合的意义和目标之一。

继费孝通之后,马戎较早深入西北地区调查研究民族政治社会问题。他在调查的基础上,提出了"'去政治化'是理解中国民族问题的一个新思路"的观点。马戎认为:"中国几千年来在处理族群关系中具有把族群问题'文化化'的传统,但是近代在新的历史条件下开始吸收了欧洲把民族问题'政治化'和制度化的做法。21世纪的中国应当从本国历史中汲取宝贵经验,也应当借鉴美国、印度、前苏联等处理本国种族、族群问题的策略与经验教训,把建国以来在族群问题上的'政治化'趋势改变为'文化化'的新方向,培养和强化民族(国民)意识,逐步淡化族群意识。"③在马戎的著述中,他也引用了艾森斯塔得同样的观点:艾森斯塔得认为中华帝国是一个"文化性取向"的官僚制国家,这种文化取向导致了对政治目标——如领土扩张、军事强盛和经济增长相对较少的重视,而对各族群之间的文化融合则非常重视。④ 付春在宏观考察中所得出的观点,和马戎在微观调

---

① 参阅费孝通《中华民族多元一体格局》(修订本),中央民族大学出版社1999年版。
② 费孝通:《中华民族的多元一体格局》,《北京大学学报》(哲学社会科学版)1989年第4期。
③ 马戎:《研究理解民族关系的新思路——少数族群问题的"去政治化"》,《北京大学学报》(哲学社会科学版)2004年第6期。
④ 马戎:《民族与社会发展》,民族出版社2001年版,第86—87页。

查的基础上得出的看法具有某些方面的一致性。相对系统地论述新中国的国家整合与民族发展的著作当数付春的《民族权利与国家整合——以中国西南少数民族社会形态变迁为研究对象》。在这本著作中,作者从政治学的角度研究中国现代化过程中国家建设与少数民族之间的内在关系。在比较全面地考察中国共产党民族政策和新中国民族工作的发展历程的基础上,作者将研究的焦点定位于国家整合与民族权利保障之间的相互关系上,并将这个问题的研究落实在对西南少数民族社会形态变迁的历史考察中。付春认为:在中国这样多民族的国家,国家的整合过程与国家维护少数民族的权利过程是有机统一的互动过程。所以,中国的国家整合是在不断维护少数民族权利的过程中得以实现的,这个过程的现实推动力量是中国的现代化发展。但是,现代化过程中存在两大问题值得关注:一是少数民族地区现代化对国家的依赖,使这种现代化发展本身具有很强的国家整合功能;二是现代化发展,尤其是社会主义市场经济的发展所带来的少数民族地区人与土地的分离,直接冲击少数民族共同体的维系和发展。在这样的趋势下,保障少数民族的文化权利,使其作为特定文化形态的共同体得以存续和发展,是力求实现统一性和多元性有机统一的国家整合的关键。① 也有许多学者将民族与宗教看成是少数民族地区乡村社会文化的核心元素,从民族学和宗教学展开了很多研究。②

上述研究成果主要从社会学、人类学、民族学方向研究和关注民族问题。但从理论研究的社会现实来看,民族问题"泛政治化"和"趋政治化"是当今民族问题的一个重要征兆。并且以文化问题遮盖政治问题,或以文化问题挑起民族问题,达到政治目的,是民族问题政治化的一个路径,需要关注。这就引出了乡村研究、民族地区乡村研究的政治学视角、国家视野。

如果说乡村社会和乡村文化具有很大的自发性和自为性的话,相对而言,乡村政治则具有更多的人为性和建构性。从政治的本意来讲,政治侧重于秩序的型塑,所以,就权力的运行方式而言,它是一种自上而下、高度组织化的权力。③ 在政治看来,农民是人口、生产和政治力量的非常重要

---

① 付春:《民族权利与国家整合——以中国西南少数民族社会形态变迁为研究对象》,天津人民出版社2007年版。

② 时国轻:《广西壮族民族民间信仰的恢复和重建——以田阳县布洛陀信仰研究乃例》,中央民族大学2006年博士学位论文。王存河:《宗教与西部少数民族现代化》,兰州大学2008年博士学位论文。

③ 政治与社会,或者政治权力与社会权力在乡村社会的运作机制参阅慕良泽《乡村集市场域中的交换与权力》,《中国农村研究》(2009年下卷),中国社会科学出版社2009年版。

的因素。① 所以,国家对乡村社会的有机整合是政治转型的重要因素。近代以来,乡村政治的主题就是国家对乡村社会秩序化的塑造。孙中山用"一盘散沙"形容传统的"农民中国"。由此可见,在中国,将一个长期存在的、分散分割的乡村社会整合进有机统一的国家政治体系中,是一件比较困难的事。民主革命初期,国家对乡村社会的整合几乎没有作为和成效。国民党政府成立了"农村复兴委员会",希望在不动摇现政权的基础上挽救衰败的乡村,期望通过乡村的复兴来阻止中国革命在乡村的发展。与此不同的是,从城市转向农村的共产党人则在农村开展了土地革命运动,发动农民群众,实现了"农村包围城市",最终取得革命胜利,建立新中国,建立社会主义制度。研究这段历史的徐勇认为:"在数十年间,传统的自然共同体得以转变为一个政治共同体,不能不归之于国家的强力整合。"②通过对"政权下乡""政党下乡""行政下乡""法律下乡""政策下乡""宣传下乡"、劳动和农产品的国家性建构、村民自治的成长和发展等国家整合方式的研究,徐勇系统地分析、论述了社会主义政权体系在农村的确立、发展和完善的过程,并从乡村社会的反应和反馈中,间接评估了国家整合乡村社会的绩效。③ 徐勇和邓大才还提出了"社会化小农"的理论范式,以"农民的视角"研究国家整合的变迁。④ 还有一些研究成果从不同视角研究了国家整合的方式和路径。比较有代表性的,如黄辉祥结合村民自治在中国发生发展、贯彻落实的历史与现实,认为村民自治是继"政党下乡""政权下乡"之后的"民主下乡",是国家以"民主"这种方式对乡土社会的再次整合,这种整合有利于乡土社会内部有机体的形成。⑤ 李海金认为,20世纪下半期以来,农民身份具有强烈的建构性,而建构身份的目的不外乎是对个体进行社会分类,实现社会分层,达致社会的有效整合和良性运转。农民身份系统与国家整合机制有着内在贯通性,农民身份的变迁往往意味着国家整合的转型。⑥ 慕良泽通过研究现代市场与国家的关系和农村市场

---

① 《马克思恩格斯选集》第4卷,人民出版社1995年版,第484页。
② 徐勇:《田野与政治——徐勇学术杂论集》,中国社会科学出版社2009年版,第162—163页。
③ 参阅徐勇《现代国家、乡土社会与制度建构》,中国物资出版社2009年版;《"宣传下乡":中国共产党对乡土社会的动员与整合》,《中共党史研究》2010年第10期。
④ 详细参阅邓大才《社会化小农与乡村治理——小农社会化对乡村治理的冲击与转型》,华中师范大学2009年博士学位论文。
⑤ 黄辉祥:《村民自治的生长:国家建构与社会发育》,西北大学出版社2008年版。
⑥ 李海金:《"符号下乡":国家整合中的身份建构1946—2006》,华中师范大学2008年博士学位论文。

的发育过程,认为,市场机制是现代国家整合社会的基础性手段,这一基础性手段以现代政治作为保障。① 张静通过援引、分析现代国家建构理论,结合中国乡村社会发展中的案例,认为中国乡村社会具有国家整合的形式但未健全现代国家的公共规则。② 樊红敏通过对丰富的县政实践的解析和研究,认为现代国家整合与乡村社会现实之间在传统与现代、一元与多元、理念与历史、文本与实践这四个维度上存在张力和矛盾。这四对矛盾的摩擦、融合、承续、变异使中国基层政治在某种程度上表现为断裂、多样、分化、临时性、暂时化。③ 张静和樊红敏的研究赋予了国家整合与社会认同更丰富的内涵。21世纪以来,中央推出的一系列惠农政策的落实与成效也成为乡村治理研究的热点,民生建设、民生治理及其民生政治成为国家整合的又一方式。④ 对上述研究逻辑的陈述对于少数民族乡村的研究也具有参考意义。

就民族地区乡村政治发展而言,吴承富运用二手资料研究西南少数民族村社政治体系的变迁过程、动力机制及其特征,认为中国少数民族主要分布在农村,村社是大多数少数民族生产和生活的主要地理空间。对于世居在村社中的少数民族来说,村社政治体系成为他们表达自身利益、维护公共秩序、参与公共事务管理的最直接、最经常的场合。新中国成立前,中国少数民族村社社会大多独立于国家权力控制,少数民族村社政治体系呈现出多样性和不平衡性。新中国成立后,中国对少数民族地区进行了一系列的社会改造,在少数民族地区建立了乡、村一级的管理体制,把国家权力延伸到了村社之中。经过新中国成立初期、人民公社时期、改革开放以来三个时期的改造和变化,中国少数民族村社政治体系经历了由多元异质性向同一性的发展过程。中国对少数民族的特殊政策和大力帮助,是少数民族社会改造得以迅速实现的重要原因。⑤ 2003年,云南大学对全国32个少数民族村寨进行了调查研究,出版了《中国民族村寨研究》一书。在这

---

① 慕良泽、高秉雄:《现代国家构建:多维视角的述评》,《南京社会科学》2007年第1期。慕良泽:《乡村集市场域中的交换与权力》,《中国农村研究》(2009年下卷),中国社会科学出版社2009年版,第212—213页。

② 张静:《基层政权:乡村制度诸问题》,上海人民出版社2007年版;《现代公共规则与乡村社会》,上海书店出版社2006年版。

③ 樊红敏:《县域政治:权力实践与日常秩序——河南省南河市的体验观察与阐释》,中国社会科学出版社2008年版,第2—3页。

④ 慕良泽:《民生政治:惠农政策的政治效应分析》,《马克思主义与现实》2018年第1期。

⑤ 吴承富:《当代中国少数民族村社政治体系变迁——以西南少数民族村社为研究对象》,吉林大学2008年博士学位论文。

本书中,作者考察了中国少数民族村寨新中国成立以来的变迁历程,也认为中国少数民族村寨政治组织结构经历了从新中国建立前的"多元异质结构"进入"同质化建设"这样的变化过程,这一变化的主要动力来自国家整合,当然,少数民族村寨政治的变化也体现了国家整合的诉求。① 这些研究成果均看到了民族地区乡村政治发展中国家的巨大作用,但没能对国家整合进行具体的操作化考察和细微的动态呈现。

除了对政治体系和政治关系的研究外,王宗礼、刘建兰、贾应生3位学者在20世纪90年代初曾对西北农牧民的政治行为展开过实证调查研究。研究成果《中国西北农牧民政治行为研究》在与全国农牧民政治行为的比较中,分析了西北农牧民在政治人格、政治价值观、政治态度、政治参与、政治社会化等方面的群体和个体差异。提出了"家庭是西北农牧民政治社会化的主要途径""宗教对政治行为有重要影响""参与市场经济是西北农牧民政治行为理性化的现实起点"和"发展教育文化事业是西北农牧民政治行为理性化的有力杠杆"等重要观点。② 杨平在对甘肃、青海、宁夏、新疆四省区样本村庄和乡镇进行实地调查的基础上认为,西北民族地区农牧民政治参与主要集中在村庄、乡镇、民间组织三个场域,总体处于初级阶段。国家整合的主要任务表现为引导西北地区农牧民政治参与与经济社会发展相适应,与国家的现代化进程相适应。③ 张和清所著《国家、民族与中国农村基层政治:蚌岚河槽60年》一书,依据对云南少数民族行政村蚌岚河槽三代村干部从政经历的口述故事、普通村民的口述史和地方档案资料的分析,从6个阶段探讨中国农村基层政治60年的变迁。作者认为:"社会主义国家正是依靠干部统制(型塑村干部,建构民族)改变了1949年以前槽区主族控制和抱摸操控的村落政治局面,打造并维护了新的国家政权。但改革以来,干部统制的新衰变使少数民族地区民众的生计发展和文化身份认同出现双重危机。"④

统观上述研究梳理可以看出,目前研究和介绍的现代国家建构的经验均是发生在文明形态相对成熟,自觉迈向现代工业文明的区域,这些区域以现代国家生发和成长的过程为主的政治文明转型是其政治现代化的主

---

① 张跃:《中国民族村寨研究》,云南大学出版社2004年版。
② 王宗礼、刘建兰、贾应生:《中国西北农牧民政治行为研究》,甘肃人民出版社1995年版。
③ 杨平:《西北民族地区农牧民政治行为研究》,陕西师范大学2009年博士学位论文。
④ 张和清:《国家、民族与中国农村基层政治:蚌岚河槽60年》,社会科学文献出版社2010年版,第313页。

要标志。那么对于后发国家,特别是从游牧文明直接进入工业文明,并且在受到工业文明强烈冲击和围攻的情况下,或者农业文明被拽入工业文明的发展轨道,生产发展相对落后,社会形态相对传统且封闭,并且处于文明形态转型过程中的地区和民族,如何进入现代国家的发展序列,实现国家的一体化,仍然是政治发展研究需要密切关注的重要议题。这一议题的研究,还缺乏相对于现代国家建构、国家整合、国家一体化这些宏大理论的中层范畴及其研究。

就目前中国乡村治理的研究分布来看,乡土社会中的现代国家研究主要是针对农耕区的研究,也主要限于汉族村庄的研究。如此的研究格局形成的理论形态就游牧文明、商业文明重要发祥地的农牧区域和少数民族区域如何研究,还需要进一步地深入和丰富。由此也说明,目前的乡村治理理论本身也需要进一步探讨其普适性问题。

具体就已有的民族地区基层政治研究来看,研究成果呈现非均衡性的特征。概括起来为"三多三少"。其一,一般理论著述多,深入调查研究少。限于民族地区的特殊性,民族地区乡村的国家与社会的相关研究主要表现为规范研究,相对缺少现场资料,现实性、指导性不强。其二,国家整合研究多,社会对国家的认同研究少。既有研究多以民族区域发展法律政策的演绎为起点,采取自上而下的视角,对国家单向度的社会整合关注多,而对民族地区乡村社会对国家的认同问题及其根源关注少。其三,"上层社会"研究多,"基层社会"研究少。民族地区的主体在于农牧民社区,国家整合与国家认同的基石也在广大的普通农牧民群体中。现有研究由于未能深入乡土社会而对农牧民的日常政治社会行为研究较少。

提出已有研究中的不足总是显得很容易,也可能是由于片面的梳理抵消了真正的困难,但是更大的困难在于建构论证的过程。好在研究反思中挖掘出来的巨大的研究空间为本研究的拓展提供了宽阔的平台。马戎认为,在中国现代化的过程中实现各民族的共同繁荣,"需要许多切实可行的政治、经济、文化、教育等方面的措施。由于各少数民族的情况与汉族相差很大,在制定具体政策时,主观愿望与客观效果很可能不一致;所以需要做大量的调查研究工作,考察历史,了解现状,总结经验,积极地探索各少数民族发展的新道路,并在广泛占有资料的基础上进行理论总结,这正是社会科学工作者义不容辞的责任。"[①]

---

① 马戎:《民族与社会发展》,民族出版社2001年版,第96页。

基于上述梳理和思考,本书试图对民族地区乡村治理中的国家与社会关系进行一次实证研究。

三、研究架构

工欲善其事,必先利其器。如何将国家与社会关系这一重大问题与民族村庄的调查分析相结合,选择开展本研究的合适路径,是本研究做到历史与逻辑相统一的方法论前提。

在寻思的过程中,邹谠对20世纪中国政治的研究思路对笔者有很大启发。正如甘阳在引介邹谠的著作《二十世纪中国政治:从宏观历史与微观行动的角度看》中所指出:20世纪西方政治学的发展大致经历了两种分析范式:一种范式被称为"宏观历史比较社会学"(macro-historical comparative sociology),这种研究范式突出强调社会经济历史条件对于实现政治民主的制约性。但是大约从20世纪70年代后期起,这种"宏观历史比较社会学"的主流路径开始受到现实与理论两方面的挑战。从实践来讲,20世纪以来的社会发展并没有佐证工业化、现代化的发展与民主政治之间的必然联系。理论方面的挑战则来自20世纪70年代以来以博弈论和理性选择理论等社会科学研究方法的突破,西方社会科学研究的重心日益转向个体和集体行动的"微观机制":在具体的历史情景下,政治行动者会选择怎样的行动方式和策略,来呈现政治行动者的行动方式与目标取向之间的差异性和路径的多样性,这就是政治学研究的第二种范式。在研究范式更替中,邹谠并没有像目前西方许多学者一样,将宏观与微观、历史与行动、结构与主体对立起来,而是力图将宏观取向与微观选择、历史结构与主体行动结合起来,以更深入、更辩证地理解和分析20世纪中国政治。[1]但是,邹谠并没有详细分析宏观历史与微观行动如何结合,研究者如何寻找结合点的问题。在这一问题上,历史制度主义的研究思路是有所贡献的。历史制度主义由于强调对人类重大事件进行研究,使得政治科学的研究能够从学科的角度对一些时代的重大政治问题做出自己的回应,在强调对政治制度的重视的同时,还特别关心制度之间的连接问题,这就为宏观

---

[1] 邹谠:《二十世纪中国政治:从宏观历史与微观行动的角度看》,(香港)牛津大学出版社1994年版。

视野和微观行为之间找到了中介。① 在具体的研究中,巴林顿·摩尔的认识则为本研究提供了直接的启示。他认为在文明形态起承转合的历史关节点上的某些社会因子,会对未来历史的造型发生强烈影响。② 从这种意义上可以说,政治学来源于史学,但是和史学的巨大差别在于它不像史学那样如此追求历史的连续,它注重分析历史转折点上的"大是大非",善于理论分析历史的关键环节。③

具体到本研究,笔者以民族村庄发展的三种底色情态(即"以农立村""以牧立村"和"以商立村")作为思考的起点,④以现代国家成长发展的历程作为本研究的主要致思框架,以"中华民族多元一体格局"为研究的宏观视域,以"国家治理体系和治理能力现代化"为研究的前沿背景和主要目标,在新中国成立后政治制度的确立、政治体制的调试、政治机制的完善等政权建设的关键环节和情境中,在对三个民族区域的乡村治理的环节、要素和状况的梳理和调查的基础上,沿着乡土底色—国家整合—乡土自觉—国家治理现代化的逻辑次序展开研究,比较、分析和探讨民族地区国家与社会的关系。

从研究"现代国家"与"民族地区乡土社会"的关系这一主线出发,在本研究中,"国家整合"与"国家认同"成为两个主要考察和研究的范畴,需要做出说明。"国家整合"概念与"政治整合"这一概念是有着内在联系,并且在许多情况下具有同一用法。迈伦·韦纳研究认为,"政治整合"这一术语有五种用法:一是国家一体化,通常指两个或者两个以上的独立的政治体系结合成一个整体,即在文化和社会方面分离的集团结合成一个单一的领土单位和建立民族特性的过程。也意味着在不同种族、宗族、民族、语言或其他不同集团、阶层组成的多元社会中的个人对国家所怀有的主观感情。二是领土一体化,是指对附属的政治单位地区确立国家中央权力。

---

① 何俊志:《结构、历史与行为——历史制度主义的分析范式》,《国外社会科学》2002年第5期。
② 巴林顿·摩尔:《民主与专制的社会起源》,华夏出版社1987年版,"译者前言"第2页。
③ 坚持宏观历史的视野、从微观调查入手、选择历史的关键环节进行学理分析,这些思路均源于徐勇教授的启发和指导。
④ 宏观来看,国家政权建设的三种历史原点是指"以农立国""以牧立国"和"以商立国"。在本研究中将其演绎为"以农立村""以牧立村"和"以商立村",用以概括壮族、藏族、回族乡村发展的原点。本书中,"以农立国""以牧立国""以商立国"与基层治理的关联研究及其思想最早源于徐勇教授在2010年3月22日在湖北省社会主义学院的讲座《从"以农立国"到统筹城乡发展》。可参阅徐勇《中国发展道路:从"以农立国"到"统筹城乡发展"》,《华中师范大学学报》(人文社会科学版)2010年第4期。

三是精英群众一体化,是把政府同民众联系在一起。四是维护社会秩序所需的最低限度的价值一致,即一个民族的神话、象征、信仰和共同参与的历史。五是一个民族为某个共同的目的组织起来的能力。① 有学者也概括指出,近几年来,学界对政治整合的研究主要集中在六个方面的内容:一是研究多民族国家内部民族关系以及族际政治整合。二是研究政党政治背景下政党如何回应社会阶层及不同群体的利益诉求并实现利益整合和利益代言。三是研究不同国家政治整合的历程及其思想。四是研究中央和地方协调一致、政令畅通的府际关系整合。五是研究国家一体化和社会多样性之间的统一性整合。六是研究统一战线的政治整合功能与发展。②

本研究所用的"国家整合"这一范畴包含了上述某些含义,但是主要强调整合主体上的"国家因素",③主要指"通过国家的经济、政治、文化等力量将国家内部的各个部分和要素结合为一个有机的整体"④,将具有异质化的人群和民族性的区域整合到国家体系中。⑤ 对于本书的研究主题来说,所谓国家整合,就是国家在基本的结构体系、程序体系、价值体系和保障体系的基础上,将组成国家的多元单位要素有机整合为一个整体的历史过程。对于多民族国家来说,国家整合的一个重要过程,就是使多元民族构成的国家变成具有内在统一性和有机性的多民族国家。所以,国家整合的出发点,不是单一化,而是一体化,即多元一体。这种一体化所要对抗和克服的是分离、分散、无序和冲突。要完成这样的一体化,需要一个系统而渐进的整合过程。

"与个体的自我认同不同,国家认同属于集体认同的范畴,是个体对国家表现出的肯定性情绪体验,包括认知、认可、感情和态度,以及因此而萌发的心理上的归属感、亲近感。"⑥这种对国家认同的普遍理解,表露了国家认同的两个基本点:其一,国家认同是个体对国家情感的肯定性和正面性表达,可以有程度上的差异,所以,国家认同是变动不居的,需要持续引

---

① 潘小娟、张辰龙主编:《当代西方政治学新词典》,吉林人民出版社2001年版,第436页。
② 吴晓林、戴昌桥:《政治整合研究:概念逻辑、问题论域与研究展望》,《社会主义研究》2009年第4期。
③ 李海金:《"符号下乡":国家整合中的身份建构1946—2006》,华中师范大学2008年博士学位论文,第11页。
④ 徐勇:《国家整合与社会主义新农村建设》,《社会主义研究》2006年第1期。
⑤ 徐勇:《国家化、民族性与区域治理——基于历史中国经验的分析框架》,《广西大学学报》(哲学社会科学版)2020年第4期。
⑥ 魏健馨:《从民族认同到国家认同:铸牢中华民族共同体意识的进路》,《中央社会主义学院学报》2021年第1期。

导和不断夯实。其二，国家认同是一种心理上的认同，可以通过言语和某些行为表露出来，但是，国家认同与个体政治行为不是一一对等的关系，个体的心理和行为表现总是有一些差异。从这个角度来讲，也需要持续引导和不断夯实个体内心国家认同与外在政治行为的一致性。① 另外，从国家认同的形成过程来看，经由传统国家走向现代国家的过程中，国家认同也由血缘认同、族群认同、区域认同等多元素认同逐步转向由国家意识形态塑造、政治仪式生产、公民教育培养和民生保障赢得的国家认同这一集合体，这是现代国家认同的国内维度。国家认同的国际维度表现为国家在国际政治中建构的国家形象和话语权、影响力在国民心目中所激发的自豪感、归属感和认同感。综合两个维度来看，在普通民众心目中，教育培养和民生保障所带来的国家认同更直接、更直观、更有切身体验。随着媒体传播力的加强，国际维度已成为许多国家强化国内国家认同的有效路径。所以，考察国家认同，在个体层面，主要强调个体周围环境和氛围的整体打造；在国家层面，主要强调国家在国际政治中的形象建构。

在本研究中，"国家认同"主要围绕民族地区乡土社会对国家的认同来展开，国家认同是考察、衡量"民族地区乡土社会"的主要变量。在中国，民族地区大多是边疆地区，也存在跨境民族和民族宗教的国际交流。所以，考察民族地区的国家认同，国内维度和国际维度都很重要。

另外，本研究认为国家整合与国家认同是紧密结合在一起的。国家整合主要是国家对社会的整合，而国家认同主要是社会对国家的认同，也是社会对国家整合的反应，二者互为参照。所以，在本书中，国家整合与国家认同构成了对应关系，把"国家整合"与"国家认同"再"操作化"作为一个层次，其中"结构性整合"对应"民族—国家认同"，"程序性整合"对应"民主—国家认同"，"价值性整合"对应"文化—国家认同"，"保障性整合"对应"民生—国家认同"。

还需分析的是，在"中华民族多元一体格局"形成的历史中，至少包含三重主要张力：即"核心"与"边缘"、"国家"与"社会"、"非少数民族"与"少数民族"。② 在笔者看来，"核心"与"边缘"、"非少数民族"与"少数民

---

① 管健、荣杨：《我国公众国家认同及认同动机建构》，《西北师大学报》（社会科学版）2021年第1期。

② 本观点源于2010年4月27日徐勇教授的指导和启示。"核心"与"边缘"、"国家"与"社会"、"非少数民族"与"少数民族"均可以看成是分析框架。相关的研究成果已很多，在此不做赘述。本书中的"核心"与"边缘"，其界定主要是侧重于历史上的生产方式，核心地区主要是农耕文明；边缘、边疆地区主要是游牧、采集文明。

族"这两重张力属于显性,包含更多的"自然性",而"国家"与"社会"属于隐性,包含更多的"社会性"。所以,本书选择以"国家"与"社会"作为主要的分析框架,书中也有对"核心"与"边缘"、"非少数民族"与"少数民族"的分析和论述。邓大才认为"国家与社会"分析框架在中国农村研究中有三种模式:国家建构论、国家社会互动论和社会独立论。其中,国家建构论居主导地位。① 本研究以国家社会互动论为主要分析模式,以突出自上而下的国家政权建构与自下而上的社会发育的互动性。国家与社会发生关系时,本是一一对应的关系:即有国家整合,必有社会回应。所以,在本研究中,以国家整合研究为主,以社会对国家的认同为辅。另一方面,为了避免国家与社会互指所产生的逻辑混乱,本研究将国家与社会互指转向国家与社会共同指向乡村治理秩序的建构,通过国家与社会共同型塑的乡村治理的透视也可以避免因国家与社会的二分所产生的尴尬与解释力的受挫。使得国家与社会关系获得历史感,从乡村治理秩序达成和建构的过程来洞察国家与社会的互动。

  从具体收集材料的方法来看,本研究属于实证研究。主要通过对藏族、回族、壮族三个民族区域的田野调查来研究民族地区乡土社会与现代国家的关系。在笔者看来,这样的研究至少有三点意义和价值:其一,以调查到的经验事实为主,反思既有相关研究的解释力与限度;其二,基于经验事实,概括对于民族地区乡村治理中的国家与社会关系的新理解;其三,检验"重在平时、重在交心、重在行动、重在基层"即"四个重在理论"的落地情况,探讨如何在民族区域治理中贯彻落实"四个重在理论"。②

  多个案研究是本研究搜集材料的主要思路。在农村研究中,有关于个

---

  ① 国家建构论采取一种自上而下的研究路径,国家是建构主体,居主动地位,乡村社会是建构客体,居被动地位,国家自上而下向乡村社会渗透,形成一种强国家—弱社会的格局。国家与社会互动论的研究大多是个案或者区域研究,通过对某一个个案或者某一个区域的研究来分析社会如何与国家整合,或者分析社会如何适应或者影响国家整合。秉持社会独立论的学者主要是历史学或者历史社会学的学者。这些学者认为国家与社会有互动关系,但是乡村社会也有其独立性。参见邓大才《社会化小农与乡村治理——小农社会化对乡村治理的冲击与转型》,华中师范大学2009年博士论文,第10—12页。

  ② 2014年12月,中共中央、国务院出台的《关于加强和改进新形势下民族工作的意见》明确指出,要全面深入持久开展民族团结进步创建活动,坚持"重在平时、重在交心、重在行动、重在基层"。参见《加强和改进新形势下民族工作》,《光明日报》2014年12月23日第1版。

案研究的意义和价值限度的讨论,伴随个案研究的历史已经有了多年的论辩。① 在此,笔者重申个人选择的立场:一方面,个案研究是社会科学研究的可行路径。虽然个案无法呈现所有社会现象,但是不断推出的个案研究提供理解同一问题的不同思路,恰是社会科学迷人和动人之处。个案提供的一种解释思路到底有多大说服力,就看可以持续多长时间的解释力被多少学者引用并传承。此外,个案研究成功与否,在于通过个案能提出多少"普遍性的问题",得出多少"普适性的结论"。个案研究虽然可遭质疑,但是,限于人力物力的考量,个案研究不可替代。② 另一方面,在本研究中,三个个案之间有参照、比较的意义。在力所能及的情况下,笔者选择了以牧业为主的藏族乡村、以经商为主的回族乡村、以农耕为主的壮族乡村进行比较研究,试图探讨发展起点相异的民族地区,如何在国家整合中实现一体化和多样性的发展。具体而言,本研究中的比较研究需要说明以下几点。其一,本研究中既有横向比较,也有纵向比较,更多是纵横交错。纵向比较的每个阶段、每个环节中也有横向比较。其二,在本研究中,纵向比较主要用来呈现"民族地区乡土社会""现代国家建构"以及"国家与社会关系"的变迁。横向比较主要用来呈现"民族性",这也是本研究需要用比较研究来凸显的重点内容。横向比较主要涉及四个层面:一是"少数民族"与"全国民众的普遍性"相比;二是"少数民族"与"汉族"相比;三是藏族、回族和壮族相比;四是少数民族区域不同行政层级相比(省、市、县、乡、村)。其三,为了突出和凸显"民族性",对部分"非民族特性的内容"或"大众化的内容"做了隐身处理,有潜在的比较。

在具体的研究中,本书以实地调查分析为主,以历史文献梳理和演绎推理为辅。就具体每一部分而言,本书亦采用政治学、社会学、历史学、民族学、公共管理学等多学科、跨学科的研究方法。主要包括:其一,文献分析。对政治学、社会学、历史学、民族学、公共管理学等相关学科及其交叉

---

① 有关个案研究在乡村治理研究中的分类分析参阅徐勇、邓大才《政治学研究:从殿堂到田野——实证方法进入中国政治学研究的历程》,邓正来、郝雨凡主编《中国人文社会科学三十年:回顾与前瞻》,复旦大学出版社2008年版,第269—287页。有关个案研究在乡村治理研究中的地位参见徐勇《方法论的自发、自觉与自为》,应小丽《草根政治:农民自主行为与制度变迁——以1952—1992年浙江为例》,中国社会科学出版社2009年版,"总序"1—5页。

② 有关个案研究的争论,会因为人类的认识原罪而恒久,争论的意义只在于能否激励研究者不断寻求新的阐释、新的资料和再研究的兴趣。如果老是在研究方法本身上徘徊,意义本身则得不到追寻。在当下的中国农村研究中,依然会经常听到在这一问题上的质疑和纠缠:请问您的这一个案研究有多大代表性、能在多大意义上说明问题,如此等等。

学科有关民族地区基层治理研究的相关文献,做全面的搜集、整理、分析、梳理,获得纵深的研究背景,站在学术前沿展开研究。在本研究中,笔者也从民族三地的地方志中获得了大量的资料。同时,参阅了华中师范大学"百村观察"项目其他调查员在民族三地的调查资料。其二,实地调查。本书以"百村观察"项目中所涉及的新疆、青海、西藏、内蒙古、宁夏、广西、云南等地区12个民族村庄的持续调查数据为分析、研究的背景,对青海藏族、宁夏回族、广西壮族3个民族村展开了翔实的专题调查,采取深度访谈、参与式观察等方式获得本研究所需资料,并对典型个案展开深入剖析。基于学术规范的要求,在本书中,青海藏族调查区域的"学名"为"藏县",藏县下辖"藏镇",藏镇下辖"藏村";宁夏回族调查区域的"学名"为"回县",回县下辖"回镇",回镇下辖"回村";广西壮族调查区域的"学名"为"壮市"(县级市),壮市下辖"壮乡",壮乡下辖"壮村"。如在现实中,与上述"学名"有雷同的情况,则纯属偶然。与上述调研地点相邻的地名,则全用英文字母代替,比如A县、B镇、C村等等。在本书中,访谈记录的编号依据"访谈地点""访谈时间""访谈人物"和"人物编号"生成。比如,在回县,2010年8月23日对第9位访谈者的访谈记录的编号即为:HX2010082309。本书中的一手素材,主要来源于2010年和2018年两次集中的实地调查。可以说,2018年的实地调查是2010年的实地调查的补充和佐证。研究发现,用综合发展水平来研判,本研究中的藏县区域的发展水平低于回县区域的发展水平;回县区域的发展水平低于壮市区域的发展水平。所以,调查发现,2010年的发展状况与2018年的发展状况相比,藏县区域发展的成效最明显,某些方面实现了跨越式发展。相比而言,壮市区域在8年时间内,发展的成效不是很明显,跨越式发展和突破式发展的方面不是很多。为此,在写作和修订的过程中,比较而言,对藏县区域2010年的调查资料的修订和佐证较多,对壮市区域的资料的补充较少;对藏县区域8年以来的变化的分析较多,对壮市区域的变化的分析较少。没有被更新和替换的2010年的调查资料,说明其反映的问题依然是现实社会发展中存在的现实问题,也是学术研究的前沿问题。

在这里还要说明的是,选择单一的民族聚居村庄进行深度调研,可以深入掌握本民族的行为特征和文化特质。另一方面,为了深入了解"民族问题",笔者将研究的视野做了一定拓展,在对单一民族全面了解的基础上,在县域范围里探讨乡村治理,这样才能对民族间问题进行相对圆满和完整的呈现,这样也提升了研究的意义,扩充了研究的空间。

在构思和写作的过程中,对于三个案例材料的取舍,本书坚持重点性和突出性的原则:对于能凸显民族性和国家性的特质以及内容,重点陈述和分析。所以,在本书中,对于乡村治理一般或大众化的层面,并没有做过多的分析,而将作为乡村治理的一般理论和逻辑当作前提假设来处理。所以,出于篇幅合理、结构紧凑和行文流畅等技术性因素的考虑,本书没有就乡村治理的一般理论做过多的铺垫,而是直接切入特征鲜明、对比悬殊的民族地区乡村治理的陈述。力图从凸显民族地区乡村治理的鲜明特性出发来安排材料,是本书写作的追求。

但是,从哪些方面来考量民族地区乡村的国家与社会关系,首先是一个理论上的问题,是一个理论具体化和操作化的问题。对这一问题的思考基于文献梳理,来源于理论的逻辑性,即个案研究的支持系统和前提基础——理论的逻辑演绎。这一系列的逻辑前提和基础就构成了本研究的立论立场和理论假设。[①] 如下图所示,根据文献梳理,本研究的架构思路和理论假设可以表述为以下几个方面:

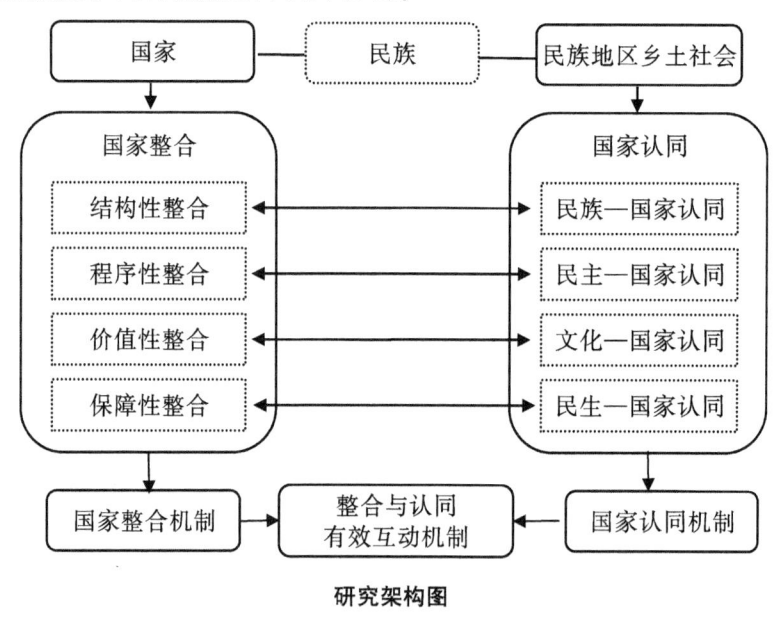

研究架构图

其一,民族地区政治并非铁板一块。参照"政治体系的二分法",本研

[①] 在笔者看来,文献综述的过程是作者构思研究假设的重要步骤,也是作者在既有文献中检测研究假设的逻辑性和可行性的重要环节。文献梳理不仅仅是梳理别人的文献,更是扒梳作者逻辑思路、锤炼作者理论基础的一个重要过程。文献梳理看似外在于作者,其实是内化为本研究之中的有机部分和激活本研究的创造力的源泉。本研究的文献梳理即是如此的一次尝试,它跟此处的研究假设构成了理论上的关联性。

究将民族地区政治分为民族地区上层政治和基层政治。民族地区基层政治是本书的主要研究对象。中华人民共和国成立后,不同发展模式的民族地区乡村都纷纷进入新政权体系,在民族平等的原则中,不同的民族地区在新政权的推动和保障中,获得了充分的发展,奠定了坚实的政权基础。但是在政权的具体运作中,由于民族地区乡土社会的特殊性,加之民族地区政权建设的历史较短,民族地区基层政权建设还有待加强。

其二,民族地区乡土社会经历了自在发展—国家建构民族地区乡土社会—国家与乡土社会互构、互动发展这一发展历程。民族地区的国家建构以国家整合与国家认同为切入点,可分四个层面来考量:即结构性整合与民族—国家认同、程序性整合与民主—国家认同、价值性整合与文化—国家认同、保障性整合与民生—国家认同。其中,价值性整合与文化—国家认同这一个层面成为影响民族地区国家建构的特殊因素。结构性整合坚持整体性原则,强调国家政权体系一体化的过程。本研究中主要考察民族地区乡村的政权组织和政党组织的建设过程,关注民族—国家这一政治组织建设有序、机构完善并有机运行。相应的民族—国家认同即指民族地区乡土社会对政权组织和政党组织的认同。程序性整合关注民主的程序正义,指在国家政权组织建设和公共事务运行中坚持和完善民主。本研究中主要考察民族地区乡村政权体系公共性的确立和政权运行中公民权益保障。对应的民主—国家认同即农牧民对民族区域民主建设和民主转型的认可程度。价值性整合主要指国家对核心价值体系的引导。在民族地区,宗教文化是其文化活动的重要组成部分。国家整合与文化—国家认同在这一个层面主要表现为价值性整合与宗教信仰之间的关系。保障性整合是指现代国家对农牧民民生福祉的呵护和保障。对应的民生—国家认同则是民生保障所带来的合法性资源和民众对民生建设的认可。民族地区现代国家的建构具有很大的理想性,民族地区现代国家建构的过程以国家整合为主导。

其三,宗教、市场和政府是塑造民族地区乡村治理的三大动力机制,通过对宗教、市场和政府塑造乡村治理的动力的不同组合的研究,可以为深入洞察国家与社会关系提供一个有效的平台。同时,这一平台也是"民族再造"和乡土自觉的集中展现。

上述研究假设的陈述侧重于"现代国家与民族地区乡土社会"这一宏大问题的逻辑演绎。在笔者看来,"结构性整合"与"民族—国家认同"、"程序性整合"与"民主—国家认同"、"价值性整合"与"文化—国家认同"、"保障性整合"与"民生—国家认同"这四个层面对"国家与社会"关系的分解,以及"宗教"与"心灵秩序"、"市场"与"基础秩序"、"政府"与"公共秩序"三重动力共同型塑的乡村治理状态对"国家与社会"关系的动态呈现等等,都可以看成是理解"国家与社会"关系的中层范畴。以这些中层范畴做章节的标题,但是章节内部的内容以民族三地的实证材料展开逻辑分析,是本书试图达到"宏大视野"与"微观机制"相衔接的一种努力,一种驾驭策略。章节的内容不是反映章节题目的充分内容,而是社会调查和史志梳理中的主要内容。章节题目提挈内容的致思趋向,但不影响实证研究的逻辑演绎。另外,本书中所用"结构性整合""民族—国家认同""程序性整合""民主—国家认同""价值性整合""文化—国家认同""保障性整合""民生—国家认同"等概念侧重于概念的描述性,或者说,这些概念更多的是描述性概念;书中并没有重点对上述概念的逻辑性开展论证,或者说,上述概念的使用并未侧重于逻辑性概念。还可以理解为,本研究主要基于田野调查,确立描述性概念,上述描述性概念的逻辑性,还需要后续研究不断推敲和反复论证。

第一章 "原始民族性"与乡土底色

"历史从哪里开始,思想进程也应当从哪里开始,而思想进程的进一步发展不过是历史过程在抽象的、理论上前后一贯的形式上的反映;这种反映是经过修正的,然而是按照现实的历史过程本身的规律修正的,这时,每一个要素可以在它完全成熟而具有典型性的发展点上加以考察。"①马克思主义这一历史与逻辑相统一的原则,同样适用于对民族地区乡土社会的探讨。对民族地区乡土社会与"民族过程"的分析,将为民族地区乡土社会与现代国家的互动提供历史和现实基础,也是事实和理论的逻辑起点。②

恩格斯认为摩尔根的社会发展分期是:"蒙昧时代是以获取现成的天然产物为主的时期;人工产品主要是用获取天然产物的辅助工具。野蛮时代是学会畜牧和农耕的时期,是学会靠人的活动来增加天然产物生产的方法的时期。文明时代是学会对天然产物进一步加工的时期,是真正的工业和艺术的时期。"③在人类进入文明时代之后,人类居住的这个星球就被民族—国家这种政治单位瓜分了。④但是,从"大历史"来看,"在中国的民族和国家进程中,至少有三大要素不可忽视。一是在相邻相近的地理环境中存在多个民族,这些民族长期延续下来,民族的地域性强。各个民族相对固定地生活在一定地域内,没有发生整体性的民族大迁徙。国家产生之后,没有简单地摧毁地方的和民族的自主性。二是在多个地方和民族相互并存与互动中,始终存在一个核心地区和主体民族,并与其他地方和民族发生互动,由此形成一主多元的民族和地域体系。三是在地方和民族互动中产生的统一的多民族国家一直延续下来,民族的多样性和国家的统一性相互依存。"⑤

总体来看,中国各民族所处的地理环境和民族格局是亚洲东部西起帕

---

① 《马克思恩格斯选集》第2卷,人民出版社1995年版,第43页。
② 参阅王希恩《民族过程与国家》,甘肃人民出版社1998年版。
③ 《马克思恩格斯选集》第4卷,人民出版社1995年版,第24页。
④ 关凯:《族群政治》,中央民族大学出版社2007年版,第43页。
⑤ 徐勇:《国家化、民族性与区域治理——基于历史中国经验的分析框架》,《广西大学学报》(哲学社会科学版)2020年第4期。

米尔高原、东到太平洋西岸诸岛、南北跨越50个度的一块地理单元。这片大地是一块从西向东倾侧的斜坡,高度逐级下降。西部是海拔4000米以上的号称世界屋脊的青藏高原,东接横断山脉,地势下降到海拔1000米到2000米的云贵高原、黄土高原和内蒙古高原,其间有塔里木盆地、准葛尔盆地及四川盆地等。再往东是海拔1000米以下的丘陵地带和海拔200米以下的平原。兼有热带、亚热带、暖温带、温带和寒温带5个气候带。在这样的地理生态结构中,中国各民族的发展区域呈现为南北向三个发展带和东西向两大部分,"三带两部"也呈现不同的人文景观。从南北方向看,秦岭—淮河以南是以汉族为主体经营的水田农耕经济发展带,以北至长城是以汉族为主体经营的旱地农业发展带,秦长城以北是历史上以少数民族为主体经营的游牧和狩猎经济发展带。从东西方向看,以天水为中心,北至大兴安岭北端以南,南至云南腾冲,把中国划分为东西两大部。东部湿润而适于农耕,自古是经济发达、人口集中的区域。西部高寒干旱,只能发展游牧和小块农业,面积虽占到全国的一半以上,但人口自有纪录可查的历史以来却从未超过全国总数的十分之一。从历史发展来看,"三带两部"之间存在着紧密的相互依存、相互促进、互为补充的关系,这是中国各民族在古代呈现多元区域非均衡发展,反复汇聚于中原,最近700多年来越来越巩固地结合成统一国家的基本事实。①

  自然地理条件的差异,塑造了不同的生产、生活方式,形成了不同的人类群体,即不同民族。这些从起点来探讨的自然性和社会性的叠加,即是本书所谓"原始民族性"或民族过程的起点。民族过程就是民族社会化的过程,也是民族的社会性逐步增强的过程。②研究小农社会史的黄宗智认为:"研究朝廷政治、士绅意识形态或者城市发展的史学家,不一定要考察气候、地形、水利等因素。研究农村人民的史学家,却不可忽略这些因素,因为农民生活是受自然环境支配的。要写农村社会史,就得注意环境与社会政治经济的相关关系。"③本章即是从地理环境、生产方式、文化生活等方面,对藏县的藏族、回县的回族、壮市的壮族的"原始民族性"及其渊源

---

① 参阅宁骚《民族与国家——民族关系与民族政策的国际比较》,北京大学出版社1995年版,第565页。费孝通《中华民族的多元一体格局》,《北京大学学报》(哲学社会科学版)1989年第4期。
② 王希恩:《民族过程与国家》,甘肃人民出版社1998年版。
③ 黄宗智:《华北的小农经济与社会变迁》,中华书局2000年版,第51页。

进行探讨,①以此彰显民族地区乡土社会底色。②

一、"以牧立村":青藏高原上的藏族村落

笔者怀着对草原的陌生、好奇和向往,乘坐汽车从西宁出发,一路经历农田、森林、半荒漠、戈壁滩、河流、滩涂、灌木林、丹霞、草原等地形地貌,终于到达了调查、研究藏族的目的地——藏县。

藏县位于青海省东南部,处于黄河上游和三江源生态保护区(2004年列入),生态战略位置十分重要。藏县以高原大陆性气候为主,县内最低点海拔2648米,最高点海拔4671米,平均海拔3660米。截至2009年7月,藏县总面积4758平方千米,辖2镇3乡73个行政村,总人口6.1万人,分属汉族、藏族、回族、蒙古族、土族、撒拉族等9个民族。全县以藏族人口为主,占总人口的90.3%。藏县距州府250多千米,距省会西宁市280多千米。③ 截至2019年底,全县辖2镇3乡,2个城镇居委会,73个行政村和1个省管企业,总人口6.68万人,藏族人口占全县总人口的92.6%,10年间藏族人口占比上升了2.3个百分点。县城常住人口1.08万人。全县有天然草场3401平方千米,耕地面积115平方千米,林地面积1036平方千米。④

历史上的藏县,是多民族更替占据的地方。在民族更替的过程中,既有民族融合,也有民族冲突;既有民族消失,也有民族身份的更改。这说明历史上的藏县就是不同政权交界的地方,在政权更替和社会交往中占有重要地位。藏县古为西羌驻牧地,自汉武帝时起,诸羌部落受中央王朝所设护羌校尉节制。东晋南北朝时期,青海地区为吐谷浑人统辖。隋大业四年(608)炀帝率军西征吐谷浑,"置郡县镇戍,发天下轻罪徙居之",今藏县地区遂归属隋朝新设置的A郡管辖。炀帝死后,A郡废除,地复归吐谷

---

① 本书所涉及的研究对象包括县(县级市)、乡(镇)、村三级。对藏族的研究,重点锁定在藏县、藏镇、藏村;对回族的研究,重点锁定在回县、回镇、回村;对壮族的研究,重点锁定在壮市、壮乡、壮村。为什么要选择三级研究对象,以及对三地的资料处理及其安排,本书在导论的第三部分已经做了说明。在此不再赘述。本章所谓的"村落""社区""村寨"除了指涉三个调研的村庄之外,还普遍指涉三个县域范围之内的乡村。
② 华中师范大学中国农村研究院从2014年开始启动"深度认识中国农村——农村底色系列调查"活动,并将此次调查看成是抢救和保护农村文化基因、村庄原生样态和农村基础性制度安排的工作。
③ 藏县人民政府网,查询时间2010年11月16日。
④ 藏县人民政府网,查询时间2020年9月23日。

浑。唐高宗龙朔三年(603),吐蕃军攻灭吐谷浑政权,占有其地,今藏县辖地归属吐蕃王朝。7世纪末,唐军收复包括藏县在内的黄河九曲大部分地区。公元710年,唐金城公主远嫁吐蕃赞普,睿宗皇帝曾将藏县等地作为金城公主的"汤沐邑"(封地)送与吐蕃。北宋时期今藏县地为A吐蕃的辖地。明末清初,藏县是和硕特蒙古右翼驻牧地。清雍正三年(1725)清廷在青海藏族、蒙古族聚居区划旗走界,分封王公千百户,设立"总理青海蒙古番子事务大臣衙门"统辖。清代中后期,蒙古部落衰落,甘肃、四川等地的藏族部落迁入,原有的蒙古人或到别处去放牧,或进行民族融合。至清末民初,藏族已成为今藏县地区的主体民族。民国二年(1913),今县地划归A县管辖,并受青海办事长官节制。民国二十四年(1935)5月10日,划出A县南部的两个部落和察罕诺门汗属地,并划黄河沿边部分地区,新置藏县。县府驻扎在一个寺院,隶属于青海省第七行政督察专员公署。民国三十四年(1945),改隶第三行政督察区专员公署。民国三十六年(1947)第三行政督察区撤销,藏县归省政府直辖,下设4乡、14保、140甲。

中华人民共和国成立后,1949年10月藏县和平解放,同年11月23日县人民政府成立。1951年11月,改藏县为藏族自治区。1953年8月,中央人民政府第122号文批复,藏族自治区改为藏县,县人民政府迁驻藏镇。同年12月,藏县归属A藏族自治区。1955年,县人民政府改称县人民委员会,隶属A藏族自治州。1959年6月,经国务院批准,藏县划归B藏族自治州管辖。1962年11月,国务院第346号复文批准,藏县复归A藏族自治州管辖。[①]

历史上的藏县,也是农业、牧业、狩猎等生产、生活方式并举发展和更替发展的地方。这一方面说明了藏县有复杂、多样的地形地貌、地理环境。同时也可以看出,历史上的藏县酝酿、产生了不同的文化类型和生活方式,是不同文化交流、碰撞的场所。藏县又被称为"宗日文化之乡",是闻名中外的宗日文化发祥地。藏县宗日文化遗址面积有5万多平方米,其中1994年考古挖掘墓葬215座。墓葬中单人墓194座,二人合葬墓14座,三人以上合葬墓3座。墓葬的规划和分布充分说明了藏县具有悠久且发达的氏族文化。考古还发现祭祀坑18个,灰坑18个,文物共计2.3万件。其中,最有价值的文物当属双人抬物彩陶盆和多人舞蹈纹彩陶盆。诸多文物充

---

① 藏县地方志编纂委员会:《藏县志》,民族出版社1999年版,第1—2页。

分说明5000年前在黄河上游的先民已经掌握了精湛的制陶技艺。① 藏县宗日文化出土的大量遗迹、遗物极大地丰富了这一地区远古文化的面貌，再现了当时人们农业、牧业及狩猎经济并举的生活场景。

藏县农业开发历史较早。据史料记载，隋唐时期，县境内黄河及其支流河谷地带就有小块零星分布的种植业区域，唐、宋、元、明、清继之。约在20世纪初，隔壁地区的一部分藏族农民，陆续迁居县内宜农区域，垦荒种地，开渠引水，成为藏县近代农业的开拓者。中华人民共和国成立前夕，藏县粮食总产量28.6万公斤，亩产75公斤。1949年以后，党领导农牧民走社会主义道路，实行农业合作社，大搞农田基本建设，推行科学种田，推广优良品种，改进耕作技术，兴修农田水利。特别是1978年党的十一届三中全会确立的路线、方针、政策，调动了藏县农民的生产积极性，农村生产力进一步解放，农业生产有了较大的发展。1985年，藏县农作物总播种面积5.8万亩，粮食总产量达653万公斤，平均亩产180公斤，油料总产量204万公斤，平均亩产93.5公斤，农业总产值达444.23万元，占全县工农业总产值的27.02%。截至2009年7月，全县退耕还林还草面积为5.97万亩。全县有耕地10.07万亩，其中水浇地3.23万亩（主要分布在黄河沿岸及其支流流经区域），适宜种植小麦、青稞、油菜、马铃薯等农作物。在正常年份，小麦单产每亩约300公斤，青稞150公斤、旱作油菜50公斤。② 上述水源及农业资源是孕育并发展农业的充分条件。

草原畜牧业是藏县国民经济的主业，它的发展历史可追溯到远古时代。商周时期，以马、牛、羊为主要种类的游牧业就已经有了较高程度的发展。以后的各个历史时期，以放牧为主的自然经济是藏县地区主要的经济形态。中华人民共和国成立后，政府为促进畜牧业发展，兴修草原水利，强化草原基本建设，狠抓畜疫防治，逐步走向草、畜并重，牲畜质量与数量并重的道路。1978年以后，在国民经济"调整、改革、整顿、提高"的方针下，贯彻落实"提高数量，提高质量，控制存栏，加快周转"的方针，全面实行牲畜"包干到户、私有私养"的生产责任制，将冬春草场使用权固定到户或帐圈，调整了生产关系，进一步解放了生产力，促进了畜牧业的发展。1978年全县牲畜达71.2万头（只），牲畜存栏数为历史最高年份。1985年，全县牲畜总头数控制在59.6万头（只），牧业总产值达1169.28万元。牲畜

---

① 藏县人民政府网，查询时间2010年11月16日。
② 藏县人民政府网，查询时间2010年11月16日。

出栏率由1980年的17.83%,上升到22.59%;商品率由1980年的8.14%,上升到11.59%。① 但是,与农业生产的包干到户产生的效应不同,大部分草场的承包到户和划界围栏,使得草场退化。所以,与农业生产效益的倍增相比,到2009年7月,藏县存栏各类牲畜数为83.96万头(只),②2019年末存栏各类牲畜82.79万头(只),③牲畜数量变化不大。

这里要分析、说明的是:历史上藏县的生产方式,经历了由狩猎、农耕、游牧并举到牧业为主、农业为辅的发展过程。在这一过程中,既有农区与牧区相互独立的发展,也有牧区与农区相互侵犯和挤压,还有游牧民族的更替出现。但是,在藏县,农区和牧区分属于不同的生态区位上。所以,农业与牧业在藏县的历史上是以和谐相处为主,矛盾和冲突并不多。

对藏县的调研使笔者首先认识到,藏县距离中心区域相对偏远,民众生存环境恶劣。据《藏县志》记载,1950—1985年间,藏县几乎每年都会发生霜冻、冰雹、鼠害、虫害和瘟疫,其中,鼠害和瘟疫是影响草原农牧民生产、生活的主要灾害。进入"藏县大事记"的灾害主要有:1952年11月,在县域一地区发生牲畜口蹄疫,死亡率为2.24%,一直持续到1953年6月才得到控制。1956年秋,蝗虫危害农田草原,危害面积145万亩,冬春草场每平方米有蝗虫210—1200只,小块农业区粮食大幅度减产。1972年5月4日至5日,一公社遭受雪灾,积雪厚30厘米左右,冻饿死绵羊1171只。6月28日,2个公社的3个生产队和县牧场遭受冰雹灾害,300亩小麦、1794亩青稞、70亩豌豆、560亩油菜大部分被毁。1982年3月26日至4月18日,全县普降大雪四次、中雪一次,形成半个世纪以来的特大风雪灾害,雪厚60厘米至1米左右,牧业生产损失很大,各类成畜死亡3.56万头(只),死亡仔畜6万头(只),仔畜死亡率为32%。1984年冬季,县乡两级党委和政府组织846人进行人工灭鼠,防止草原鼠害67.35万亩。④

在藏县调研期间,笔者也充分感受了草原气候多变的状况:早晨和中午晴朗,下午阵雨,还有冰雹,偶尔晚上也有阵雨,只要挂起云彩就下雨。从天气变化的角度来说,草原的生存环境非常艰苦,也说明了游牧生产的简单性、原初性和自然性。为了应对这样的天气,在夏季牧场上放牧的人们就要做好应对各种天气变化的准备。单从牧民基本穿着来看,穿藏袍可

---

① 藏县地方志编纂委员会:《藏县志》,民族出版社1999年版,第4页。
② 藏县人民政府网,查询时间2010年11月16日。
③ 藏县人民政府网,查询时间2020年9月23日。
④ 藏县地方志编纂委员会:《藏县志》,民族出版社1999年版,第13—27页。

第一章 "原始民族性"与乡土底色　　43

以保暖、防雨,可坐、可躺在草地上,头巾或大檐毡帽可以防日晒,也可以防风挡雨。

人类社会发展的初始形态往往表现为"靠山吃山,靠水吃水"。藏县2010年雨水比较好,山上的冬虫夏草比较多,2010年虫草的价格比往年要高得多。所以,牧民的收入比较高。① 但是大自然的这种直接福利与自然分布密切相关,没有分到山头牧场的牧民则没有这一项丰厚的收入。游牧经济和虫草经济说明,牧区的生产很大程度上表现为与自然的直接、简单交换。没有播种、加工等中介环节,所以牧区的经济发展的自然性非常强,实质上表现为对自然禀赋的直接获取。

藏县的藏民全民信奉佛教。藏县境内有规模恢宏的三大佛教寺院,充分呈现了源远流长、独具特色的佛教文化和民间艺术。历史上的宗教场所不但是政治、文化中心,也是经贸、教育场所,还是交通、信息枢纽,在信众的生活中有崇高地位,具有重大意义。如上所述,国民党县府当时就设在一个寺院。另据《藏县志》记载:民国二十九年(1940),马步芳设商号"德兴海(前身为益生成商栈)",在这一寺院设立分店一处。民国三十一年(1942),这一寺院的香萨活佛从上海购进一辆美国制造的福特牌小轿车,这辆车是青海牧区所见第一辆小轿车。是年,国民党藏县政府还在这一寺院设立电台,首次办理军政电报。②

藏镇是藏县县政府驻地。2010年官网数据显示,藏镇2001年撤乡建镇,总面积1278平方千米,是一个以牧业为主,兼种植少量旱作物的牧业镇。镇政府位于县城东部1千米处。藏镇辖16个行政村,34个牧业合作社,2个城镇居民委员会。辖区内有12座寺院。截至2009年7月,该镇总户数4017户,总人口2.3万人。其中农牧户1774户1.3万人,城镇居民2243户0.99万人,草场面积128.41万亩,可利用草场面积113.35万亩,耕地面积4.2万亩,退耕还林(草)面积3.6万亩,林地面积1万公顷,存栏各类牲畜19万头(只)。2007年农牧民人均纯收入2021元,比1998年农牧民人均纯收入增加了700元,增长了53个百分点。③ 但是,1998年的1321元占1998年全国农牧民人均纯收入的61.1%;④2007年的2021元是

---

① 访谈记录 ZX2010071504。
② 藏县地方志编纂委员会:《藏县志》,民族出版社1999年版,第10页。
③ 藏县人民政府网,查询时间2010年11月16日。
④ 国家统计局农村社会经济调查司:《中国农村统计年鉴2007》,中国统计出版社2007年版,第267页。

全国农牧民人均纯收入的48.8%。① 2020年官网数据显示,藏镇辖16个行政村、4个社区,总人口8463户3.43万人,其中农牧民3947户1.57万人,城镇居民4516户1.86万人。由此可见,经过10年的发展,藏县县城人口快速增长。全镇存栏各类牲畜18.53万头(只)。2018年底全镇农牧民人均可支配收入为9718元,不足2018年西部地区人均可支配收入21935.8元的一半。② 全镇有寺院13座,其中藏传佛教寺院12座,清真寺1座。③ "修建的清真寺主要是方便外地来藏县做生意的回族人员,一定程度上也活跃了藏县的商贸。"④

藏村是位于藏镇镇政府驻地北侧约1.5千米处。地处山区,是一个纯藏族村庄。经济以牧为主,兼营农业。截至2010年7月,藏村的面积是120.36平方千米,有耕地2426亩,草场7.66万亩。该村有269户,970人,其中80户通了电,120户有了引水管道。⑤ 藏村1984年分耕地到户,1994年和1995年分草场和牛羊到户。⑥ 据包村干部介绍,藏村虽然紧挨着县城,但属于藏县的贫困村。⑦

藏族是有完整的语言、文字和宗教体系的民族,上述所列举的藏县的地名均体现了浓厚的藏文化特质,即使译成汉字来表达,取得了汉字的外形,但是其内涵是藏文化的表达。当然,牧区的村庄记忆也有自身的特点。在社会科学研究中,村庄有两层含义,一层含义是指村庄是地域区划的产物,是基层一级社会管理单位。所以,人为性很强。另一层含义是指村庄是自然聚居的人群共同体。当然,两种含义所指的村庄既有重叠的情况,也有只包含一种含义的村庄。但是在游牧区域,村庄更侧重于第一层含义上的表述和状态呈现,并且游牧地区的村庄的历史短暂,社会管理程度低,人为规划属性也不明显。藏村就只包含一点地理区位的含义,并没有其他村庄丰富的社会内涵。⑧ 游牧的村庄,历史很短暂,村庄内部没有共同记

---

① 国家统计局农村社会经济调查司:《中国农村统计年鉴2008》,中国统计出版社2008年版,第144页。
② 国家统计局网站:《中国统计年鉴2019年》,查询时间2020年9月23日。
③ 藏县人民政府网,查询时间2020年9月23日。
④ 访谈记录ZX2018080508。
⑤ 详见《百村十年观察—2010年夏季—青海省藏县藏村》,华中师范大学中国农村研究院资料室资料。
⑥ 访谈记录ZX2010071801。
⑦ 访谈记录ZX2018080501。
⑧ 中国"村庄"命名的"社会"内涵大致分为这样几种情况:其一,根据村庄主要姓氏分布命名;其二,根据村庄地理地形,加上姓氏一起命名;其三,根据村庄发生的某一故事命名。

忆。因为牧民都是逐水草而居,根据自然变迁而迁移。所以,村庄的流动性很强,并且这种流动性是分散性流动,所以造成村庄内聚力不足。

二、"以商立村":与社会交换的回族社区

坐火车从银川出发去回县,沿途停靠的车站之间呈现不同的景观:银川到 A 市之间是戈壁滩。到 B 市,有黄河水灌溉的地方有玉米种植、枣树果园,C 市还有水稻种植。接近回县又转为戈壁滩。相对荒凉、泛黄、贫瘠的地貌让人直接想到的问题是:靠山没山,靠水缺水,回县回民是如何生息、如何发展的?

回县位于宁夏回族自治区中南部,地处鄂尔多斯台地与黄土高原北部的衔接地带,海拔在 1200 米至 2700 米之间。回县属于典型的温带大陆性气候,四季分明,日照充足,昼夜温差大,年均降水量 200 毫米左右,而蒸发量却高达 2300 毫米,贫瘠、干旱是最主要的自然特征。截至 2009 年 2 月,回县总面积 4662.16 平方千米,辖 7 镇 4 乡 2 个管委会,196 个行政村。总人口 36.79 万人,其中回族人口 31.15 万人,占 84.67%。回县境内地形多样、沟壑纵横、丘陵、山地、沙漠等地貌类型占总面积的 65.4%。按照其地质地貌和人工开发程度的不同可分为三个区域:一是包括回县县城在内的扬黄灌区,总面积约 820 平方千米,这一区域是回县县内生态移民的迁入地。二是地势比较平坦的旱作塬区,总面积约 1700 平方千米;三是干旱山区,总面积约 2140 平方千米,这一区域是回县县内生态移民的迁出地。2007 年,回县生产总值 14.6 亿元,地方财政一般预算收入 4118 万元,城镇居民人均可支配收入 6870 元,农民人均现金收入 2213 元。[①] 发展到 2020 年 7 月,回县辖 7 镇 4 乡 1 个开发区,142 个行政村,5 个居委会,总人口 38.1 万人,回族人口占 85.7%,10 年时间,回族人口占比上升 1 个百分点。回县是 2011 年中央确定的 14 个集中连片特困地区中六盘山集中连片特殊困难地区 61 个核心贫困县之一,2017 年又被宁夏回族自治区确定为"五县一片区"深度贫困县之一。回县耕地总面积 212 万亩,其中水浇地 40 万亩,旱地 172 万亩,宜林地 270 万亩,宜牧地 241 万亩。2019 年,全县地区生产总值 91.83 亿元,同比增长 10%;地方公共财政预算收入 2.83 亿元,增长 8.4%;公共财政预算支出 56.39 亿元,增长 6.3%;社会消费品零

---

① 回县党政信息网,查询时间 2010 年 11 月 14 日。

售总额增长4.5%;城镇居民可支配收入25661元,增长7.8%;农村居民人均可支配收入10278元,增长11.9%。全县建档立卡贫困人口27383户103844人,14个深度贫困村、89个贫困村全部出列,累计减贫26823户102126人,剩余560户1718人未脱贫,贫困发生率由2014年的33.3%下降到0.61%。①

上述可见,与藏县相类似,回县历史上是"苦瘠甲天下"的地方。回县自然禀赋较差,自然灾害多发、多样(参见表1-1)。民众与天抗争,靠天吃饭,生活艰辛、艰苦,是国务院1983年确定的重点贫困县之一。回县又是革命老区,是典型的西部"老、少、贫"地区。②

表1-1　1949—1990年回县域发生的主要灾害③

年份	主要灾害
1950	县域局部地区小麦发生锈病,大部分没有抽穗。8月,县域局部地区发生鼠害,秋苗受损严重,县、区两级政府发动群众,采用"烟熏""水灌"等方法捕鼠
1951	9月,全县普遍发生水涝灾害,部分地区房屋倒塌,压死4人,受害农民7000余人
1952	县域两个地区发生羊炭疽疫和绵羊痘疫,死亡千余只
1953	全县夏季大旱
1954	全县麻疹病流行,患者达2000余人,死亡155人。9月,县域东南部糜、谷大面积出现黑穗病
1955	全县大旱,粮油减产
1958	4月28日,全县出现大风沙尘暴。最大风力12级,气温剧降,雨雪交加,死羊3万余只,死大家畜数十头。4月,全县发生大风沙尘暴,全县4万多亩农田被流沙埋没
1962	7月6日,县域局部地区降暴雨,山洪冲走4人,淹没夏秋作物数千亩。全县遭受严重旱灾,受灾作物面积达72.1%

---

① 回县人民政府网,查询时间2020年9月23日。
② 回县人民政府网,查询时间2020年9月23日。
③ 此表根据"回县大事记"中的相关记载整理而成。参阅回县地方志编纂委员会《回县志》,宁夏人民出版社1995年版,第12—45页。

续表

年份	主要灾害
1963	8月21日,3个公社数万亩农作物受冰雹灾害绝产,人畜亦有伤亡。全县麻疹大流行,患者达6951人,死亡41人
1965	5月中旬,县域局部地区出现大面积鼠害。全县流脑病蔓延,28人死亡
1970	全县大旱,235个生产队因灾歉收或绝产
1972	5月上旬,多个公社发生小麦蚜虫危害。5月13日,局部地区遭受风沙危害,大部分小麦绝苗。6月30日,东南部地区降雷雨冰雹,12万亩夏秋作物受灾;死羊300余只,大家畜12头;伤12人,死亡7人;冲毁房和箍窑61间(孔)。9月3日,全县霜冻,39万余亩粮食作物遭灾
1973	全县大旱。去年10月至本年7月连旱300多天,小河断流,水井干涸,农田土层干达30厘米左右,夏作物大部绝产,死羊3.6万只,大家畜639头
1976	5月,2个公社发生小麦蚜虫。百株蚜虫量初为数头,后为百余头。6月16日,大风沙尘暴,全县14万亩农作物遭灾。全年扬沙85天
1977	全县冬小麦大面积发生红锈病。全县发生流脑。死亡12人,15岁以下的患者占发病人数的85%
1978	县域局部地区发生大面积麦长腿红蜘蛛
1979	6月,全县发生杨树"黄斑星天牛"病虫危害
1980	查出氟斑牙患者28278例,氟骨症患者456例
1981	夏天,县西部地区发生蝼蛄虫害,1万余亩小麦受害。河滩发生杨树腐烂病,砍伐数万株
1982	夏季,全县持续大旱、多风,大面积农作物枯萎,夏粮减产三至六成
1983	4月27日,全县出现沙暴霜冻。风力11级,最大风速为33米/秒,能见度不到2米,全县死羊4000余只,死大家畜43头,摔伤32人,死亡9人。作物受灾面积68万余亩,少数树木、电线杆亦被风刮倒
1984	6月30日,东部地区降大雨冰雹,造成5万余亩作物遭灾,百余间房屋、200余口井、窑倒塌,人、畜均有伤亡。6月,扬黄灌区大面积小麦发生全蚀病。2个乡镇发生大面积鼠害。每公顷有鼠74—213只。9月,县西部地区出现大面积鼠害。10月,全县大旱

续表

年份	主要灾害
1985	7月，全县普降大暴雨，农田水利设施、庄台住宅、交通道路蒙受的损失及牲畜伤亡，为数十年所罕见
1989	7月，全县发生羊肠毒血症，死亡2000余只
1990	7月10日，县东南部地区降大雨、冰雹。部分村庄被淹，雹后庄稼无存

在现在看来如此艰苦的自然环境中，早在新石器时代就有人类在回县区域活动，西汉时即设置县府，唐、宋、元、明、清历代都有建制。与藏县相似，回县历来是一个多民族共同繁衍生息的地方。唐代有吐谷浑、吐蕃、突厥族，宋代有党项族，元代有回族、蒙古族先后定居回县。清代满族、汉族等民族也长期在境内居住。回县既是唐蕃古道、丝绸之路经过之地，又是回、汉各族民众交往、交流的地方。回县境内有建于明代的清真大寺，有规模宏大的明王陵墓，有西夏修建的砖砌空心佛塔，也有绵延数十里的古长城。各民族长期在回县共同生活和互相影响，创造了具有浓郁地方特色的历史文化、民族文化和红色文化。① 历史上的回县也曾经是边塞之地，是古代西北边陲少数民族侵犯中原的必经之道，也是历代政府重兵把守的重点区域之一。②

回县回族先民可溯至元代。主要来源有两方面：一是公元13世纪蒙古军队征服中亚、西亚一带后，被裹挟和征调来的信奉伊斯兰教的军士、工匠、传教士，以及少量的学术人员和各个部族的上层分子等，这些人被编为"探马赤军"东来，部分人在回县定居下来。回县回民的第二个来源是蒙古人皈信伊斯兰教，留居本地区。明代初年，回民大量入住回县。由清代晚期到民国初年，陕甘宁青等地回民也渐渐进入回县，回县逐渐成为回族聚居地区。1990年回族占全县总人口的80%。③

回县是回族聚居地区，历史上就有经商的传统，恶劣的自然环境也逼迫居民向农牧业之外讨生活。在靠山没山，靠水没水的自然环境中，要生存，只能靠社会。④ 回县清末就有工商户150余家，民国时期，山西、陕西、河北、河南等地客商在本地成立行会，修建货栈，长期坐地经营，四大古镇

---

① "红色文化"的相关论述详见第五章。
② 回县地方志编纂委员会：《回县志》，宁夏人民出版社1995年版，第236页。
③ 回县地方志编纂委员会：《回县志》，宁夏人民出版社1995年版，第654页。
④ 访谈记录HX2010082303。

有商号70余家。当时运输主要靠骆驼,"叮当"的驼铃把回县与全国各地的商业经营者串联了起来。新中国成立后商业体制迭经变化,20世纪50年代主要是国营和供销商业,市场经济萧条。改革开放后,回民的社会生活、精神风貌发生了深刻变化,普遍有了商业意识、竞争意识,普通百姓也打破了"三十亩地一头牛,老婆娃娃热炕头"的单一封闭式农业观念,一大批农民一反常规,走向市场,使回县的商业空前兴旺。尤其是1988年,回县建立流通试验区后,取得了可喜的经济效益与社会效益。1990年,回县从事流通和工副业生产的农民达2.8万人,占农村劳力的30%,流通税收占当年财政收入的61.2%。20世纪80年代末,全县有全民、集体、个体商业和饮食服务企业网点1758个,从业人员3324人,平均每个从业人员服务人口161人。社会商品零售总额7573万元,比1952年增长26倍,年平均递增9.1%,比1978年增长3倍,年平均递增12.6%。① 1992年全县首次创办中外合资企业2家,迈出回县寻求国际伙伴,发展回县经济的第一步。1991年2月,县政府提出"立足发挥回族群众善于经商的传统优势,从发挥市场入手,坚持统一规划,合理布局,谁建设谁受益"的原则,动员社会力量,在全县建设一批投资少、产出高、风险小的集贸市场,为回县城赢得了"旱码头""小广州"的美称。② 改革开放以来,回县回民的足迹也遍及全国乃至周边国家。

回县历史上主要以畜牧业为主,中华人民共和国成立初期畜牧业发展良好。但是,由于20世纪60年代片面强调"以粮为纲",回县大面积开荒种地,草原面积减少,畜牧业生产受到损失。70年代初,由于人口大量增加以及扬黄灌区的开发,种植业比重加大,粮食生产成为农业生产的主体。70年代后期,政府又实行"以牧促农"的方针,增加基本建设投资,退耕还牧,加强草原建设,牧业发展较快。1984年,政府又把发展畜牧业作为振兴回县经济的突破口,将回镇等地区定为滩羊商品生产基地,畜牧业成为农业经济的支柱。1990年,畜牧业的总产值占农业总产值的38.26%。畜牧和养殖带来了相关产品及其相应市场的发展。回县二毛皮年产量在10万张以上,是重要的皮革原产地;回县黄河滩羊肉质鲜美,是发展清真羊肉加工业的优越资源;回县羊绒占据全球三分之一至二分之一的原绒量,在营销领域独领风骚,而且回县是西北乃至全国最重要的羊绒集散地之一。

---

① 回县地方志编纂委员会:《回县志》,宁夏人民出版社1995年版,第4页。
② 回县地方志编纂委员会:《回县志》,宁夏人民出版社1995年版,第852—853页。

与此同时,回县被誉为"黄、白、黑"三宝的甘草、二毛皮、发菜驰名全国。民国时期,回县的甘草由私商收购,被运往天津出口,中华人民共和国成立后,由供销社收购,政府常组织群众以挖甘草开展生产自救。1953年发生特大干旱,供销社收购甘草65万公斤,帮助群众渡过了难关。1990年底,回县支援国家甘草累积1246.1万公斤。回县是宁夏出产二毛皮的主要产区,这里的毛皮皮板厚,毛束轻柔华美,俗称"九道弯"。民国时期,全县有10多家皮毛货栈,他们向天津、上海、河南等地运销毛皮,手工业作坊较为普遍。中华人民共和国成立后,建立黑白皮加工厂,出产的二毛皮褥、皮干衣深受海内外欢迎。皮毛加工已成为回县一大支柱产业。回县发菜享有盛誉。其丝细长,光泽鲜亮,备受青睐。民国年间,就有人常驻上海、天津经销发菜。中华人民共和国成立后,发菜需求量急剧增加。20世纪60年代,广东、福建等地一些部门直接到回县采购。80年代,发菜经营更为活跃,仅县城加工发菜者就有300余家,参与经营者多达3000多人,平均日上市量1000公斤左右,年销量达20万公斤,回县成为全国较大的发菜集散地。回县牛羊肉味道鲜美。特别是羊肉,肥嫩不腻,无腥膻味,1959年被国家列为二类商品,由商业部统购统销,1985年后,市场开放,肉食自由买卖。1990年,销售牛2500头,羊2.5万只。回县清真食品富有民族特色,深受广大民众欢迎。①

回镇位于回县东部,距县城93千米,具有悠久的历史。明代曾是宁夏的政治、经济、文化中心。② 距离回镇政府一千米处,有保存完好的元代喇嘛教塔和西夏修建的砖砌空心佛塔,两座佛塔的附近还有一片自然湖泊,湖泊边缘是古城墙,还有一座气势宏伟的新翻修的清真寺。回镇政府计划把此片区打造为文旅小镇。③ 截至2018年10月,回镇辖11个行政村56个自然村,土地面积520平方千米,有人口8949户3.04万人,2018年完成社会经济总收入9.6亿元,农村居民人均可支配收入达到1.09万元。④

从回县县城出发去回镇,一路全是戈壁滩和山岭,山岭上布局了风力发电设备。路过各地的戈壁滩和山岭的干旱的程度不同。据司机介绍:这里很少下雨,今年是个例外,偶尔还可以看到车窗外的绿色。⑤ 平地上也

---

① 回县地方志编纂委员会:《回县志》,宁夏人民出版社1995年版,第2—4页。
② 回县地方志编纂委员会:《回县志》,宁夏人民出版社1995年版,第766页。
③ 访谈记录HX2018101603。
④ 参见2018年10月16日收集到的内部资料《回镇2018年工作总结暨2019年工作思路(草稿)》。
⑤ 访谈记录HX2010082308。

有庄稼和树木,给人的感觉是其与天抗争,在垂死挣扎。到回镇,镇的周围出现了一片绿洲,因为回镇的庄稼都是黄河水灌溉,无法灌溉的地方几乎是不毛之地。但是回镇的灌溉成本高,村民反映:因为高昂的灌溉成本,种庄稼不赚钱,但是自己种,自己吃还是比较划算一点。① 回镇扬黄灌溉工程分两期完成,一期于1996年完成,二期于2017年完成。在回镇,黄河水灌溉的玉米,亩产可达2300—2400斤。相比之下,旱地不能种植玉米,旱地种植小麦的产量,每亩仅有100—200斤。②

回村是回镇的一个新型生态移民社区,距离回镇政府驻地两千米,上文规划的文旅小镇位于回镇政府和回村的中间地带。现实来看,受农业收入制约,回村村民有以副业接济生活的习惯。牧羊和做点小生意是回村村民很早就有的行为。现在的回村村民几乎没有纯农业户,都有不同的经商门路,相比之下,种地是副业。③ 长远来看,发展起来的文旅小镇能为回村村民提供很多就业和创业机会。

三、"以农立村":发端于农耕文明的壮族村寨

初入广西的王勇写道:"第一次看到广西尤其是桂林一带的数量众多,而且相对连续地分布着的驼峰状的、流线型的山陵,就引起了我的极大的审美兴趣。这种被称之为喀斯特地貌的山峰,天然具备了一种特有的柔和而优美的特征。这些山峰的绝大多数都有着一种统计学上的形象——钟形曲线。这里既没有壁立千仞的高峻大山,也没有大起大落的高原山脉;既没有开阔的一望无际的平原,也没有连绵不断的山区。钟形曲线在这里具有了双重意涵:既是广西山峰的一种典型的外观形象,同时也是广西所有山峰外形的一个统计学正态分布。"④同时,初入壮市,笔者也充分体会到了"桂林山水甲天下,壮市处处是桂林"的真切意蕴。不过,在从壮市去壮村的蜿蜒行程中,虽然只有45千米,但是,随着审美疲劳,对于壮村这一民族村庄的偏僻性和喀斯特地貌造成的地理阻隔的感受倒是与时俱增。

壮市位于广西中部偏北。境域东西宽101.5千米,南北长95.64千

---

① 访谈记录HX2010082305。
② 访谈记录HX2018101603。
③ 详见《百村十年观察—2010年夏季—宁夏回县回镇回村》,华中师范大学中国农村研究院资料室资料。
④ 王勇:《丛林般的"瞭望塔"——广西合寨村村民自治生发机制的一个政治地理学解释》,未刊稿。

米。全市总面积3896平方千米,其中中山、低山面积占27.47%,丘陵面积占58.80%,台地面积占3.53%,平原面积占10.20%。市域地形特点为南北高,中部低,自西向东倾斜,属半山半丘陵地区。在土地利用方面,壮市有耕地68.54万亩,宜粮荒地19万亩,林地124万亩,宜林荒地66万亩,封山育林地15万亩,草场119万亩,养鱼水域面积2.7万亩。全市辖7镇9乡(其中2个瑶族乡),下设180个村民委员会,30个社区居委会,2571个自然屯。① 发展到2020年,壮市下辖9镇7乡。②

壮市地处于北回归线略偏北,属南亚热带季风气候区与中亚热带谷地气候区的过渡带。北部河谷及海拔400至500米的山地属中亚热带谷地气候区(面积较小),南部谷地和海拔300米以下的地区属南亚热带季风气候区。这个气候特征更接近亚热带季风气候。境内除小面积属低山区外,大部分地势不高,且地势相差不大,因而气候的垂直差异不明显。其气候特点是:夏天长,冬天短,春秋历时均匀,四季不分明。气候资源丰富,光照充足,雨量充沛,温暖湿润,四季均可种植。年平均日照时数1696.9小时,年平均气温在19.6℃—20.2℃之间。有适宜的气候,因此,壮市成为广西的粮、油、糖、蚕的主要产区。③

壮市境内,居住着壮族、汉族、瑶族、苗族、毛南族、黎族、仫佬族、水族、布依族、京族、锡伯族、满族、彝族等30个民族。其中壮族是壮市人口最多的少数民族。"壮"原为"僮"。"僮"的称呼初见于宋代。南宋淳祐年间(1241—1252),广西路经略安抚使李曾伯在给宋理宗的《帅广条陈五事奏》中,有关壮市有"撞丁"的记载。元明以后关于"僮"的记载越来越多。④ 截至2008年底,壮市总人口64.32万人,其中壮族占86%。⑤ 发展到2020年,壮市总人口68万人。⑥ 壮市是传说中的壮族歌仙刘三姐故乡。笔者到达壮市后,对壮族民族性最深刻的记忆就是山歌对唱。⑦

相比较藏县、回县来看,壮市的建制历史最早,并且最早受中原政权的管辖。在唐代以后开始执行的是历史上所谓羁縻制度、土司制度等民族政

---

① 壮市党政网,查询时间2010年12月10日。
② 壮市人民政府门户网,查询时间2021年2月10日。
③ 壮市地方志编纂委员会:《壮市志》,广西人民出版社1998年版,第60—61页。
④ 覃乃昌:《从族群认同走向民族认同——20世纪中后期广西的民族识别研究之三》,《广西民族研究》2009年第3期。
⑤ 壮市党政网,查询时间2010年12月10日。
⑥ 壮市人民政府门户网,查询时间2021年2月10日。
⑦ 详见第八章第三节的论述。

策(土司制度可参见附录五:《A长官司》)。继羁縻制度和土司制度之后,民国时期,壮市的建制经历了更加频繁的变动。中华人民共和国成立后,于1949年12月27日成立壮县人民政府。1993年9月9日,国务院批准撤销壮县,设立壮市(县级市),所辖各乡镇不变。

与藏县、回县相比,壮市历史上的政权相对稳定、早熟。由于较早地受中原政权的管辖,占人口绝大多数的壮市壮族较早地融入了中原文化体系。也有研究指出,早在秦汉时期,秦始皇就曾发50万人至岭南,他们与当地民族融合,成为后来壮族的来源之一。宋代平定侬智高反叛以后,是汉人迁居广西的高潮期,尤其是狄青部下许多官兵就地驻扎,与当地人通婚,最后大部也融进了壮族之中。① 由此可见,汉族较早移民于广西,融入当地民族之中,也壮大了壮族群体,人群和文化双向融合,使得壮族的民族性与藏县的藏族、回县的回族有了很大的差异。

壮市下属的壮乡位于壮市东南部,属半石山区,南高北低,自南向北倾斜,有小块平原,适宜水稻、玉米、黄豆、花生、甘蔗等农作物种植和桑蚕养殖。水稻、甘蔗、桑蚕生产是该乡的支柱产业。② 壮村属于壮乡管辖,地处大石山区,是三县(市)的交界处。截至2009年,全村12个自然屯,1050户,人口4298人,其中壮族占95.3%。全村总面积33.4平方千米,耕地面积3578亩。全村林地面积3860亩,主要作物有甘蔗、桑蚕、水稻、玉米等。农民人均纯收入4353元。由于广西距离广东较近,又迫于尖锐的人地矛盾,所以60岁以下的村民多有外出务工的经历。同时,壮村作为村民自治发展史上的一个"明星村",政府也不断支持村庄"能人"在村里发展,实现农业产业升级和增值。③

通过对三个民族区域发展的论述可以看出,民族区域发展的历史始终伴随着民族冲突与融合。不同的民族区域创造出不同的文明形态,反过来,不同的文明形态也在塑造不同的民族区域。从这个意义上讲,"民族是文明的产物,而不是一成不变的血统"④。具体来看,与非民族地区相比,民族地区均处于边远地区,自然条件相对较差,自然收益不高,且地理阻隔,交通不便,民族文化特色鲜明,社会发展相对落后。另一方面,民族地

---

① 廖杨:《民族关系与宗教问题的多维透视——以广西为考察中心》,民族出版社2009年版,第175页。
② 壮市党政网,查询时间2010年12月10日。
③ 详见《百村十年观察—2010年夏季—广西壮族自治区壮市壮乡壮村》,华中师范大学中国农村研究院资料室资料。
④ 关凯:《族群政治》,中央民族大学出版社2007年版,第45页。

区之间也存在许多差异。

首先,所谓的"以牧立村""以商立村"和"以农立村"均是代表民族三地的主要经营方式。除此之外,三地还有其他经营方式,或者历史上存在多种经营方式的转换。某一种经营方式本身的局限性就决定了必须以其他经营方式为辅。究其代表性的经营方式而言,与藏县和回县相比,壮市有长期的农耕历史,并且有良好的农耕环境。从求生存的角度来看,如果说是草原孕育了游牧,贫瘠之地产生了经商,那风调雨顺的气候就产生了壮市的农耕。农耕、经商、游牧三种不同的生产方式,孕育了不同的人群,这是民族差异的自然因素和原初形态。这些自然差异进而影响了不同民族的活动方式,对此,费孝通也有经典的论述,他认为:"农业和游牧或工业不同,它是直接取资于土地的。游牧的人可以逐水草而居,飘忽不定;做工业的人可以择地而居,迁移无碍;而种地的人却搬不动地,长在土里的庄稼行动不得,伺候庄稼的老农也因此像是半身插入了土里,土气是因为不流动而发生的。"[1]

再深入到每一种生产方式所塑造的文化类型就可以看到,壮市的壮族长期经历的农业文明体现了高度的天人合一,精耕细作,父子相传,有利于文明的积累,并且能够实现内部自足和自我延续。农业文明强调向内挖掘,眼睛朝内,相对温和,[2]并且农业是离不开土地的,特别是发展了灌溉业,水利的建设也加强了农民不能背井离乡的黏着性。"农民人口增长则开荒辟地,以一点为中心逐步扩大,由家而乡,紧紧牢守故土,难得背离,除非天灾人祸才发生远距移动。"[3]所以,壮市的政权事宜,长期以来比较稳定。与农耕生活相比,游牧生活具有很大的流动性、开拓性和进攻性。[4]"在游牧经济中,牲口靠在地面上自然生长的草得到食料,牲口在草地上移动,牧民靠牲口得到皮、毛、肉、乳等生活资料,就得跟牲口在草地上移动,所谓'逐水草而居'"。[5] 因此,牧民的政治生活也长期处于松散的状态,稳定性较弱。但藏族具有相对完善和独立的文化体系,因此巨大的流动性也

---

[1] 费孝通:《乡土中国 生育制度》,北京大学出版社 1998 年版,第 7 页。
[2] 徐勇:《中国发展道路:从"以农立国"到"统筹城乡发展"》,《华中师范大学学报》(人文社会科学版)2010 年第 4 期。
[3] 费孝通:《中华民族的多元一体格局》,《北京大学学报》(哲学社会科学版)1989 年第 4 期。
[4] 参阅王明珂《游牧者的抉择:面对汉帝国的北亚游牧部族》,广西师范大学出版社 2008 年版。
[5] 费孝通:《中华民族的多元一体格局》,《北京大学学报》(哲学社会科学版)1989 年第 4 期。

只限于藏族文化圈之内。超出这一文化体系,其扩张就受到很大限制。相比之下,有着"移民的基因"和长期经商传统的回县回族,虽然也有完整的民族宗教,但回族的发展较早地实现了社会化,并且较早地实现了在社会交换中生存和发展。

其实,透过民族三地,也可以洞察到人类社会发展的历程。在人类生活的自然性还很强烈的时候,自然的差异局面和文化的差异局面是耦合的。草原对应的游牧文明,内陆对应的是农耕文明,并且草原和游牧文明分属同一个圈层;农耕区和农耕文明分属在同一个圈层,并且彼此隔离。三种历史型塑的乡土社会具有很浓厚的地方性,即"人们活动范围有地域上的限制,在地域间接触少,生活隔离,各自保持着孤立的社会圈子"①。浓厚的地方性的累积造成了"原始民族性"的巨大差异。但是当有了社会交往的时候,流动就带来了不同经营方式之间的交流,社会交换也促进了供需双方之间的了解,并能在社会分工和分化中走出各自的局限,实现优势互补。② 目前的藏县,着力于在生态保护的基础上实现牧业发展和牧业增值。因为牧业本身具有商业的性质,不完整的生产方式本身需要交换,符合工商社会的需要。回县的回族由于本身就有经商的传统,所以,商业的繁荣和商业的属性带来的流动性已经使得回县具有了现代工商社会的雏形。壮市是农业社会的传统,传统"农民理性的扩展",使得壮市的劳力在向外寻找生存空间中占有了一席之地,③同时也破解了传统农业的"过密化"难题。

上述民族三地"原始民族性"的巨大差异是中国非均衡发展的典型代表,也使国家整合面临艰巨任务。

---

① 费孝通:《乡土中国 生育制度》,北京大学出版社1998年版,第74页。
② 李大龙:《国家建构视野下游牧与农耕族群互动的分期与特点》,《思想战线》2018年第1期。
③ 徐勇:《农民理性的扩展:"中国奇迹"的创造主体分析——对既有理论的挑战及新的分析进路的提出》,《中国社会科学》2010年第1期。

第二章　民族识别与政治嵌入

　　从藏县、回县、壮市三地"原始民族性"的构成与发展的诸要素可以看出，人类初始的生产、生活与自然密切相关，依自然而生活，依自然而发展，所以自然特性非常浓厚，相比则是社会性的淡薄。自然自在的存在状态和发展方式决定了原始民族性的自足性。但是随着现代化的深入发展，国家力量的引导和深入，在由"传统国家"向"现代国家"的转型过程中，民族地区的乡土社会逐渐进入了国家的视野，被纳入了规划性发展和建构性发展的阶段，从而使得民族乡土社会的发展与国家的整体发展思路紧密联系在一起，民族地区乡土社会的发展依赖于国家发展思路的嵌入和联动效应。正如安东尼·吉登斯所言："就农业国家的特性来说，行政力量的话语论说相对有限，它基本上达不到民众那里。而现代国家的特色就是反思性监管国家活动的极度膨胀。国家主权的发展表现了并进一步刺激了一种新型的行政权威。"[1]

　　如前文所述，在藏县、回县、壮市，历史上每一个新政权诞生之初，都涉及政权范围之内的区域设定和国民识别的过程。中华人民共和国成立之后，专门推行了"民族识别"这项工作，标志着新政权民族事务国家化的开始。本章将"民族识别"及其前后的扩展、延伸效应均纳入考察视野，试图能全面解读新政权嵌入民族地区乡土社会的过程和路径。[2] 为此，在本章内容中，"国家进入"强调主体为国家，凸显国家自上而下的公民塑造和区域整合，正如有研究指出：中华人民共和国成立初期的民族政策及其话语体系，是以"国家"而非"民族"为核心主体展开的。[3] "进入国家"强调主体为民族地区、民族成员，在国家整合的大背景下，凸显民族、民族地区自

---

[1] 安东尼·吉登斯：《民族—国家与暴力》，生活·读书·新知三联书店，1998年版，第254页。

[2] 这里的"民族识别"是广义的民族识别，是指区别性的民族待遇的获得过程，包括民族优待和特殊照顾。而不光是具体指代新中国成立后开展的民族识别活动，本书还包括民族识别的后续效应和实质性意蕴。狭义上的"民族识别"是指对一个民族成份的辨认。是国家落实民族政策的一项基本工作。新中国成立后，为改变旧中国民族成份和族称混乱的状况，有利于保障少数民族的平等权利，自1950年起，由中央及地方民族事务机关组织科研队伍，对全国提出的400多个民族名称进行识别。加上原来已经公认的民族，至1983年，共确认了55个少数民族。

[3] 关凯：《国家视野下的中国民族问题》，《文化纵横》2013年第3期。

下而上参与国家建构并呈现出的国家认同。国家与社会多要素、多路径、多维度互动，是现代国家建构的主要路径和方式。

一、国家进入与区域治理

农业、牧业和商业的出现，是恩格斯所谓的"三次大的社会分工"[①]。这一社会分工理论是就社会系统的整体进程来说的，是生产内部逐渐分化的产物。前文论述的三个微观个案，在自在阶段是独立存在的，藏县的牧业、回县的商业、壮市的农业在历史上都是自然发展的，而作为"知识""科技""权力"等方面的有效载体的现代国家元素的介入，首先是促进藏县、回县、壮市农牧民生产生活的发展。其次是促成区域性的农业、牧业和商业在国家范围内有机整合，这些事项的有效运作也为国家进入、参与区域治理提供了契机、推手和着力点。正如藏镇一位老干部所说："新中国成立后，党和国家来了，来关心我们的生产、生活了。"[②]

与回县和壮市相比，中华人民共和国成立初期，地处青海的藏县也具有"边疆"的意义，建设边疆是新中国成立初期的一项重要工作，藏县先后建立的农场和牧场说明了这一点。从1952年开始，藏县先后建立种羊场、马场、青年农场、劳改农场、国营青年农场、干部农场、藏县农业示范农场。这些农场和牧场的建立，安置了支边青年和干部。高素质的劳动力的投入，农牧业技术、农牧业机械的应用，带动了藏县农牧业生产的发展。[③]

由于藏县远离"中心"，所以，水电供给，特别是电力供给，只能实现自给。中华人民共和国成立之后，国家非常重视藏县的水电投资建设，先后修建了4座电站，总装机容量2515千瓦，年发电量289万度。截至1985年底，共建成大小水利工程52项，总投资1449.05万元，群众筹资412.7万元，解决了2.21万人和37.01万头（只）牲畜饮水问题。扩大草场利用

[①] "三次大的分工"是指：第一次是畜牧业从农业中分离出来，第一次社会分工后出现了私有制，社会出现对立阶级，人类进入奴隶社会。第二次是手工业从农业中分离出来，这一次促进了社会生产力的发展，也出现了交换和最早的一般等价物——货币。第三次是商业的分离，商品交换发展到一定时期后出现了专门从事商业的商人，商业的出现使社会财富分配出现不均，阶级对立更严重，但商业又促进了社会发展，提高了社会生产力。参阅《马克思恩格斯选集》第4卷，人民出版社1995年，第160—166页。

[②] 访谈记录ZX2010071305。

[③] 藏县的"牧场"及其发展参阅藏县地方志编纂委员会《藏县志》，民族出版社1999年版，第3页。藏县的"农场"及其发展参阅藏县地方志编纂委员会《藏县志》，民族出版社1999年版，第192—193页。

面积68.8万亩,农田灌溉面积2.59万亩。有效缓解了农牧民日常生活中的物资供应。①

中华人民共和国成立前,藏县牧民保持着逐水草而居的原始游牧生活习惯,一般分两季放牧,草场利用率较低。1952年,人民政府提倡三季轮牧。至1955年,县政府把"三季轮牧"作为一条重要经验进行总结,并形成制度沿用至今。每年在冬季草场放牧212天,即10月上旬至翌年5月中旬;春秋草场61天左右;夏季草场92天左右,即7月初至9月下旬。春秋草场实际是向夏、冬草场过渡的临时草场,放牧时间较短。各季节虽无明显界限,但有大体划定。实行三季轮牧,可以提高草场的有效利用率,有利于牧草生长,能减少牲畜寄生虫病的感染和抢牧、乱牧现象。② 国家还派出大型机械,参与草原灾害防护。1965年冬,灭治鼠害草场154.69万亩,其中飞机灭治30万亩。1980年9月,飞机灭蝗41.9万亩。1981年秋,用飞机灭蝗47万亩。③

在藏县,对于农牧民的生活来说,牧业生产是单一的,是不能自给自足的。对此,费孝通也认为:牧民并不是单纯以乳肉为食,以毛皮为衣。由于游牧经济牧民难以定居,牧民所需的粮食、纺织品、金属工具和茶酒等饮料,除了在大小绿洲里建立一些小块种植点和手工业点之外,主要是取之于农耕区。"一个渠道是由中原政权的馈赠与互市,一个渠道是民间贸易。贸易是双方面的,互通有无。"④农耕区在耕种及运输上需要大量的畜力,军队里也需要优良马匹。同时,农耕区也需牛羊肉和皮毛制品,这些物资在大多数农耕区都不能自我满足。在农耕区对牧区的供应中,漆绢和茶酒往往是主要项目。因而,后来把农牧区之间的贸易简称为"绢马互市"与"茶马贸易"。⑤

针对牧区生产相对单一的状况,1950年,政府引导牧民,组织牦牛队搞集中驮运。藏县1951年成立4个牦牛运输大队,主要驮运粮油、食品、百货等物资,并配合政权建设开展商业贸易,努力改善和调剂牧区物资供

---

① 藏县地方志编纂委员会:《藏县志》,民族出版社1999年版,第3页。
② 访谈记录ZX2010071506。
③ 藏县地方志编纂委员会:《藏县志》,民族出版社1999年版,第19—25页。
④ 费孝通:《中华民族的多元一体格局》,《北京大学学报》(哲学社会科学版)1989年第4期。
⑤ 费孝通:《中华民族的多元一体格局》,《北京大学学报》(哲学社会科学版)1989年第4期。

应。① 藏县历史上虽然也有农业生产,但规模很小块,粮食生产远远不能满足当地的需求。中华人民共和国成立后,1953年至1985年,国家从外地调入粮食累计达3907.29万公斤,极大地满足了牧区的日常生活(参见表2-1)。

表2-1　藏县1953—1985年粮食调入、调出、年末库存列表②

单位:万公斤

年份	调入	调出	年末库存	年份	调入	调出	年末库存
1953	17.44			1970	86.25		169.43
1954	107.85			1971	25.25		133.85
1955	111.80		278.75	1972	177.10		163.27
1956	0.30	8.19	243.87	1973	82.25		245.63
1957	35.65	1.45	289.46	1974	63.60		227.62
1958	30.80	12.60	313.68	1975	24.10		286.35
1959	190.15		88.34	1976	31.10		197.70
1960	459.70		45.17	1977	101.15		203.81
1961	111.45	4.45	23.41	1978	116.60		240.00
1962	95.45	16.05	67.33	1979	164.05		253.75
1963	5.80	0.20	95.61	1980	282.45		202.21
1964	17.75	9.85	153.96	1981	343.19		263.45
1965	8.55	37.85	136.54	1982	473.30		398.46
1966	4.15	34.75	107.45	1983	334.49	16.65	509.60
1967	41.65	34.2	135.63	1984	387.15	53.2	463.00
1968	31.75	5.70	157.47	1985	323.50		484.00
1969	35.25	5.60	165.55				

在物资供应的过程中,国家对物价的有力调控,稳定了牧区农牧民的基本生活秩序。1949年前,藏县工业产品与农、牧副产品的比价较为悬殊。普通棉布每米1.30—2.10元,一包茯茶5.00元。而畜产品绵羊毛每公斤仅0.20元,羯羊皮1张1元,母羊皮1张0.70元,公牛皮1张4元,母牛皮1张3元,羯羊1只3—5元,母羊1只2元,公牦牛每头25—30元,酥油每公斤0.40元。一包茯茶可换羊毛25公斤,可换青稞75公斤。中华

---

① 藏县地方志编纂委员会:《藏县志》,民族出版社1999年版,第228页。
② 藏县地方志编纂委员会:《藏县志》,民族出版社1999年版,第263页。

人民共和国成立后，藏县政府注意调整农畜产品与工业品的剪刀差，逐步提高农畜产品收购价格。1952年，绵羊毛收购价格提高到每公斤2元，每只羯羊价为6—10元，1包茯茶调为6.60元。3.3公斤羊毛可换茯茶1包，棉布降为每米1元，一张绵羊皮可换棉布10尺。1956年，根据"继续稳定物价，进一步缩小工、农、牧产品之间的差价，逐步克服旧社会遗留下来的不合理现象"的精神，国家对纺织品、文化用品、医药、日用百货等964种工业商品调低销售价格。1958年，国家再次对2000余种工业品价格进行下调，调整幅度最大的下降19.8%，最小的下降1%—3%，综合差平均下调5.98%。1961年，国家冻结针织品、食盐、火柴、糖果、文具、医药等18类商品的销售价格和收费，使其价格保持相对稳定。1963年，国民经济调整，敞开供应10余种商品，同时将部分高价商品调低价格。同年，国家调整了1031种百货价格，调高246种，主要是肥皂、牙膏及文化用品；调低785种，主要是混纺棉毛织品等。到1965年，高价商品除香烟和部分针织品外，其余均按平价供应。"文化大革命"期间，根据中央决定，物价冻结，市场物资紧缺。1979年以后，国家相继提高了粮食、油料、牛、羊、生猪等18种主要农牧产品收购价格和8种副食品销售价格，同时对此实行粮油差价补贴，给每个职工月增发副食品补贴8元。1984年，根据进一步放开小商品价格的精神，除各种品牌烟、酒及食糖以外，其他小商品如罐头、乳制品等小食品价格全面放开。同时，百货、文化、民族用品三类小商品价格实行市场调价、企业定价。1985年以后，为适应改革开放的需要，重要商品由国家定价，其余商品分别实行国家指导和市场调节价。①

与藏县类似，回县地处有名的"三西"地区。② 中华人民共和国成立后，回县农业生产条件得以改善的主要原因是扬黄灌溉工程的建设。1975年5月10日，回县扬水工程固海扬水一期工程动工兴建。9月，组建扬黄

---

① 藏县地方志编纂委员会：《藏县志》，民族出版社1999年版，第291—292页。
② 所谓"三西"地区，是指甘肃的河西地区19个县（市、区）、甘肃中部以定西为代表的干旱地区20个县（区）和宁夏的西海固地区8个县。"三西"地区是全国第一个区域性扶贫开发实验地。素以干旱、缺水、贫穷、落后、"苦瘠甲天下"而著称。"三西"地区总面积38万平方千米，农业人口约1200万。从1982年开始，国家每年拿出2亿元对"三西"地区进行开发式扶贫，扶贫经费用于支持农村基础设施建设、农业产业发展等方面。计划用10年时间使其彻底告别贫困。但到1992年，甘肃、宁夏两省都要求国家继续支持10年；到2002年两省区又请求国家再予以支持；2008年，国务院决定将扶贫经费增加到3亿，时限从2009年延续到2015年。20多年来，"三西"地区扶贫开发取得显著成效，生产生活条件明显改善。到2007年底，其农村绝对贫困人口由1982年的784万人下降到134.7万人。但是由于受自然、历史等因素制约，目前该地区仍处于发展的初级阶段，从根本上改变该地区贫困面貌的任务仍然繁重。

灌区农田规划队,开始对河西灌区农田、渠系、村庄、道路、林网进行实地配套规划。10月,回县3万余人大搞农田水利基本建设。1975年底,城关公社扬黄渡槽建成,为回县第一大渡槽。1976年3月15日,扬黄新灌区开发建设总指挥部成立,召开首次"平田整地大会战"动员大会。其中,回县各社队8000余男女民工到河西平田整地。3月下旬,沿清水河各社队采用"小高抽"提灌,发展咸水灌溉5000余亩。10月27日,在河西扬黄灌区进行第二次"平田整地大会战",参加民工5300余人。1977年7月,在河西扬黄灌区进行第三次"平田整地大会战",投入民工7903人。1978年3月20日,河西扬黄灌区进行第四次"平田整地大会战",投入民工5300余人。5月8日,回县扬水工程竣工,正式开机扬水。1978年6月,固海扬水工程(又称固海二期扬水工程)动工兴建,1986年9月竣工。在回县扬黄灌区的建设中,国家投资4111万元,回县自筹资金53.45万元。扬黄灌区成为国家在回县着力打造的标志性工程,也成为各级领导考察、视察、指导工作的重点环节。①

针对回县自然灾害频发的现实,回县首开免除农业税的先河。1981年至1988年,国家免除了回县全县农业税。1983年,国务院将回县列入"三西"贫困地区,每年投放贷款资金,坚持扶贫,以解决温饱为中心,进行开发性农业建设(参见表2-2、表2-3)。1983年8月,回县成立了农业建设指挥部,专司扶贫项目。②

表2-2　回县"三西"建设资金投放情况③

单位:万元

年份	投放金额	年份	投放金额
1983	411.15	1987	432.2
1984	411.4	1988	401.2
1985	409	1989	272.6
1986	403.8	1990	415

---

① 回县地方志编纂委员会:《回县志》,宁夏人民出版社1995年版,第29—31、313—314页。
② 回县地方志编纂委员会:《回县志》,宁夏人民出版社1995年版,第776—778页。
③ 回县地方志编纂委员会:《回县志》,宁夏人民出版社1995年版,第778页。

表2-3 回县"三西"建设资金使用情况①

单位:万元

项目	使用金额
农田水利建设,吊庄搬迁	980
治理水土流失,建设旱作"三田",建设人畜饮水工程	654.49
种草造林,发展畜牧业	609.17
扶持乡镇企业	349
建设农电线路(含农村能源建设)	154.87
智力投资(培训干部和农民技术员及在大中专学校培训技术人员)	135.4
扶贫	333.74
合计	3207.67

与藏县和回县相比,壮市算是风调雨顺,有比较悠久的农耕历史,农耕文化比较发达,对自然实现了充分的利用,农耕也能满足农民稳定的、自给自足的生活。另一方面,壮市农民居住相对集中,乡村内部有良好的自治习惯和传统。此外,壮市相对处于新政权的早熟区,没有开疆拓土、"编户齐民"的紧迫任务。所以,与藏县和回县相比,中华人民共和国成立后,国家在壮市的投入与全国的平均水平相差无几,并不像对藏县和回县那样的扶持力度。

通过上述论述可以看出,民族地区的自然性充分表现为:"边疆地区和贫困地区"。共同对抗自然力是人类对公共组织的原始需求,所以,作为公共力量介入的国家首先表现为支持、扶持、帮助民族地区战胜自然,改变自然面貌,实现生产、生活的社会化转型。这是完成国家化的一个初始步骤,也是政治嵌入的一种有力方式和有效载体。国家首先引导藏县、回县农牧民实现生产、生活自救,然后在全国范围内实现生产、生活中的公共保障的统筹安排。另外,对自然灾害的共同防控也是乡村社会内部公共事务的主要方面,是乡村政治的主要维度,国家介入乡村社会,动员农牧民共同参与区域公共事务的治理,也让农牧民充分认识到国家基层政权建设的意义和价值。藏县、回县的基础设施建设都有农牧民的参与。农牧民的参与过程

---

① 回县地方志编纂委员会:《回县志》,宁夏人民出版社1995年版,第778页。

第二章 民族识别与政治嵌入　63

也在一定程度上破解了"斯科特困境"①。

　　通过国家进入民族地区的区域治理的历程可以看到,中华人民共和国成立前三地的政治发展形态不同,即三地进入新政权的初始形态不同,但是在新政权的国家整合中,由于新政权具有巨大的建构性,所以,按照共同的建构模式,三地的政权逐渐走向同构,这其中一个重大的区别就是新政权渗透的力度和政权建设的速度不同。这其中,藏县发展的速度比较快,但是政权的初始基础又比较薄弱,政治形态也有很大差异,在"中心"形成的政权建设理念在建构"边缘"地区的政权时,容易产生冒进和简单复制现象。藏县在中华人民共和国成立之前是私有制的个体经济。千户、百户、牧主头人和寺院占有制并存。在进入社会主义新政权后,一段时间按照农业生产的发展思路来指导牧业发展,并且盲目开荒,广泛推行农耕,使得牧区生产力大幅下降。1958 年 10 月,藏县根据《中共中央关于在农村建立人民公社问题的决议》,将全县 6 个牧业乡改成为"一大二公"即以社为核算单位的人民公社。入社农牧户 3018 户,人口 12556 人,牲畜 43.38 万头(只)。1959 年以后,牧业区搞大开荒,盲目扩种,不顾当地自然条件进行春麦冬播,只种不收,农牧业生产遭受严重损失。1960 年,按照"一大二公"的模式扩社并队,全县划为 6 个人民公社,77 个大队,330 个生产小组。人民公社实行劳动集体化,劳动力统一调配,搞"兵团作战",生活食堂化,行动军事化,帐房街道化。由于违背了畜牧业生产规律,挫伤了牧民群众的生产积极性,造成牲畜生产的大幅下降。1958 年至 1960 年牧业生产连续 3 年遭受损失,牲畜总数由 1957 年的 59.61 万头(只)减到 32.74 万头(只),退到 1954 年的水平。②

　　另外,国家参与民族区域的治理,是一个不断深入的过程,在这一过程中,国家和地方区域都处于不断的调整和变化之中。这里值得一提的是,进入 21 世纪以来,藏县成为国家生态建设的重要区域。2004 年,藏县被国家列入"三江源自然保护区",涉及 3 乡(镇)25 个村 2886 户 1.59 万人,规划总面积为 317.44 万亩,占草场面积的 56%,在生态环境治理和保护工作

---

　　① 斯科特所探讨的"那些试图改善人类状况的项目是如何失败的"这一问题可以概括为"斯科特困境"。详细参阅詹姆斯·C.斯科特《国家的视角:那些试图改善人类状况的项目是如何失败的》,社会科学文献出版社 2004 年版。

　　② 藏县地方志编纂委员会:《藏县志》,民族出版社 1999 年版,第 122—124 页。

中有着重要作用。① 藏县的草原保护、回县的生态移民、沙尘防治等问题说明,身处西部的民族地区,生态问题是一个重要的问题,是构成民族问题的因素之一。国家参与治理生态问题也是国家与民族地区关系研究的一个视角。在新时期,生态边疆、利益边疆、安全边疆已经进入国家的视野,也是国家发展战略的有机构成部分,而不再是拓展疆域时期附加于"地方""民族"上的政治事项。生态保护和生态政治就是国家的发展战略转移问题。习近平2016年在青海考察时指出:"青海最大的价值在生态、最大的责任在生态、最大的潜力也在生态,必须把生态文明建设放在突出位置来抓,尊重自然、顺应自然、保护自然,筑牢国家生态安全屏障,实现经济效益、社会效益、生态效益相统一。"② 藏县被划入三江源保护区,在新时期又获得了国家的优待和照顾,是"国家"进入民族区域治理的表现之一。最新规划的新疆也是如此:"以推进丝绸之路经济带核心区建设为驱动,把新疆自身的区域性开放战略纳入国家向西开放的总体布局中,丰富对外开放载体,提升对外开放层次,创新开放型经济体制,打造内陆开放和沿边开放的高地。""要坚持绿水青山就是金山银山的理念,坚决守住生态保护红线,统筹开展治沙治水和森林草原保护工作,让大美新疆天更蓝、山更绿、水更清。"③ 通过高质量发展的国家战略部署和推进,"使得以边疆、边缘、国界为地理特征的民族地区得以有发展的机会和可能,从边疆变成了发展的前沿,从边缘变成了发展的重心,从国界变成了发展的中介",最终实现了区域协调发展和国家有效整合。④

二、民族识别与进入国家

中国历史上,士农工商,分属明确,并且身份不可轻易改变,所以,人们对身份看得很重,也需要为身份改变付出巨大努力,甚至是几代人的努力。

---

① 2000年8月19日,我国海拔最高、面积最大的自然保护区——三江源自然保护区正式成立。"三江源"是指长江、黄河、澜沧江的发源地,素有"中华水塔"之称,对我国的生态状况及国民经济发展起着重要作用,在西部大开发生态环境的治理保护中担负着重要责任。建立三江源自然保护区,保护好分布在三江源地区的生态系统、生物物种及其遗传多样性,具有十分重要的意义。
② 《尊重自然顺应自然保护自然 坚决筑牢国家生态安全屏障》,《光明日报》2016年8月25日第1版。
③ 《坚持依法治疆团结稳疆文化润疆富民兴疆长期建疆,努力建设新时代中国特色社会主义新疆》,《人民日报》2020年9月27日第1版。
④ 周光俊、郭永园:《中华民族命运共同体与新时代的中国民族事务治理:历史方位、理论方法与概念议题》,《社会主义研究》2020年第1期。

狭义上的"民族识别",就是国民身份识别的过程,①是新政权政治吸纳的一种方式,是作为"原始民族性"的文化群体获得政治属性和国家属性的过程,更是党和政府给予各民族平等身份的过程。② 马克思、韦伯和涂尔干都有相关的论述,即认为民族是一个"人造的"政治和文化的产物。③ 所以,与某些民族区域的基层民众对新政权的陌生感一样,有了"政治附加"的民族观念也是和解放军和工作队一起进入民族地区乡村的。④

中华人民共和国成立后,对藏族和回族采取直接登记。狭义上的民族识别,在本书中涉及壮族。1951年7月11日,中央派出以费孝通为团长的中央访问团中南分团深入到广西少数民族地区,先后访问了南宁、桂林、柳州、平乐、壮市、容县、百色等专区的少数民族群众,向壮、瑶、苗、侗、回、仫佬、彝等少数民族宣传党的民族政策,帮助民族地区建设基层政权,同时进行少数民族的社会历史调查工作,记录新中国成立初期广西少数民族地区的社会实际状况。"从1952年开始,广西的民族识别工作与当时的清匪反霸、民主建政、土地改革等中心工作合在一起进行,经过宣传教育,一些原来不敢承认自己是少数民族的群众终于承认并更改了自己的民族身份;一些移居少数民族地区时间较长但仍具有较为明显的汉族特征而被列为少数民族的人民,也被更正为汉族。"⑤笔者在调查之中遇到一位从事民族事务的干部,他也谈到这一问题:民族识别当初,民众对党的民族政策还不是很了解,没有把握清楚,也因为民族政策刚开始推行,民众对民族政策还没有确定的预期。所以汉族改壮族、壮族改汉族的情况都有。⑥ 相比之下,特别是改革开放以来,在党的民族优惠和照顾政策呈现稳定和持续效应的诱致下,单方面表现为汉族更改为少数民族;父母一方为少数民族的小孩,均注册为少数民族身份。⑦

---

① 在2010年5月博士学位论文开题报告会上,徐勇教授指出:民族识别,实质就是历史上形成的一些特殊共同体在新中国成立后,如何取得国家认可和特殊对待的过程。
② 青觉:《"以人民为中心":新时代民族事务治理的情境与路径》,《中南民族大学学报》(人文社会科学版)2019年第5期。
③ 关凯:《族群政治》,中央民族大学出版社2007年版,第28页。
④ 段伟菊:《大树底下同乘凉——〈祖荫下〉重访与西镇人族群认同的变迁》,《广西民族学院学报》(哲学社会科学版)2004年第1期。
⑤ 廖杨:《民族关系与宗教问题的多维透视——以广西为考察中心》,民族出版社2009年版,第287页。
⑥ 访谈记录ZS2010080201。
⑦ 详见本研究第八章第三节的分析和论述。

民族识别和民族登记之后，为了打破历史造成的民族隔阂，调解民族之间的矛盾，加强与少数民族的联系，新中国还多次派出访问团到民族地区访问，并且组织边疆少数民族各阶层人士到内地参观，加强民族之间和区域之间的联系、交流和互动。按照常理思维，壮族作为中华人民共和国成立后识别出来的民族，应该受到中央更多的关注，但是就《壮市志》中的记载来看，从中华人民共和国成立后到1990年之间，到壮市的党和国家领导人较少，并且很少有侧重于"民族"的关注和记录。

> 1958年10月，中共中央总书记邓小平在途经本市而停留，曾游览本市一名山。1959年1月，共青团中央第一书记胡耀邦到本市视察。① 1990年4月24日中共中央政治局委员、国务委员、国家教委主任李铁映等到本市参观。②

> 1990年，本市一瑶族乡瑶族妇女获得国家民族事务委员会授予"全国民族团结进步先进个人"称号。③

相比较壮市，号称"中国回民之乡"、作为革命老区、经商传统悠久的回县，表现最为突出（参见表2-4），这其中也包括许多宗教方面的交流。④

回县受到上级部门的重视并在某种程度上被树立为典型，还有一个原因就是回县出了很多"名人"。调研期间，一位当地干部告诉笔者：现任省部级干部中，回县籍的就有8位。⑤ 与回县相比，处于青藏高原边缘区域，但是更接近内地的藏县，来县慰问和外出参观、学习、受到嘉奖的机会则不是很多：

> 据《藏县志》记载，1952年9月初，西北军政委员会青海南部牧区访问团第二团来藏县慰问，受到各族各界人民群众的热烈欢迎。1962年5月，中共海南州委统筹部拨给藏县少数民族地区补助费5万元；12月，又拨给1万1千元。1969年3月，650部队某连全体指战员来

---

① 壮市地方志编纂委员会：《壮市志》，广西人民出版社1998年版，第16页。
② 壮市地方志编纂委员会：《壮市志》，广西人民出版社1998年版，第741页。
③ 壮市地方志编纂委员会：《壮市志》，广西人民出版社1998年版，第568页。
④ 为避免重复，宗教方面的交流参见本研究第七章第一节的内容。
⑤ 访谈记录HX2010082608。

表2-4　1949—1994年"国家与回县"联系事例列表(节选)①

类别	时间	事例
参观　嘉奖　接见　参加会议　外出考察学习　慰问	1952.9.19	本县籍1名中国人民志愿军战士在抗美援朝战斗中荣立三等功
	1952.10.1	1名回族民兵作为少数民族代表首次在北京参加国庆观礼
	1952	1名宗教人士参加全国少数民族参观团,在北京受到毛泽东、周恩来等党和国家领导人的接见
	1954.3	1名军属代表(回族)赴朝鲜战场慰问归来
	1958.5.5	县委书记(回族)在北京列席中共八大二次会议
	1958.3	白皮厂厂长在北京出席全国劳模、先进生产者群英大会
	1958.9	1名回族妇女参加宁夏少数民族观礼团,赴京参加国庆观礼
	1964.6.11	1名知识青年当选为团代表,在北京参加中国共产主义青年团第九次全国代表大会
	1962.1.11	县委书记在北京参加扩大的中共中央工作会议(七千人大会)
	1966.11.3	回县中学9名学生代表赴京参加毛泽东主席第六次检阅红卫兵
	1970.10.1	参加北方14省、市、自治区农业会议的回县代表应邀在北京参加国庆观礼
	1976.12.10	县委书记、1名大队党支部委员赴北京参加第二次全国农业学大寨会议
	1978.9.8	本县1位妇女在北京参加全国第四次妇女代表大会,当任本届全国妇联执委会委员
	1982.12	1位村民兵排长被全国绿化委员会、团中央授予"植树造林新长征突击手"称号

---

① 此表根据"回县大事记"整理。如无专门提及,表中所列"参观"、受"嘉奖"、受"接见"、"参加会议"等人员均为回县籍。"慰问""视察"等地点均为回县。参见回县地方志编纂委员会《回县志》,宁夏人民出版社1995年版,第14—45页、第855页。

续表

类别	时间	事例
	1983.6.6	县妇幼保健站站长(回族)当选为第六届全国人大代表。赴京参加大会
	1983.9	本县4户人家被中国妇女第五次全国代表大会授予全国"五好"家庭称号;4人被中国妇女五次全国代表大会授予全国"三八"红旗手称号
	1984.4	妇幼保健站站长随同国家计生委技术考察团,赴巴基斯坦学习访问
	1985.12	1位离休老干部、人民调解员(回)出席全国司法系统"双先"表彰会
	1985.12	计划生育办公室主任参加由国家计生委组织的政府官员考察团赴巴基斯坦考察访问
	1988.3	县医院总护士长当选为第七届全国人民代表大会代表,赴北京参加会议
	1988.5.4	县团委书记当选代表,出席在北京召开的共青团第十二次全国代表大会
视察 考察 演出 火炬传递 会议召开	1953.6	西北军政委员会副主席来县视察,中共西北局秘书长陪同
	1956.11.16	匈牙利专家首次来县勘察水利资源
	1958.10	中央民族歌舞团首次来县慰问演出
	1979.8.21	第四届亚运会"新长征接力赛"火炬传入本县
	1979.8	水利电力部部长来县视察
	1983.9	中共中央书记处候补书记来县视察
	1984.5.2	世界伊斯兰联盟代表团来县考察
	1984.9.5	巴基斯坦客人来县参观访问
	1984.10	美国《纽约时报》记者驻中国支局局长一行来县参观访问
	1986.7.26	全国政协少数民族考察团来县考察访问
	1986.8.24	中共中央政治局委员、书记处书记由自治区党委书记、自治区副主席陪同视察回县
	1986.8	卫生部部长来县到部分医院和卫生院视察

续表

类别	时间	事例
	1986.9	中顾委常委来县视察
	1986.10.20	中国伊协主席、全国政协常委、解放军总后勤部卫生部顾问以及区、地党、政、军领导莅临本县
	1986.10	全国总工会书记处书记来县视察
	1987.9.18	中央13个部、局、委、办联合组成考察团来县视察
	1988.9.25	全国政协副主席、国家民委主任来县视察
	1988.10	国务院"三西"领导小组顾问来县视察工作
	1989.10	国务委员来县视察
	1990.6.23	中共中央委员、邮电部长来县视察
	1990.10.11	卫生部部长来县视察部分医疗卫生单位
	1993.8.23	中共中央政治局常委、政协全国委员会主席到回县视察
	1994.7.1	政协全国委员会副主席来县视察
	1994.8.25	由近百人组成的在京全国政协委员来宁视察团莅临回县
	1994.9.1	以全国政协副主席为组长的全国政协考察团一行,在自治区人民政府副主席的陪同下,莅临回县视察
	1990.8.13	宁夏回族自治区人民政府主席现场办公会议在回县召开

县协作划定阶级成份工作。1970年1月,北京医疗机构的13名医务工作者,响应毛泽东主席"六·二六"号召来到藏县从事医务工作。1979年3月,中共青海省委第一书记来藏县视察工作。1984年8月,内蒙古自治区锡林郭勒盟牧区考察团来藏县考察。

1979年12月,1名优秀放牧员、第五届全国人民代表大会代表以连续12年百母超百仔的高产纪录受到国务院的奖励,荣获全国劳动模范称号。1982年5月,1名体育教师因他所在的民族中学体育运动成绩显著而荣获全国体育传统项目学校先进工作者称号,受到国家体委、教育部的表彰。1982年,藏县被中央农牧渔业部评为全国草原建设先进县。1964年,1名优秀放牧员、女青年团员当选为共青团全国第九次代表大会代表。1957年2月18日,1名乡镇干部在青海省第三节畜牧业劳动模范代表会议上被评为甲等模范。尔后他参加了全国农业劳动模范代表会议;毛泽东主席等党和国家领导人接见了全体代表并合影留念。①

上述联系机制的建立,特别是在藏县和回县,使民族地区民众能"进入国家"、参加"国家活动"、受到"国家关心",实实在在感受到了自己是"国家人",能与国家"同呼吸,共命运"。② 民族地区民众在感受"国家"的同时,一系列的"国家故事""国家符号"进入民族地区乡村,在与"民族"的互构中,国家也获得了充分的政治认同。

与此同时,从藏县、回县和壮市三地,与国家政权联系的方式和程度可以看出,国家慰问民族地区、民族地区外出参观和学习的频次,并不一定取决于新政权认可"民族"身份时间的长短和认可的方式,主要取决于政权建设在各地的表现和进展。回县作为宁夏回族自治区回族聚居区的代表,在宁夏回族自治区的区域治理中具有典型意义。回县也是中华人民共和国成立前,宁夏回族自治区范围内曾经建立红色政权的地方。而在青海,藏县不是藏族的典型代表,壮市也不是广西壮族的典型代表。所以,回县与国家的"相互联系"比较频繁,而藏县和壮市则较少。这也体现了党在民族工作中也贯彻"树立典型""重点示范"等工作原则。而这一工作原则和工作思路在整个的少数民族工作中也具有普遍的意义和研究价值。③

---

① 藏县地方志编纂委员会:《藏县志》,民族出版社1999年版,第13—26页。
② 访谈记录HX2010082608。
③ 参见第四章对"少数"与"多数"的分析和论述。

第三章　结构性整合与民族—国家认同

马克思主义认为,民族是具有共同历史和文化特征的人群共同体。国家是合法性垄断暴力的特殊组织。"只要国家存在,每个社会就总有一个集团进行管理,发号施令,实行统治,并且为了维持政权而将实力强制机构、其装备同每个时代的技术水平相适应的暴力机构把持在自己手中。"①国家这种合法性垄断暴力的组织机构,经历了传统国家、绝对主义国家两个发展阶段。到近现代,世界国家体系进入民族—国家发展阶段。② 就国家结构或者结构化而言,民族—国家在两个维度实现了结构性整合。其一是国际维度,近现代以来,世界范围内绝大多数国家都进入了民族—国家发展阶段,国际政治体系主要由民族—国家构成。③ 其二是国内维度,近现代以来,虽然国际政治主体基本以民族—国家为主,具有民族—国家的外形,但是,绝大多数民族—国家都有国内政治整合的艰巨任务,用中国政治发展理论来分析,即各国都面临国家治理体系和治理能力现代化的任务。在国家治理体系中,国内民族政治、族际政治及其治理体系是一个重要维度。

历时来看,"正是由于国家具有其他组织所不具有的特殊力量,使许多民族不约而同地寻求建立国家,或者争取国家的统治权。"④在此过程中,有的民族凭借国家的力量不断成长壮大,将不同的民族融合为一体;有的民族因为没有国家力量而不断萎缩,直至消失或者融合于其他民族之中。"在中国,原始民族的产生与国家的产生是同步的"⑤,所以,民族的发展和国家政权建设相伴随。"在中国,不同的民族要么经过自我整合,要么经过他我整合,先后成为国家化的民族,只是国家化程度不一。正是经过这些

---

① 《列宁选集》第4卷,人民出版社1995年版,第31页。
② 安东尼·吉登斯:《民族—国家与暴力》,生活·读书·新知三联书店1998年版。
③ 贺东航、慕良泽:《全球化背景下现代国家构建的检视与反思》,《当代世界与社会主义》2008年第1期。
④ 徐勇:《国家化、民族性与区域治理——基于历史中国经验的分析框架》,《广西大学学报》(哲学社会科学版)2020年第4期。
⑤ 徐勇:《国家化、民族性与区域治理——基于历史中国经验的分析框架》,《广西大学学报》(哲学社会科学版)2020年第4期。

国家化程度不一的民族的长时间互动,逐渐形成了更大的中华民族和统一的多民族国家。"①本章内容集中分析民族三地国家政权深入的过程和特性,特别是分析民族地区基层政权机构设置和运行机制,这些组织机构又可以透视国家结构性整合的机理与成效。

马克思认为:"人们自己创造自己的历史,但是他们并不是随心所欲地创造,并不是在他们自己选定的条件下创造,而是在直接碰到的、既定的、从过去继承下来的条件下创造。"②国家进入民族地区乡土社会,虽然具有很大的自主性和建构性,但是国家制度受历史的型塑,仍然具有明显的历史轨迹,并表现出很强的路径依赖。藏县、回县和壮市三地的国家建构,就是在国民党旧政权基础上,逐步实现政权过渡和政权转型。

藏县、回县和壮市在新中国成立前都属于国民党的政权序列。但是,藏县、回县和壮市的国民党政权建设仍然有较大差异。其中,藏县国民党政权最虚弱。新中国成立后,中国共产党坚持"政党下乡"和"政权下乡",③基本实现了全国政权结构同步达到同构。但是,在自上而下的民族地区政权建设过程中,民族地区的政权结构受民族地区社会的认可和接纳程度的影响,表现出许多特色。所以,民族地区国家政权建设也表现为两个维度:其一,要与全国其他地区基层政权一起,同步达到同构。其二,民族区域之间,在保持特色的基础上,也要同步达到同构。这两个维度也是考察结构性整合成效和民族—国家认同绩效的维度。

一、民族地区政权建设:自上而下的路径

总体看来,新中国的政权建设呈现如下的过程:中国共产党刚开始主要是在中原农耕区建立基层政权,然后采取农村包围城市的道路,将政权建设推向城市。核心区(中原农耕区)的政权建设表现为自下而上的路径。在核心区,农村政权是政权的原型。在核心区的政权自下而上贯通、巩固了之后,政权体系由核心区的城市扩展到边缘区的城市,再由边缘区的城市深入到边缘区的基层。在边缘区,政权建设采取自上而下的路径。在这一过程中,新政权在中原农耕区的基础是坚定的,并且这一基础的培

---

① 徐勇:《国家化、民族性与区域治理——基于历史中国经验的分析框架》,《广西大学学报》(哲学社会科学版)2020年第4期。
② 《马克思恩格斯选集》第1卷,人民出版社1995年,第585页。
③ 徐勇:《现代国家、乡土社会与制度建构》,中国物资出版社2009年版。

第三章 结构性整合与民族—国家认同　　73

育是建立在实质性的进展中的,那就是"农民获得土地,党取得农民"①。这样的农村政权有深入的根系,然后长成了伸向城市的"参天大树"。而在边缘区,扩展到城市的这棵大树伸向农村的只是悬浮在上的阴影,随着政权建设的深入,才逐步完善边缘区基层政权。笔者将新中国政权发展的这一过程概括为"榕树式成长"(参见图3-1)。另外,从政权建设的过程来看,边缘区的基层政权从刚一开始是符号性大于实质性。因此,在边疆民族地区,现在依然存在政权深入的问题。

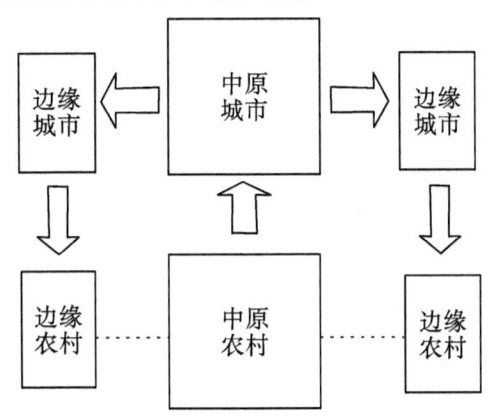

图3-1　新中国政权建设的"榕树式成长"示意图

在民族地区,新中国政权建设的"榕树式成长"的具体方式有:"通过军事斗争打击民族地区的反动势力、通过统战工作争取少数民族上层、通过培养民族干部在民族地区建党立政、通过组织访问团疏通民族关系等等",而且这些事务均是多民族国家政治建设的宏观布局和整体构建,属于"高位的民族政治事务"。②

就拿藏县来看,新中国成立前藏县地区没有中国共产党的组织及其成员。党组织的后期发展采取了过渡性的组织形式(参阅附录二:《藏县劳动牧民积极分子委员会组织条例》)。1949年11月23日,藏县人民政府成立,党的工作由青海省人民军政委员会临时委托中共A县委员会代管。1950年6月,省人民军政委员会根据彭德怀关于"军队要派一大批干部到地方参加建政建党工作"的指示精神,派了一名党员和从中国人民解放军

---

① 杜润生:《杜润生自述:中国农村体制变革重大决策纪实》,人民出版社2005年版,第17页。
② 严庆、张莉莉:《部门化与多元化:中国民族事务治理主体建设研究》,《兰州学刊》2015年第12期。

一师一团、师直属机关和三团中抽调的63人(其中干部28人,警卫队战士35人),在青海省B县集训后到藏县工作。同年7月,组建成立了中共藏县县委,下设三个区委员会,四个部(处),即组织部、宣传部、民族部和秘书处。县委书记由A县县委书记兼任。8月,下派的这名党员出任中共藏县县委书记。①

1949年10月,青海省军政委员会通知原任藏县县长去省城面洽成立藏县人民政府等事宜。由省军政委员会主席廖汉生接见他们,并议定成立藏县人民政府有关事宜。决定在县人民政府未成立之前,由原县长临时主持工作。11月17日,省军政委员会派特派员携带藏县人民政府印章等从西宁起程,21日到达藏县人民政府临时所在地,办理接管手续。11月23日藏县人民政府正式宣告成立,并发出启用新印章的布告。②

1950年3月,国民党藏县军政人员先后在县政府进行投诚登记,共移交轻机枪1挺,冲锋枪1支,子弹1525发,马38匹,青稞几十万斤。国民党投诚之后,新政权也开始了剿匪工作。从1950年开始到1963年,新旧力量之间的较量和斗争一直持续。其中最大规模的一次是1958年6月,极少数民族宗教上层分子和牧主头人为反抗社会主义改造、维护旧有的社会制度、推翻新设立的政权,有组织地掀起反革命武装叛乱。叛乱者打着"为民族、保宗教"的旗号,利用其旧有势力,鼓动和诱使部分群众参加叛乱。从6月上旬,反动头人集合周围群众500余人,与C县的造反势力纠合在一起,赶走县、区工作组和乡干部,公开宣称"不要共产党领导"。藏县县委组织军民坚决打击,至1961年3月,基本剿清这次反叛势力。其间,共发生大小战斗数十余次,击毙叛匪1196名,牺牲的共产党干部、民兵和人民解放军战士共计61名。③ 这次叛乱还严重破坏了藏县的生产秩序,牲畜长期挤在冬季草场和大量被屠宰,再加上牧区大量开荒造田,草原植被破坏,使畜牧业生产遭受极大损失。

从中可以看出,在藏县,由于民族、宗教等乡土社会因素的加入,使得新旧政权产生了明显的分别。有学者研究指出,在广大牧民群众对新政权无认知和感受的情况下,旧政权的势力充分借助民族、宗教的旗号,动员群众,与新政权展开较量,不可避免。④ 正因为藏县政权建设面临如此严峻

---

① 藏县地方志编纂委员会:《藏县志》,民族出版社1999年版,第296页。
② 参见藏县地方志编纂委员会《藏县志》,民族出版社1999年版,第485—486页。
③ 藏县地方志编纂委员会:《藏县志》,民族出版社1999年版,第357页。
④ 参阅周平《中国少数民族政治分析》,云南人民出版社2007年版,第186—187页。

第三章　结构性整合与民族—国家认同　75

的形势,所以,藏县人民政府成立后,县委、县政府的主要领导成员均由青海省人民军政委员会任命或委派。区委书记、副书记、区长、副区长和县直机关各科、部、室及群众团体主要负责人,由县委提出建议,报省人民军政委员会审批。藏县发展党组织的顺序也是先机关,后农区,再牧区。① 20世纪50年代,藏县绝大部分干部从军队转入,同时,藏县也陆续吸收了一大批少数民族干部,他们绝大多数在当地出生,工作积极负责,但文化程度低。因此,为了提高干部文化素质,每年会输送一批干部到外地学习。

从图3-2(参考附录六:《中共藏县县委历任领导名单》)中可以看出,中华人民共和国成立之初,藏县干部的总体特征表现出了两大趋势:其一,由以外地干部为主发展到以本地干部为主;其二,由以汉族干部为主发展到以藏族干部为主。除两名副书记为青海省的汉族之外,其他来自青海省内的干部均是藏族;来自青海省外的干部均是汉族。甚至汉族、外地干部

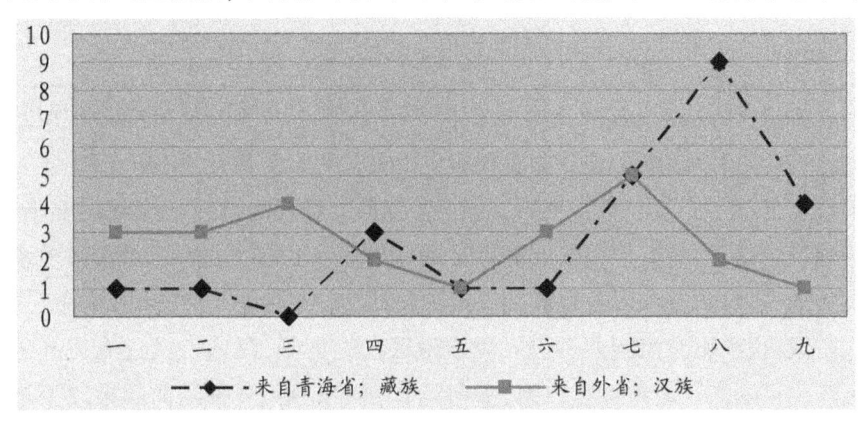

图3-2　中共藏县县委1950—1986年历任领导籍贯、民族分布图②

---

①　由"中心"到"边缘"这一政权建设的方式在民族地区内部也有体现。参见藏县地方志编纂委员会《藏县志》,民族出版社1999年版,第301页。

②　此图根据《中共藏县委历任领导名单》绘制。在此要注明的是:图中纵轴的单位为"人次";横轴表示9个阶段。分别为:"一",中共藏县县委组建至第一次党代会之前(1950.8—1956.2)历任的书记和副书记分布。这期间,在1950年8月至1953年12月,来自湖南省大庸县的一位书记,为苗族,本图没有纳入统计。"二",第一次党代表大会(1956.2—1959.1)。"三",第二次党代表大会(1959.5—1962.9)。"四",第三次党代表大会(1962.9—1965.9)。"五",第四次党代表大会(1965.9—1967.5)。"六","文革"期间党的核心小组(1968.8—1971.5),其间职务为"组长"和"副组长"。"七",第五次党代表大会(1971.5—1977.1)。"八",第六次党代表大会(1976.12—1984.10)。"九",第七次党代表大会(1984.10—1987.6)。在此图统计中,1980年12月至1984年3月任副书记的一位同志,来自青海省贵南县,为汉族。1985年11月至1986年12月期间任副书记的一位同志,来自青海省湟源县,为汉族。除此2人之外,其余来自外省的"领导人"均是汉族,来自青海省的"领导人"均是藏族。为统计和呈现方便,对上述二位"领导"的统计是本图中的"误差"。参见藏县地方志编纂委员会《藏县志》,民族出版社1999年版,第298—299页。

从开始就一直深入到政权的最底层(见表3-1)。究其原因,主要是中华人民共和国成立之前,藏县没有共产党的组织及其活动。要建立新政权,必须有外地熟悉政权建设的党员干部(其中主要是汉族)及其工作队的进入。这一方面体现出上级对民族地方的政权建设的参与和指导;另一方面,政权要深入民族地区乡土社会,必须了解、掌握民族地区乡土社会,自上而下的政权深入的过程,同时也是自上而下熟悉民族区域的过程。其中,政权建设和"民族地区社会调查"中汉族成员的进入,也促进了民族间的学习、交流和融合。

表3-1 藏县第一任区委书记名录①

区名	职务	姓名	民族	籍贯
一区	书记	马某某	汉	陕西子州
二区	书记	赵某某	汉	陕西凤翔
三区	书记	柳某某	汉	

在藏县,汉族干部的逐渐减少也是一个需要思考的重要问题。在藏县,汉族人口逐渐减少是其在政权职位上占比逐渐下降的客观原因。政权建设之初,屯军戍边、青年支边、政权建设实边等政治方针和措施的实施,通过政治动员行动,使得汉族进入了民族地区和边疆地区。② 随着政治动员的消失,自觉进入藏县地区的汉族成员减少,特别是在"文化大革命"这一阶段,很少再有汉族人员进入民族地区。这期间,汉族人员进入民族地区产生了断层。改革开放以来,在市场自由的原则下,在经商的推动下进入民族地区的汉族人员,多以赚钱为目的,很少通过进入民族地区政权序列而扎根,从而留在民族地区。在民族地区经商的汉族人员,其根系还在原籍,最终的落脚点也在原籍或者汉族聚居区。③ 藏县政权基本稳定之后,藏族干部、本地干部逐渐增多也有一个原因,那就是:"在藏区,藏族人当领导有感召力,好开展工作。"④但是,藏县汉族人员也认为:"藏族人的文化水平相对较低,汉人的文化水平相对较高,开展工作有能力……这也一定程度上造成了汉族和藏族之间的矛盾。"⑤

---

① 在藏县,1950—1951年,由县委派出、成立了三个区委。表格内容见藏县地方志编纂委员会《藏县志》,民族出版社1999年版,第300页。
② 详见本研究第四章的论述。
③ 访谈记录 ZX2010071503。
④ 访谈记录 ZX2010071708。
⑤ 访谈记录 ZX2010071601。

第三章　结构性整合与民族—国家认同　　77

　　与藏县相比，回县红色政权出现较早。1936—1937年之间，西征红军经过回县时，建立了A、B两个红色政权，后来遭遇国民党的"围剿"，留守的个别共产党员转入地下活动。第二次局部出现红色政权是在新中国成立的前夜。1949年9月12日回县县城解放，临时政府成立之后回县开展了剿匪工作。与藏县持久的剿匪斗争相比，回县在1950年底，剿匪任务基本完成。①

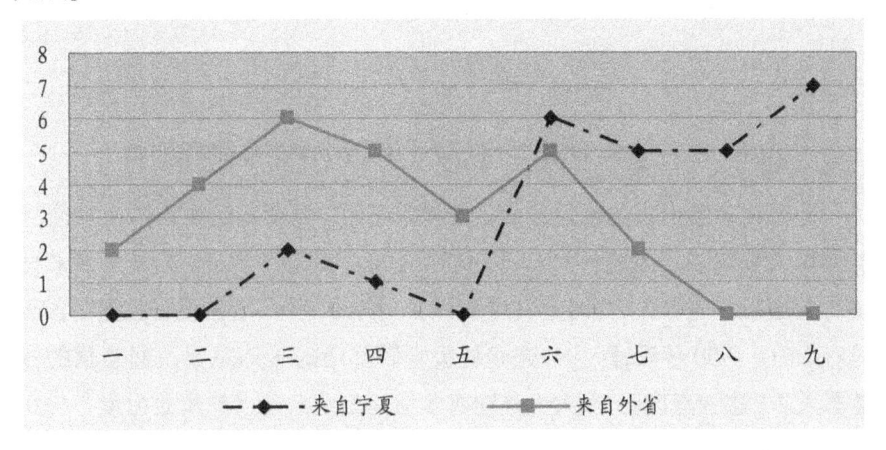

图 3-3　中共回县县委 1949—1990 年历届正副书记籍贯分布图②

　　与藏县的干部来源和民族来源相一致：从图3-3和图3-4（参考附录七：《中共回县县委历届正副书记名录》）可以看出，回县的干部也经历了由外地人居多向以本地人为主的转变；由汉族干部占多数向回族干部占多数转变。如图3-5所示，"来自宁夏"和"回族"总体呈现出相似的变化曲线；"来自外省"和"汉族"也呈现出相似的变化曲线。

――――――――――
　　①　回县地方志编纂委员会：《回县志》，宁夏人民出版社1995年版，第10—11页。
　　②　图3-3、图3-4、图3-4均根据《中共回县委历届正副书记名录》绘制。在此要注明的是：图中纵轴的单位为"人次"；横轴表示9个阶段。分别为："一"，中国共产党回县县委第一次代表大会（1951.2—1954.3）。"二"，回县首届党代会（1954.3—1956.4）。"三"，回县第二届党代会（1956.4—1963.12）。"四"，回县第三届党代会（1963.12—1967.3）。"五"，回县党的核心小组组长（1970.8—1971.7），此间的职务为"组长"和"副组长"。"六"，回县第四届党代会（1971.7—1978.6）。"七"，回县第五届党代会（1978.6—1984.12）。"八"，回县第六届党代会（1984.12—1988.5）"九"，回县第七届党代会（1988.5）。在藏县解放至中国共产党回县县委第一次代表大会召开这期间，回县经历了"回县县委"（赴回县工作队）和"临时县委"两个阶段，各有1名书记，为汉族。参见回县地方志编纂委员会《回县志》，宁夏人民出版社1995年版，第114—115页。

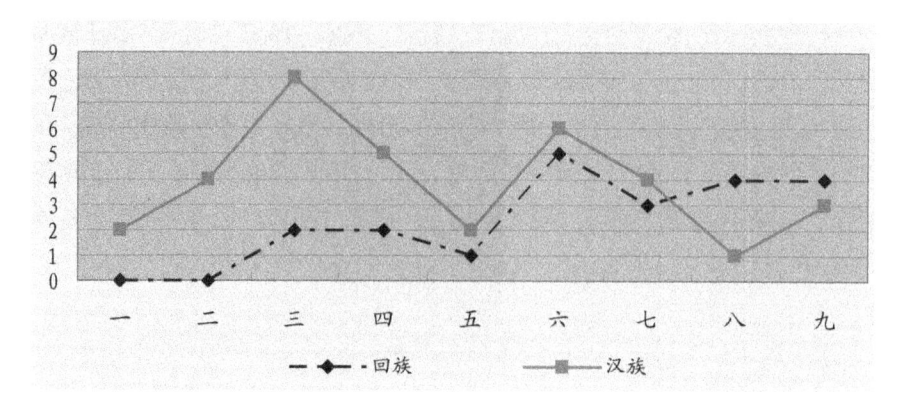

图 3-4　中共回县县委 1949—1990 年历届正副书记民族分布图

受回县曾经出现的红色政权的影响和号召，中华人民共和国成立前回县参军人数较多。因此，中华人民共和国成立初期，回县的干部大多来自陕北老区的转业军人，当时凡转业到回县的军队干部，全被吸收安置在各级政府部门。1960 年后，回县补充到各级党政部门的干部主要是回县籍的转业军人。① 这一点说明，军人也是构成参与地方政权建设的重要力量。与此同时，回县也注重选拔当地民族干部，送到外地培养。随着政权的完善，回县籍的、回族的干部逐渐增多。

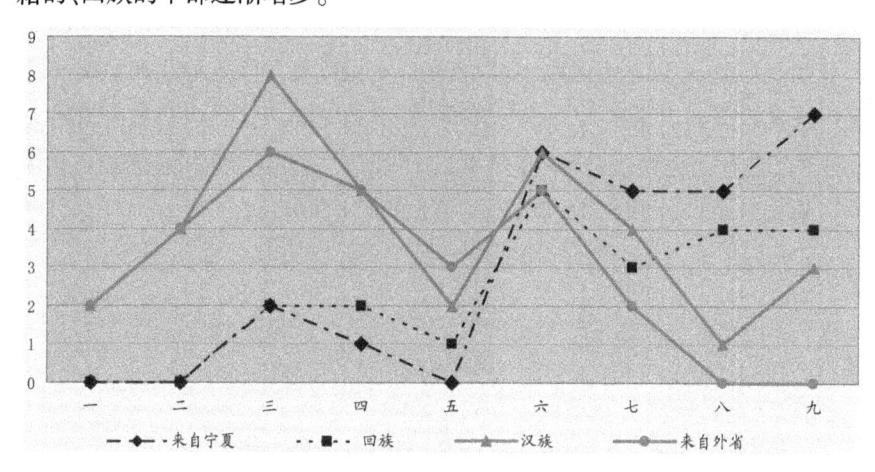

图 3-5　中共回县县委 1949—1990 年历届正副书记籍贯、民族分布图

与藏县、回县相比，壮市共产党的活动开展最早。1926 年，中共广东区委党员（今壮市人）就从外地回壮市宣传"联俄、联共、扶助农工"三大政策，传播革命思想，动员工农起来革命。1927 年，壮县农民协会成立。

---

① 回县地方志编纂委员会：《回县志》，宁夏人民出版社 1995 年版，第 209 页。

四一二政变后,广西清党,农民协会解散。但是,随后不断有共产党员进入壮市,深入学校、农民中间宣传党的政策,从事党务和党建工作。① 由此可见,共产党在壮市开展工作时间较长,壮市党组织发展相对成熟。但是,新政权建立之后至社会主义改造基本完成这一时段,在壮县,来自外省的汉族书记、副书记仍然占绝大多数。1956年4月,壮县召开党的第一次代表大会之后,本地领导干部逐渐增多,壮族领导干部也逐渐增多。在壮县,1966年8月出现了第一任仫佬族县委副书记,这是壮市其他民族进入政权体系的重要标志之一(参见附录八:《壮市历任市委书记、副书记名录》)。相比之下,在藏县,历任县委领导不是汉族,就是藏族;在回县,县委领导不是汉族就是回族。

从上述共产党深入民族地区,建设基层政权的路径可以看出,建设之初的新政权就存在民族差异和干部来源差异。这一路径也使得民族地区基层政权从一开始就带有浓厚的建构性和对"中心"地区政权建设的模仿性,"中心"地区也具有强大的示范效用和向"边缘"扩展的欲望。随着当地民族干部的逐渐培养和成长,政权建设的地方性也逐渐显现。

二、民族地区基层政权机构:同步达到同构

从上述三地政权建设的过程可以看出,新中国建立前,藏县、回县和壮市的政权建设有很大差别。针对各地实际情况,国家在三地采取了不同的方式和进度实现政权建设。藏县、回县、壮市,县(市)政府都大致经历了"县人民政府""县人民委员会""县革命委员会""县人民政府"这样4个阶段(参见表3-2)。②

表3-2　藏县人民政府机构设置沿革③

年份	机关名称	所属机构设置
1950年7月	人民政府	秘书室、民政科、财政科、文教科、公安局
1952年11月	藏族自治区人民政府	秘书室、民政科、财政科、教育科、粮食科、建设科、公安局、银行、畜牧科

---

① 壮市地方志编纂委员会:《壮市志》,广西人民出版社1998年版,第543—545页。
② "回县政府机构设置沿革"参见回县地方志编纂委员会:《回县志》,宁夏人民出版社1995年版,第168—169页。"壮市政府机构设置沿革"参见壮市地方志编纂委员会《壮市志》,广西人民出版社1998年版,第584—585页。
③ 藏县地方志编纂委员会:《藏县志》,民族出版社1999年版,第327—328页。

续表

年份	机关名称	所属机构设置
1955年6月	人民委员会	办公室、民政科、粮食科、交通科、卫生科、公交科、计划委员会、农牧科、文教科、财政科、税务科、公安局、银行
1967年底	革命委员会	办事组、政治组、生产指挥组
1978年初	革命委员会	办公室、民政科、财政科、农牧科、文卫科、公交科、计委、商业科、银行、公安局、粮食科、农机科
1985年底	人民政府	办公室、民政局、财政局、税务局、审计局、公交局、商业局、司法局、教育局、农牧局、卫生局、劳动人事局、计委、统计局、水电局、文化局、档案局、公安局、工商局、乡镇企业管理局、民族宗教事务局、科委

三个民族县（市）的机构设置跟着全国政治发展的主要节奏和重要步伐，比如"文化大革命""改革开放"等政治发展环节（具体可参阅附录三：《中共藏县县委 藏县人民政府关于人民公社分设、建立乡政府工作安排意见》），经历了4个阶段的发展之后，从目前三地的政权设置来看，在政权机构方面几乎没有差异。从政权机构的性质来看，都可分为两种：一种是行政单位，比如公安局、财政局等；另一种是参公类的事业单位，比如粮食局、广播电视局等。从政务性质来看，都涉及公共管理和公共服务，不同的是涉及政务的规模和发展有差异。所以，具体部门的设置和划分有所不同。相比之下，藏县社会发展水平较低，政府部门和人员较少；[1]回县和壮市社会发展水平较高，政府部门设置较多，公务人员队伍庞大（参见表3-2、表3-3）。民族地区基层政权机构这一同步发展的过程、呈现同构的状态，吴承富在其博士论文的研究中也得出相同的观点。他认为：中国少数民族村社政治体系经历了由多元异质性向同一性发展这一过程。[2] 这也是詹

---

[1] 笔者2018年8月6日在藏县走访政府部门了解到：藏县县委宣传部一共有6名工作人员，其中，4名有编制的人员，1名工勤人员，1名从其他单位借调来的人员。组织部一共有10名工作人员，其中，9名有编制的人员，1名工勤人员。宣传部的干部介绍道：藏县水利局只有3个有编制的人员。在藏县政府大楼，笔者看到，藏县国土资源局（包括不动产登记局和国土资源局执法监察大队）共有12名工作人员，其中，5名行政编制人员，6名事业编制人员，1名工勤人员。访谈记录ZX2018080606。

[2] 参阅吴承富《当代中国少数民族村社政治体系变迁——以西南少数民族村社为研究对象》，吉林大学2008年博士学位论文。

姆斯·C.斯科特所论述的现代民族国家所追求的"简单化"和"清晰化"目标的达成和实现。①

表3-3 回县政府机构设置一览表(节选)②

机构名称	沿革
办公室	1950年设立秘书室。1958年改称县人民委员会办公室。1970年8月与党委办公室合署办公。1974年分出,1981年3月改名为县人民政府办公室
财政局	1949年设立县财政科,时称二科。1968年后曾与税务、银行合并。1984年改称财政科。1990年改称财政局
公安局	1949年成立。"文化大革命"中设保卫部代行公安职权。1972年5月保卫部撤销,公安局恢复
档案局	1958年由县委办分出成立。1962年撤销。1963年恢复。1980年8月增设档案科。1984年改称档案馆。1990年称档案局
商业局	1958年1月设立。"文化大革命"中机构撤销,业务由财贸组代行。1971年改名县商业局
经济委员会	1980年8月设立。1984年2月与县计委合并,称计划经济委员会。同年4月,改称经济委员会
乡镇企业管理局	1978年7月成立县社队企业局。1984年3月改名社队企业管理科。1984年10月改称乡镇企业管理局
财贸办公室	1980年8月设立。1984年1月撤销
物价局	1979年5月设立县物价委员会。1984年改名物价科。1990年改称县物价局
物资局	1960年3月成立。"文化大革命"中设物资局革命委员会。1973年8月恢复县物资局至今
税务局	1949年成立。"文化大革命"中设税务局革命领导小组、财税金融革命委员会。1971年改称财政税务局。1979年3月财、税分设,成立税务局。1983年直属自治区税务局领导
外事办公室	1989年9月成立

---

① 参阅詹姆斯·C.斯科特:《国家的视角:那些试图改善人类状况的项目是如何失败的》,社会科学文献出版社2004年版。
② 回县地方志编纂委员会:《回县志》,宁夏人民出版社1995年版,第168—169页。

与非民族地区相比,民族地区特有的政权机构是民族(宗教)事务局,并且民族三地的民族(宗教)事务局均是在改革开放之后设立的。回县民族宗教事务局1981年5月成立,1984年1月改称宗教科,1990年改名民族宗教事务局。藏县1985年设立民族宗教事务局。壮市民族事务局前身为1984年8月15日成立的壮县民族事务委员会,至1993年9月9日撤县改市后,更名为壮市民族事务委员会。1998年11月,更名为壮市民族事务办公室,在壮市统战部挂牌。2008年10月9日,更名为壮市民族事务局,属市政府职能部门。在调查期间,藏县民族宗教事务局的所有人员都在诵经大会的现场忙碌,没有一人留守办公室。[1] 回县民族宗教局的办公室里忙着朝觐前后的事宜。[2] 相比之下,壮市民族事务局的业务略显冷清:与藏县和回县相比,壮市没有许多"必须做"的业务,要开展的工作都是带有一定开创性的,比如民族特色的重塑和挖掘,民族文化的培植和包装等(参考《壮市民族事务局主要工作职能》)。[3] 另外,"人数最多的壮族在壮市已经不是少数民族,在壮市,少数民族就是瑶族、水族等这些人数较少的民族。"[4]壮市的民族工作更多是瑶族、水族的民族工作。2018年,壮市民族事务局共有800多万元经费(其中,中央下拨经费有700多万,自治区下拨经费几十万),主要用于壮市偏远地区和瑶族、水族等民族地区的发展。[5]

壮市民族事务局主要工作职能[6]

1. 贯彻执行国家关于民族工作的方针、政策,当好市委、市政府在民族工作方面的参谋助手。

2. 组织开展民族理论、民族政策和民族问题等重大课题的调查研究,开展民族政策、法规的宣传教育,监督、检查民族政策、法规的执行情况。

3. 指导市直部门,贯彻实施民族区域自治法、自治条例,完善民族区域自治制度。指导民族乡逢10周年庆祝活动。

4. 协调处理民族关系中的重大事宜,保障少数民族合法权益,维

---

[1] 访谈记录ZX2010071406。
[2] 访谈记录HX2010082603。
[3] 参阅本研究第八章的内容。
[4] 访谈记录ZS2010080201。详细论述参阅本研究第四章的内容。
[5] 访谈记录ZS2018102902。
[6] 壮市党政网,查询时间2010年11月6日。

护各民族的团结。开展民族团结进步表彰活动。

5. 分析民族地区经济运行情况，协助拟定少数民族地区改革开放、经济社会发展规划，研究提出少数民族和民族地区经济发展的特殊政策建议和相关措施。组织调查研究革命老区、贫困地区少数民族经济发展中的有关问题，配合承办民族地区的扶贫事宜。组织协调民族地区的科技发展，对口支援和民族贸易、民族特需用品生产。

6. 协同财政部门管理少数民族地区补助费、少数民族发展资金，参与其他有关少数民族地区专项资金使用的监督和管理。

7. 在国家有关方针、政策指导下，研究少数民族文化、艺术、卫生、体育、新闻出版等方面的特殊问题并提出相关意见和建议，承办相应事务。

8. 在教育主管部门的总体规划指导下，研究民族教育改革发展问题并提出意见和建议，帮助解决民族教育中的特殊困难，配合教育主管部门承办对民族地区的教育的援助和民族教育扶持的有关事宜。

9. 联系少数民族干部，协助组织、人事部门做好少数民族干部的选拔、培养、教育和使用等工作。

10. 指导民族古籍的搜集、整理、出版和民族图书的出版发行工作，宣传民族理论、民族文化和民族知识。

11. 组织、接待少数民族学习、参观、考察等事宜。组织协调民族工作领域有关对外交流与合作，协助开展有关少数民族的对外宣传事宜，办理有关少数民族的涉外事宜。

12. 加强对市直机关民族工作的业务指导，加强同县、市民族工作主管部门的联系。

13. 做好公民变更民族成份的初审工作。

14. 承办市政府交办的其他事项。

从民族事务局的工作事项中可以看出，作为单独设立的一个政府职能部门，民族事务局类似于一个"五脏俱全"的"小政府"，即与"非民族地区"和"非民族事务"相对应，与"民族"相关的经济、政治、文化、社会诸事务都可以成为民族事务局的工作事务，并且有单独的民族事务经费作保障。由此而言，民族地区的政府机构可以模糊地划分为"民族事务机构"和"非民族事务机构"两部分，民族地区的政权机构的构成可以概括为这样的"二元结构"。事实上，中国社会总体也存在民族事务和非民族事务、民族事务机构和非民族事务机构这样的"二元结构"。① 站在全国来看,在民族地区,这样的结构框架运行基本完善和体系化:"少数民族从底层培养自己的政治精英(民族干部),接受国家专门提供的受教育机会(民族院校),自主管理本民族内部事务(民族区域自治)。"但是,由于民族理论的抽象性、整体性和族群身份认同的具体性和变动性共存,使得民族事务机构始终无法形成像政法、财经、文化等系统那样高度职业化的分工体系。②

另外,上述"二元结构"也存在于民族地区和非民族地区的日常行政中,在"集中力量办大事"的"重点活动"或"重点工作"中,"二元结构"也会被溶解到"集中力量办大事"的体制中。也可以说,"集中力量办大事"是举国体制,也是全国体制和普遍体制,上述"二元结构"及其体制是普遍体制中的民族区域特色。在普遍体制下保持民族区域特色也是中国国家政权结构性整合与民族—国家认同的一个特征。2010年是回县研究确定的"民族团结宣传教育年",县委、县政府决定用一年左右的时间,在全县"广泛深入地开展民族团结宣传教育活动",活动方案中第三大版块内容是"总体要求",其中涉及的"部门工作格局和部门职责"可以佐证上述论述。

《回县关于深入开展"民族团结宣传教育年"活动的实施方案》中"明确部门职责"内容③

民族团结宣传教育活动要形成县委统一领导,宣传、统战、教育、民族宗教、司法等部门各司其职、密切配合、通力协作的工作格局。宣传部门要做好组织协调工作,充分利用各种媒体大力宣传活动中涌现出的好做法、好经验、好典型;统战部门要切实做好民族团结宣传教育活动的指导协调、督促检查等工作;政法部门要将有关民族团结教育的法律法规作为重要内容纳入全县普法活动之中;机关工委要认真组织督办落实县直各单位的宣传教育活动;教育部门要切实完善充实全县各类学校民族团结教育课程的教学工作,组织开展各种丰富多彩、生动活泼的体验活动;民族宗教部门要充分发挥职能作用,一手抓宣

---

① 马戎:《中国社会的另一类"二元结构"》,《北京大学学报》(哲学社会科学版)2010年第3期。
② 关凯:《国家视野下的中国民族问题》,《文化纵横》2013年第3期。
③ 回县党政信息网,查询时间2010年11月7日。

传教育活动的有关落实,一手抓宗教事务的依法管理和清真食品产业发展;司法部门要把民族团结教育与普法教育紧密结合,认真抓好民族团结宣传教育中各项法制宣传与教育工作,探索建立民族宗教领域矛盾纠纷化解新机制;财政部门要做好民族团结宣传教育活动的经费保障工作;文化部门要组织编排专题文艺节目;工会、共青团、妇联、伊协、科协、工商联等群众组织要结合自身特点,广泛开展有针对性的民族团结宣传教育活动。其他各部门、各单位也要结合实际,创造性地开展民族团结宣传教育工作。

三、民族地区基层政权运行机制:调适与特色

与本章前述内容中所谓"高位的民族政治事务"相比,民族地区基层政权运行中的民族事务是农牧民日常生活中的民族事务,经济社会性强,具有本地化特征,是"低位的民族政治事务"。①

也许是因为自身工作更贴近"民族",在三地民族(宗教)事务部门调研期间,受调研的干部认为:与非民族地区相比,民族地区官员难以进行跨越本土的大面积交流。就藏县、回县、壮市三地相比,民族特性越明显,基层官员向外交流任职和向上提拔的空间越狭小。在民族特性鲜明的藏县调研期间,民族宗教事务局的一位干部告诉笔者:"民族地区需要大批的民族干部,这是方便开展工作的需要,但是离开民族地方,我们又不能发挥最大的特长。现在民族地方毕竟有限,每个地方又这么有特色。所以,向上流动特别困难。"②

在藏村入户调研中,笔者发现藏村的农户家里墙壁上会张贴两类图像,一类是宗教领袖;一类是毛泽东的画像,个别牧民家中也有其他领袖的画像。笔者深度访谈的5位老人,都对毛泽东时代记忆犹新,并且认为:"毛主席就是我们伟大的佛的化身……"③但是,当问及改革开放以来的社会发展时,藏村老一辈的村民没有什么认识,也没有什么评价。2018年入户调研中,笔者与现任村主任父亲(78岁的老党员、老村干部)进行了座谈和交流。见面后,他到卧室换上新净的藏袍和鞋子,坐到会客厅,很端庄地

---

① 严庆、张莉莉:《部门化与多元化:中国民族事务治理主体建设研究》,《兰州学刊》2015年第12期。
② 访谈记录 ZX2010071507。
③ 访谈记录 ZX2010071706。

与笔者交流。他30岁入党，截至接受采访时已介绍约20人入党。谈起入党动机，他竖起大拇指讲："共产党做好事，为人民做好事，就加入了共产党"，"共产党人，全心全意为人民服务"；"共产党是擎天柱"；"共产党一心为穷人，公平、公正办事"。在充分表达了对毛主席和共产党的敬意之后，对"文化大革命"时期红卫兵打砸寺院、烧经书、关僧人的行为略表遗憾。令他欣慰的是改革开放以后诸项佛事逐渐恢复。其间，2010年他去了拉萨和甘南藏族自治州的著名佛寺。当问及是否支持、教育儿子做好村干部时，他的回答是："我儿子当村长，是村民投票的，与我无关。其实我不支持儿子当村长，我认为他的能力还不够。"席间，他拿出很多工作资料和参会资料谈论自己参与公共事务的历程，唯一的缺憾是"为党干了半辈子的公事，现在没能领到党发的'工资'"。临别要求合影留念时，他专门掀开外套，露出党徽，正襟危坐，与笔者握手合影。①

相比而言，三四十岁的青年一代，对改革开放以来生产、生活的巨大变动则持有深刻的印象。调查中的这一发现说明，新中国成立至改革开放前，新政权的政治社会化过程在藏县达到了比较深入的水平，毛泽东时代给农牧民留下了深刻的政治认知。另一方面，在藏村，虽然有老一辈和新一辈的社会认知分层，但是还没有看到如上所述的"新阶层"和"老阶层"的政治分层。在藏县，基层干部与农牧民之间的关系也还呈现出许多其他方面的特色。

2010年调研的时候，藏村没有村两委办公场所，②村干部把村民的户口本放在自己家里办公，或者流动办公。村民也很信任村干部。藏县基层干群关系和睦，民风淳朴。村支书、村主任、村会计都不认识汉字，拿着群众的户口本开展工作也只能找包村干部翻译和代写汉字。③ 这种代理关系也培养了村民、村干部和基层干部之间相互融洽的人际信任，如此开展工作也是以良好的人际信任为前提的(参见"镜头一")。

镜头一： 在藏镇副镇长办公室座谈的时候，两位牧民分别将6000元和4000元交给了副镇长，然后转身就走了，笔者发现在他们走后，

---

① 访谈记录ZX2018080810。
② 原来的办公场所是土坯房子，在2009年雪灾中坍塌了。据包村干部说：2010年年底会有县农牧局扶持建设新场所。
③ 在藏村，与村干部和村民的访谈、座谈均由包村干部陪伴并且翻译。为了尽量减少翻译过程中的修饰成分，笔者尽量以察言观色来辅助和校对，并作为交流、理解和沟通的补充。

副镇长拿出账本,将两位牧民交的钱登记在册。当笔者追问副镇长是怎么回事时,副镇长告诉笔者:"牧民将自家修建封闭墙的钱交了过来,然后我们政府统一组织修建……牧民也不需要索取发票或者收据凭证……普通牧民对镇上的干部是很信得过的,交到这来没什么问题。"①

在藏村,包村干部干着村里的事情,承担了许多村干部的角色(参见"镜头二":藏村包村干部工作笔记节选)。② 因为只有包村干部才既懂得汉语,又懂藏语;既会写汉字,也会写藏文,只有包村干部才能完成这些政务。语言文化上的差异对藏区的基层干部提出了更多的要求;其要懂得两种语言文化,这既是他们开展工作的前提条件,同时也给他们的工作带来了很多挑战和压力。为了体现统一和防止信息传输中失误,政务基本以汉文为范本,在必要时翻译成藏文。而不是先出藏文版,再翻译成汉文。③

镜头二:藏村包村干部工作笔记节选④2010年5月统计数字

农牧业资源情况

藏村

  草场总面积 76559.7亩 可利用草场 67634.92亩

  耕地面积 1530亩   退耕还林草面积 13.50亩

基本情况

  合作社 4个   户数 269户

  人口   970人(其中男483,女487)

  牧业人口 970人

---

① 访谈记录 ZX2010071806。

② 访谈记录 ZX2010071801。藏村的包村干部来自青海海东地区,藏族,现年44岁,已有27年的工龄。她从小就只学汉语、汉字,会说藏语,但不会写,也不认识藏文。到基层参加工作后,因工作需要才学习藏语和藏文。是跟着自己的小孩学习了一年就会写藏文了。在包村干部看来,在海东地区的大多数人群中,藏语是类似汉语的一种方言。许多家乡人的方言就是藏语,但是不会写藏文,不认识藏文。藏族文化只是以藏族传统节日的方式得以保护和传承。

③ 语言文字在制版和翻译过程中的顺序也包含了对语言文字的工具性和目的性的看待,会对各自语言文化的交流、传承产生重大影响。可参阅本研究第四章的相关论述。

④ 笔者在藏村调研期间,包村干部都带着自己的工作笔记,某些调研数据是间接从包村干部这里获取。这里节选的工作笔记是包村干部手写于自己的工作笔记上的,而不是印制的表格上填写的内容。2010年7月18日,笔者将包村干部的工作笔记拍成照片,然后整理于此。

从业人口(劳动力)

　　合计:464

　　农牧业　　283　　　工业　　　18

　　建筑业　　90　　　　住宿餐厅　2

　　交通运输　42　　　　批发零售　12

　　其他　　　17

农业生产条件(一)

　　农用机械总动力 1612 千瓦　　其中柴油　　1612 千瓦

　　农村用电量　　6 万千瓦时　　其中生产用电量 3 万千瓦时

燃料使用量

　　柴油　38 吨　　汽油　6 吨　　润滑油　　1 吨

高标准畜棚

　　畜棚 15 座　　　面积　　　1800 平方米

　　牧民定居点　　75 户　　　4500 平方米

耕作机械

　　大中型拖拉机　10 台　450 千瓦　小型拖拉机　1 台　22 千瓦

　　大中型　　　　36 台　　　　　联合收割机 11 台　730 千瓦

　　农用运输车(柴油)　47 台　410 千瓦

农业机械化水平

　　机械耕地面积　　1530 亩　　机械收获面积　　1506 亩

藏村整村推进项目实施情况

　　实施时间　2004 年　收益户　121 户

　　受益人　　706 人　投入金额合计 58 万元(养殖业项目 58 万元)

在藏村调研期间,藏镇派出所所长和司机兼干事(两位均为男性)亲自到藏村来办公(参见"镜头三")。为什么派出所所长亲自下乡入户,包村干部的解释是:"派出所男同志太少呗,就只有他和司机两人,其他都是女同志。这么个,他们就在外面跑,结果拿回到单位,女同志再整理和输入电脑。"[①]在藏村,包村干部或者说乡镇干部直接工作于农牧民,而村干部只是起一定辅助作用,是因为三个村干部都不认识汉字,也不会说汉语,只能听懂一点。对于只有 30 多个户代表来开会的现象,包村干部补充说:

---

① 访谈记录 ZX2010071701。

"今天天气好,能来这么多人已经不错了,许多人都在夏季牧场放牧,你想召集还召集不来,再说牧民们过来一次也不容易,这次开会都是提前一周通知的。不骑摩托车的话可能要走半天才能到,许多人索性就不来了。"①

镜头三:早晨10点左右笔者租车赶往藏村调查。当到达村小学所在地时,藏镇的派出所所长和一名干事已经驱车到了这里(陪同调查的包村干部介绍笔者认识了派出所所长)。笔者走访了两农户之后,大约在11点半也赶到了这里。听包村干部介绍说所长要在村小学开群众大会,所以笔者有意向参加并观摩。原定于10点钟召开的群众大会,11点半才开始布置会场:从村小学搬出几张桌椅放在院子中间。大约12点的时候,从四面八方赶来的群众,有三十多位,加之坐在椅子上的三位老村干部,群众大会终于开始。本次大会的中心议题是核对户口,为第六次人口普查做准备。赶来参加会议的群众都是席地而坐,算是户代表中的一部分。村干部和户代表一起,逐条核对了户口:只看到所长逐行逐行地念,下面坐的群众逐个回应。

其实参会的群众不是真正推荐或者选出来的户代表,而是前来参加会议的普通群众,除了核对自家信息之外,也核对一下左邻右舍。

核对户口的群众大会,是镇派出所所长亲自上阵,村干部和老村干部坐在旁边做一点辅助性的工作。会议持续了3个多小时,回到县城是下午4点。

下午4点,村干部、派出所所长及其工作人员、包村干部和笔者一起在一餐馆吃饭。席间多有交谈。②

在藏村,村干部虽然没有直接运作许多村庄治理中的事务,但是村干部具有绝对的威信。③ 究其原因,有以下几方面:其一,藏村的村干部都是长期任职,并且都是致富带头人。其二,村干部就像当家人,家长一样的角色。村民对自家多少亩地都不清楚,"一问三不知","啥都不知道"。问卷

---

① 访谈记录 ZX2010071701。
② 访谈记录 ZX2010071708。
③ 访谈记录 ZX2010071709。藏村现任村支书59岁,藏族。1974年经老支书培养、介绍,加入中国共产党,1996年开始做村支书。学习过一年藏文,不会讲汉语,不认识汉字。按照藏县的惯例,村支书55岁"退休",然后享受每年480元的"退休金"。村支书自认为年龄大了,不想干了,但是群众仍然让他干。当问及村支书"接班人找好了没",他面带微笑地回答:"这个要问群众……"

调查过程中的好多基础数据都是带路调查的村干部回答的。其三,村民的户口本都放在村干部家里,村干部为其当家、管理,办理相关事宜。这其中还有一个重要原因就是村民大多数是文盲,无法办理"现代公务"。其四,由于文化认知单一,普遍文化水平较低,对于宗教领袖、民族领袖有崇拜传统,对相对有知识、有思路的村干部的尊敬是这种崇拜的自然延续。

对上述"镜头"的剪辑可以看出藏县基层工作运行机制的鲜明特征:在广袤的草原上,人口稀少,政务相对分散,基层工作人员(这里也包括村干部)相对缺乏,这四种要素的组合使得藏县基层工作的运行在速度、力度和效度等方面,均与内地有明显的差异。特别是基层干部,开展工作还有浓厚的性别差异:在广阔的草原上下乡工作,男性在"自然力"方面占优势。

与藏县上述乡政村治的格局和运行方式相比,壮市则有很大的区别。首先,与藏镇派出所所长和包村干部亲自到村里办公不同,壮市壮乡壮村在工作运行中采取以合同方式开展工作(参见《壮乡2009年度甘蔗生产责任状》)。合同方式开展工作要求合同双方对权利和义务有明确的认识,建立在"意思表示有效"和"意识清晰"的基础上的合同式,比藏县基层工作方式更便捷,更有效。①

壮乡2009年度甘蔗生产责任状②

为强化各村甘蔗生产工作责任,促进我乡2009年度甘蔗生产目标全面实现,根据乡镇〔2008〕30号文件精神,乡党委、乡人民政府与___壮村___(社区)签订年度甘蔗生产工作责任状。

一、工作任务

___壮村___(社区)2009年度甘蔗生产工作任务如下:

(一)全村(社区)种蔗面积比2008年净增___250亩___(其中净增水田种蔗面积___160亩___);

(二)创办50亩甘蔗高产示范点,示范点的甘蔗平均产量达到7吨以上;

(三)全村(社区)2009/2010年榨季进厂原料蔗达到___5800

---

① 访谈记录 ZS2010072807。
② 壮村调研期间搜集到的原始材料。

吨＿＿。

二、奖惩措施

（一）奖励。＿壮村＿（社区）如全部完成上述甘蔗生产工作三项任务，将按其任务完成情况予以奖励：排在第一名奖励3000元，排在第二名奖励2000元，排在第三名奖励1000元。凡有一项任务不完成，免予计奖。

（二）交责任押金。＿壮村＿（社区）主要领导向乡党委、乡人民政府交纳甘蔗生产责任押金200元。该村（社区）如全部完成上述甘蔗生产三项任务，押金全额退还并给予等额奖励；如只完成其中两项任务，押金全额退还；如只完成其中一项任务，则退还50%押金；如三项任务都不完成，押金不予退回。

（三）问责。＿壮村＿（社区）上述甘蔗生产工作三项任务只完成两项，责令村（社区）主要领导分别向乡党委、乡人民政府作书面检讨，并予以通报批评，同时减发该村（社区）20%的2009/2010年度甘蔗生产奖；上述三项工作任务仅完成一项的，除责令村（社区）主要领导分别向乡党委、乡人民政府作书面检讨和予以通报批评外，对村（社区）主要领导进行诫勉谈话，同时减发该村（社区）30%的2009/2010年榨甘蔗生产奖；上述三项工作任务都不完成的，责令村党总支部书记引咎辞职，同时减发该村40%的2009/2010年榨季甘蔗生产奖。

三、相关事项

（一）村（社区）领导交纳的押金，必须由当事人自行支付。

（二）村（社区）领导交纳的押金由乡政府统一保管。

（三）因村（社区）工作任务不完成，不予退还的押金和被减发的甘蔗生产奖，转作乡甘蔗生产发展经费使用。

（四）本责任状奖励项目所需经费由乡甘蔗生产发展经费支付。

（五）本责任状一式三份，乡党委、乡政府、村（社区）各存一份，具有同等效力。

乡党委书记　　　　　村（社区）党总支部书记、村（居委）主任
（签章）　　　　　　　　　　　　（签章）
乡　　长
（签章）

二〇〇八年十一月十九日

另外,壮村是全国村民自治明星村。对于村民自治的产生及其带来的乡村治理结构的变化,学界已经有了很多的争论,在不断的争论中,有些判断基本成为不争的事实。① 根据笔者的调查,本书在此想探讨的是,壮村产生村民自治这一基层社会管理体制,是基于村庄内部公共事务管理的需要,②解决了人民公社解体之后,农村社会内部管理空缺而出现的社会问题。也许是成为全国明星村的缘故,如今的壮村村民政治热情和政治素质大大提高,良好的民主素养保障了村庄事务的健康发展。以壮村集体林权制度改革为例,壮村充分保障每一位村民在林改中的参与权(参见《集体林权制度改革工作通知书》和《林改委托书》)。

集体林权制度改革工作通知书③

我村正在按照区委、区政府的统一安排部署,开展集体林权制度改革工作,为充分保障你户的合法权益,现通知你立刻返村(社区)参加林改工作,若确实不能返回而家中又无可作主的人,请你委托在本村你信任的人员,并填好《壮村林改委托书》(附后)寄给你委托的人员,同时复印一份寄村委会。若你不返回参加林改又不委托他人作为你的权利代理人,则视为你同意三分之二村民或村民代表所作出的林改方案和所有的林改决定。

壮村村民委员会(盖章)
年　月　日

林改委托书

壮村村民委员会:

我因故不能返村(社区)参加集体林权制度改革工作,现特委托_____作为我参加林改的全权代理人,代我行使林改权力和履行应尽

---

① 这其中,徐勇教授对村民自治的研究和论述具有一定的代表性。详细参阅徐勇《中国农村村民自治》,华中师范大学出版社1997年版。

② 详见徐勇《伟大的创造从这里起步——探访中国最早的村委会的诞生地》,《炎黄春秋》2000年第9期。

③ 2010年7月29日在壮村收集到的原始资料。

义务。

委托人(签名):_____　　　　　被委托人(签名):_____
委托时间:__年__月__日

　　村民自治在壮村发挥了重要作用,得到了国家的大力支持,并在全国推广。目前的壮村,在探索村民自治的深化和细化。可以说,壮村村民自治,有三级自治,即行政村一级的村民自治、三个片区一级的村民自治和12个自然屯(即村民小组)一级的村民自治。行政村设有村委会和村党支部,除了负责承接乡镇政务之外,主要负责全村重大节庆活动的筹办,比如每年举办的"三月三"活动、村庆活动等。由于壮村的12个自然屯地理位置较分散,壮村分为上片、中片和下片,以便于管理。壮村党总支部下设三个屯级联合党小组,即每片都有相应设置的党组织,比如上片联合党小组由该片几个屯的党员所组成。每个片区的自治事务主要集中在修路、亮化、美化等"一事一议"项目的筹备和落实上。每个自然屯的屯长就是村民小组组长,每个屯下设有小队,小队的数量由屯的大小决定,大点的屯有五六个小队,小的屯只有一两个小队。每个小队的队长也叫分队长,小队也被称为第一分队、第二分队,以此类推。屯长由小分队队长推选,在一些大屯选屯长,除了需要选一个正屯长,还需要选两个副屯长。屯内的自治事务主要有重阳节的筹办、体育赛事的筹办等等。

　　特别是自2012年以来,壮村深入探索村民自治的有效实现形式,以"党领民主,村民自治"开展屯级公共事务治理,拓展村民自治内涵。具体表现在三个方面:"一是坚持群众的'事'群众办。"[1]为了方便调动民众积极性、参与性和创造性,屯里先后成立党群理事会,屯里"屯务"由联合党小组提议,户主大会商议,党群理事会决议。三个层次的会议基本覆盖了屯里的群众,也充分吸纳了群众的意见和诉求,做到了"群众事务群众定,定了之后群众办"。[2]"二是坚持群众的'权'群众使。"[3]在屯级层面涉及资金使用、活动举办、事务管理均由群众说了算。"三是坚持群众的'利'群众享。"[4]屯级支配的集体收入、财政奖补资金均由群众依法依规决定使

---

[1] 访谈记录 ZS2018103001。
[2] 访谈记录 ZS2018103001。
[3] 访谈记录 ZS2018103001。
[4] 访谈记录 ZS2018103001。

用;屯里群众可以组织实施的项目均由群众自主实施。通过上述三方面的创新,屯务治理效能得到明显提升。

藏县的藏村在政权结构上也实现了牧民自治。但作为游牧村庄,藏村自然地理辽阔,牧民居住分散,牧户之间生产、生活相对独立,联系较少,无法形成社区共同体并支撑社区内部的公共事务。① 所以,牧民自治也仅仅是实现了政权结构的同一。另外,藏村的村民由于其文化程度低,对外界认识少,缺乏对自身内在需求的认识和发展的思路。相比之下,在藏村,倒是国家出于发展战略和整体安排,推动藏村发展的力量比较足。在一定程度上,藏村是"群众没急,国家急"②。

与藏村不同,回县回村是一个生态移民村,是回镇建立的首个新型农村社区。在国家政策的大力支持下,老村庄的旧貌换上了新社区的容颜。在社区建设的初期事关许多公共事务的达成和利益分配,所以社区自治运行良好,并且作为新型社区,农民居住集中,也方便了农民的政治参与。所以,回村处于一个政治活动的活跃期。但是在与基层干部和农户的交谈中,普遍流露出进一步等待国家政策的想法。③

综上所述,民族地区基层政权运行中有两个方面的问题需要讨论。一是国家与社会关系问题。从上述分析中可以看到,国家结构追求自上而下全覆盖、统一性进行建设,涉及对社会事务和社会组织的覆盖、渗透和治理。但是,追溯社会渊源可以看到,个体或者个人是社会的原点,社会化的结果是拥有自主性的个体的分化,进而又有机整合为社会。"自主是个体权利,自治基于个体权利,但不是个人自治。人是天生的社会动物,随着社会化高度发展,自治强调社会自治。"④社会自治的历程表现为社会组织性增强、社会有活力、社会活动丰富多彩、社会事务治理有效。趋于有效的社会自治也为国家整合不断节省资源和成本。所以,国家与社会关系的永恒话题是"社会自治的多样性与政府治理体系的单一性和同一性之间的调谐和耦合"⑤。在民族区域,这一永恒话题更有迫切性。二是在国家与社会

---

① 参阅埃莉诺·奥斯特罗姆《公共事务的治理之道》,上海三联书店2000年版。
② 访谈记录 ZX2010071809。包村干部也谈到帮助牧民致富的思路:政府投资4.5万元修建居民房,牧民自己筹资1.5万元。考虑到绝大多数牧民没有资金,由牧民在包工队里投工,然后抵消1.5万元的资金。并且牧民也在村办的砖厂里赊取砖石,然后再在砖厂打工抵消。这一切务工的事宜都是政府为牧民找到的挣钱思路。
③ 访谈记录 HX2010082307。
④ 慕良泽:《村民自治研究40年:理论视角与发展趋向》,《中国农村观察》2018年第6期。
⑤ 慕良泽:《村民自治研究40年:理论视角与发展趋向》,《中国农村观察》2018年第6期。

阶段性互动互构中政治事务(或行政事务)与社会事务的划分。既不能让民族地区基层政权体系负重前行、超负荷运转,也不能"行政事务政治化"和"社会事务行政化"。① 要注重创造性转化和创造性发展民族地区传统社会资源,发挥其在现代国家治理中的作用,共同推进民族地区乡村治理现代化。

---

① 参阅第八章第一节的论述。

第四章　程序性整合与民主—国家认同

民主是相对专制而言的,人类政治发展的基本趋势是民主成分越来越多,民主形式越来越丰富;专制成分越来越少,专制形式越来越隐蔽。① 就民主本身的发展和研究来看,国内民主成效显著,国际政治中的民主发展迟缓,甚至徘徊不前。② 所以,民主—国家这一现代国家研究维度,主要研究国内民主发展,其中,对民主的程序正义或程序性民主的肯定,是民主—国家研究的基本共识,是现代国家程序性整合的主要内涵。③

在中国,有"基层民主"的明确表述和基本范畴,有"人民民主专政"和"人民当家作主"的顶层设计,也有制度规范—基层突破—稳步上行的推进民主建设的路径规划。④ 从上一章的论述中可以看到,政权结构可以自上而下,嵌套进民族地区,实现结构性整合。但是如何在民族地区乡土社会场景中发挥政权的功能,"三个离不开"在动态的场景中如何实现以及维护民族权益过程中有哪些张力?⑤ 对这一系列的问题的现场解读构成本章要探讨的主要内容,即"人民民主"和"基层民主"在民族、区域具体表现为什么样的形态;这样的民主形态如何推进民主—国家建设。在本章分析和论述中,民主一方面包含权利,是权利资格的确认和权利行为的保障;另一方面,民主包含权力,是合法运行的权力和有权威基础的权力。其实,权力和权利的互动是民主建设的基本路径,也是国家与社会

---

① 巴林顿·摩尔:《民主与专制的社会起源》,华夏出版社1987年版。
② 贺东航、慕良泽:《全球化背景下现代国家构建的检视与反思》,《当代世界与社会主义》2008年第1期。
③ 黄辉祥:《村民自治的生长:国家建构与社会发育》,西北大学出版社2008年版。
④ 1987年,邓小平公开表示:中国将会在21世纪中叶实现普选。但是,实现普选需要一个自下而上的过程,可以把村庄民主选举看成培养民主的起点。对于村民自治中民主元素的上推效应,彭真也认为,"他们把一个村的事情管好了,逐渐就会管好一个乡的事情;把一个乡的事情管好了,逐渐就会管一个县的事情。"参见慕良泽《村民自治研究40年:理论视角与发展趋向》,《中国农村观察》2018年第6期。
⑤ 1990年8月,江泽民到新疆视察。他在视察中指出:"我们伟大的中华民族,是由五十六个民族构成的,在我们祖国的大家庭里,各民族之间的关系是社会主义的新型关系,汉族离不开少数民族,少数民族离不开汉族,少数民族之间也相互离不开。"这一表述被概括为"三个离不开"。参见江泽民《必须树立马克思主义的民族观和宗教观》,载于《新时期宗教工作文献选编》,宗教文化出版社1995年版,第180页。

关系的基本面。

一、区域:融合与拒斥

2014年12月,中共中央、国务院出台的《关于加强和改进新形势下民族工作的意见》强调:"要推动建立相互嵌入式社会结构和社区环境,促进各民族群众相互了解、相互尊重、相互包容、相互欣赏、相互学习、相互帮助。"①在现实中,建立相互嵌入式社会结构和社区环境需要一个过程,从阶段性来看,一些核心的影响因素会延缓或加快其进程。

前文已经论述,民族性的塑造受两方面的影响:一种是作为民族的"自我认知";其二是作为民族的"他者参考"。边远、落后、自然地理阻隔而造成的不同"景物"、文化、风俗、生产生活等因素构成民族性的"原罪",甚至被认为是"先天注定"的。② 而流动是促进民族融合,使民族地区乡土社会由封闭走向开放的主要动因。但是,民族的"先天注定"的因素和流动构成了一定的矛盾,被动接受"先天注定"的因素则会造成相互隔阂的事实,甚至引发人群的冲突。③

从人口流动的角度来看,除了民族聚居区的汉族成员之外,藏县汉族成员的来源主要有三条路径:第一,由于中原农耕区"过密化"或者灾荒的压力,汉族成员逐渐向四周扩展和拓展,甚至逃荒,深入到藏县。第二,出于新中国政权建设的需要和农牧业发展的需要,通过下派干部、青年支边、驻军屯边(参阅《藏县青年支边行动节选》)和定向移民等举措,推动藏县社会发展的人员。④ 第三,改革开放以来,随着市场经济的深入发展,进入藏县藏区赚钱的人员。⑤ 从汉族进入藏县的动力机制来看,第一条路径进入藏县的汉族,主要是生存的压力而产生的自我迁移。新中国成立后,汉族人员进入民族地区,主要是方便政权建设,是国家政治动员产生的政治行为。改革开放后,主要是市场推动的经济行为。

---

① 《加强和改进新形势下民族工作》,《光明日报》2014年12月23日第1版。
② 参阅胡安·诺格《民族主义与领土》,中央民族大学出版社2009年版,第四章。
③ 关凯:《族群政治》,中央民族大学出版社2007年版,第38页。
④ "定向移民"参见藏县地方志编纂委员会《藏县志》,民族出版社1999年版,第339—340页。
⑤ 对由市场经济带到藏县的汉族的论述参见本研究第七章第二节的内容。

藏县青年支边行动节选①

　　A. **农场**　1959年3月建立。4月,从河南省迁来1178名支边青年安置在该农场。农场设有6个生产队,1个基建队,生产队(基建队)以下设有31个分队、85个小队。农场归藏县农垦局领导。有土地2.50万亩,其中新开荒地2.06万亩,役畜83头(匹)。当年实际播种面积4394亩,其中粮食作物2407亩,亩产102.7公斤,总产24.75万公斤;油菜1872亩,亩产8.6公斤,总产1.60万公斤;蔬菜115亩。粮食作物品种有小麦、青稞、豌豆、蚕豆、土豆。当年养猪17头。年底农场职工有1138人,其中在职干部5人。1961年,全场有2347人。1962年撤销,人员迁返原籍。

　　B. **农场**　1960年改建。3—4月安排从河南省迁来支边青年3006人。场部设7个科室,下设两个作业站。站以下设生产大队、中队。有干部75人,拥有各种拖拉机32台,当年开垦荒地6.98万亩。1960年有职工5915人。1962年,该场撤销,人员迁返原籍,同时建立兰州军区驻藏县军马场。

　　C. **农场**　1952年成立,职工10余人,干部7人,为农业技术推广示范试验农场。1957年,改为青年农庄,安置河南省迁来支边青年,有职工176人。1958年,移交A县管辖。

　　D. **牧草良种繁殖场**　20世纪60年代初,该场称青年农场。1962年11月由青海省军区接管。1963年3月,成立了中国人民解放军兰州军区藏县军马场。为团级建制。1976年1月,移交青海省畜牧厅,改称青海省藏县牧场。1979年改称青海省牧草良种繁殖场,是青海省畜牧厅属县级农牧企业。

　　在藏县与上述三种路径进入藏县的汉族人员座谈后,笔者发现,这三种人员进入藏县之后,客观上促进了民族之间的相互了解。虽然上述农牧场中的大部分职工在农场解体之后都回到了原籍,但从总体来看,相互了解和融合是暂时的、手段性的。从长远来看,离开是最终目的和归宿。正

---

　　① 参见藏县地方志编纂委员会《藏县志》,民族出版社1999年版,第192—193、172—173页。藏县农牧场的建立是内地汉族支援边疆建设的有效平台和重要载体。但是在后续的发展中,政治效益逐渐消退,经济效益也逐渐下降;农牧场的改制也使得许多职工下岗,两方面的原因导致在农牧场的汉族人员相继离开藏县。

如马戎所言："某个族群人口的大规模迁移会直接导致迁入地各族群人口相对比例的改变,增强对迁入地自然资源的压力,导致族群间在资源分配方面的竞争。这种竞争又与族群间的文化冲突结合在一起。"①逃荒到藏县的汉族人员,由于其宗族、家族的根基还在中原,所以,归亲归宗是改革开放之后他们的首要打算和计划。② 政权序列的人员和支边人员,由于对政权组织的依赖性和政治动员,其离开的自由度受限,但是努力上升到县城、地市、省会,这样一步步融入更大的汉族群体是他们拼搏奋斗的主要动力。另外,在政治动员松动之后,他们大部分都离开了藏县,回到了原籍。③ 这一点也是民族群体之间天然的排斥性的自然表现。赚钱的人的流动性就更大了,赚足了钱之后荣归故里或者到大城市去生活也是自然的道理。④ 这样的趋势势必造成民族地区民族成员越来越纯,汉族成员越来越少,特别是在藏县这样民族性比较强的地方,更是如此的效果(参考图4-1)。新近来看,在藏县,2009年7月到2019年底,藏族人口占总人口的比例由90.3%上升到91%,也是如此的趋势表现。⑤

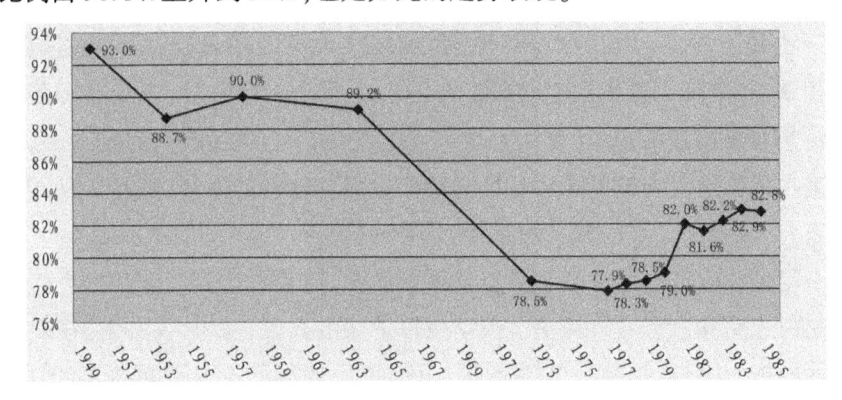

图4-1 藏县某些年份藏族人口占总人口比例统计图⑥

---

① 马戎:《民族社会学导论》,北京大学出版社2005年版,第129页。
② 访谈记录 ZX2010071809。
③ 访谈记录 ZX2010071709。
④ 访谈记录 ZX2010071303。
⑤ 参阅第一章的具体描述。
⑥ 此图根据《藏县主要年份分民族情况统计表》绘制而成。总体来看,以1977年为拐点,藏县藏族人口占比呈U形分布态势。1950年藏县藏族人口占比高达93.0%;1958年将隔壁区域的藏族部落划归藏县,所以藏占比又达到90.0%。1977年之前,藏县藏族占比总体呈现下降趋势,主要原因:一是机关、学校、企事业单位、农牧场职工及家属人数增加(主要是汉族)。二是为发展藏县的农业生产,有计划地从青海省其他农耕区域迁入了一批汉族农民。而1977年之后,人员流动相对自由,新中国成立后迁入藏县的汉族陆续迁离藏县,加之上述两方面原因不复存在,所以,藏族人口占比又呈现上升的趋势。参见藏县地方志编纂委员会《藏县志》,民族出版社1999年版,第105页。

另一方面,随着生存环境压力的逐渐增大,藏族人员将其原因归结为"汉族成员的进入"①。在这种社会氛围中,汉族人员选择离开,是其奋斗的梦想。退而求其次,汉族人员和民族成员在居住、生产、生活中越来越多了分界意识。反之,汉族在民族地区要生活得好,需要学习少数民族语言和少数民族文化,这在一定程度上也增强了汉族生活的压力。②

相对来说,民族群体离开本区域比汉族人员要困难一些。语言和风俗不同是其流动的最大障碍。如果有流动,生活在汉人圈中的民族成员也有些许不自在。

> 尖木措是来自藏县的一名藏族学生,就读于中南民族大学,法律本科专业。虽然到武汉来已经是第二个年头了。但是仍然觉得生活不自在,他自己认为,寒暑假回到青海,融入了藏族之中,感觉舒服了好多。③

在藏县,藏族成员的迁出(流出)和汉族人员的迁入(流入)的影响因素相结合,则可以看出影响民族融合的巨大阻力。在藏县,汉族要和藏族成员杂居是比较困难的,也不符合彼此的意愿。个别汉族进驻藏县,基本都是在民族地区内部的未占领区开辟新生活。这样的方式,从初入民族地区来看,汉族和少数民族之间是相互隔离的。

与藏县藏族进入大众社会略显困难相比,回县回族具有流动的天然属性——经商和宗教对外交流。流动带来地域的开放,使得人们的交往对自然性的依赖降低,社会关联性增强,也使得民族的社会化程度提高。④ 早在明、清、民国时期,回县对外交流主要通过经商贸易和宗教人士朝觐传教等民间活动方式进行。新中国成立后,回县对外往来逐渐由民间活动发展到官方活动。一些来自美国、英国、德国、法国、比利时、埃及、沙特阿拉伯、巴基斯坦、日本等国的专家、学者、宗教界人士及世界银行、世界伊斯兰银行等国际组织前来回县参观、考察、贸易,进行经济协作,支援回县建设。"文化大革命"中,外事活动一度停止。1980年后,随着对外开放政策的实

---

① 访谈记录 ZX2010071906。
② 访谈记录 ZX2018080804。
③ 访谈记录 HS2010112501。
④ 即便是这样,回县回族人口占总人口的比例也由2009年2月的84.67%上升到2020年7月的85.7%。详见第一章的具体资料。

行,以经济技术协作交流为主的外事活动日益活跃。至1985年,共计前来回县考察、参观及进行经济技术协作的外国专家、友人共计13批70余人。时任县委书记、县长以及县计划生育办公室干部等先后赴罗马尼亚、巴基斯坦等国考察,进行技术交流。1986年,回县被列为开放地区,一些国家、地区及国际组织来回县进行经济考察、投资、援助不断增多,外事活动日益活跃。到1988年底,仅世界伊斯兰银行和国际儿童义养会就为回县投资、援助98.9万美元。先后投资建成回县阿拉伯语学校,援助回县部分搬迁地区的经济发展和教育卫生设施的建设。1989年9月,经县人民政府批准,正式成立回县外事办公室,负责接待、交涉有关外事往来事宜。到1990年底,回县共计接待前来参观、考察、旅游、投资的外国客商及国际组织共计2000余人次。共接受各种开发建设贷款9030万元(人民币),其中用于农业开发吊庄搬迁2600万元(人民币),用于医疗卫生建设130万元(人民币),用于发展回县教育及各项宗教事务的共计6300万元(人民币)。[1]

回县通过宗教界与外界的交流已经使得民族突破了国内区域的限制。同时,在藏县和回县,在地理区域上,汉族和藏族、汉族和回族虽然有过杂居,其间也有融合和相互排斥。但是,在信仰世界里,汉族和藏族、汉族和回族很难融合。在藏县和回县,宗教将信众团结在一起,增加了信众之间的凝聚力和群体内认同,同时也使信众与非信众之间失去了一道沟通的平台。在这种信息不对称的情况下,更显示了信众与非信众的隔阂,也造成了基层政权信息沟通中的障碍。[2]

另一方面,任何人类组织不但有一个自我认可的过程,更有一个从别人的认可中获得自我认可的过程。在与青海省委党校参加学习的僧人的交流中,明显感受到僧人对外交流的意识很强烈,并且乐于和别人交流和探讨本民族的文化特别是宗教。一位寺院主持还将自己亲手抄写的、制作精美的佛经抄本让笔者欣赏,然后还把自己录制的本寺院宗教活动短片播放给笔者看。[3]

在回县,在社会生活中,汉族也出现了逐渐适应回族生活习惯的情况。具体可分为三种情景:其一是包容。调研中,一位回民讲述了一个细节:在宁夏一个回族人口较多的地级市,在市场上,买猪肉的汉族,把猪肉先装在

---

[1] 回县地方志编纂委员会:《回县志》,宁夏人民出版社1995年版,第215页。
[2] 访谈记录 ZX2010071506。
[3] 访谈记录 XN2010072001。

一个白色塑料袋里,外层再加套一个黑色的塑料袋,免得被回族成员看见。① 还比如,在回县,汉族基本不吃大肉,汉族可以到回族家里去做客、吃饭、赶红白事;回族也到汉族家里做客,赶红白事,但是基本不在汉族家里饮食。其实这样的情况的发生也是社会趋势使然,因为在回县,大肉几乎没有市场,汉族生活市场不健全或者不发达。另外,在社会生活中,少数服从多数、少数跟随多数,"随大流",是一条自然法则。其二是宽容。课题组为回村回族村干部带去了厂家包装的小米,其欣然接纳。课题组带去的小米,没有"清真"字样,其解释为:回族可以消费没有标识"清真"的植物类食品,像比较大众的海天系列调味品也逐渐进入了回族家庭。"再说,汉族占绝大多数,要学会接纳和宽容。"其三是"互不侵犯"。在回村,汉族和回族之间,不相互到贺彼此的传统佳节。②

2010年在民族三地调研期间,笔者也注意到:藏县新华书店除了有少量的汉文版的中小学教辅外,其他书籍全是藏文,作为调查者的笔者根本看不懂。全是藏文的书籍,对于向外界宣传藏县,或者外界想了解藏县的人带来很多不便;而对藏县内的藏民来说,阅读起来很方便。但是藏县新华书店一片冷清,很少走进书店看书或者买书。回县新华书店的情况则大不一样。除了《古兰经》有阿语版本外,其他书籍全是汉文版。更大的差异表现在:笔者在壮市逛了几个书店,找不到壮文版的书籍和资料。

这里可以看出两个影响区域融合程度的因素,一是与其他民族关系的历史感,二是与其他民族关系的现实感。由于进入中国政权序列的历史比较短,藏县藏区对国家认同的历史感比较淡薄。但是,目前国家支持和照顾藏区发展的力度比较大。从现实来看,藏区有很高的国家认同。回县民族融合程度深受民族关系历史的影响。在回镇与一位阿訇座谈,他认为:"我有民族情结,这样的民族情结来自内心对本民族的身份认同。诸如一看到大肉和大油我就不由得恶心……现在对国家的民族政策绝大多数还是很认同的。"当笔者问及:"还有什么不认同的吗?"他犹豫一会儿之后,坦诚相告:"这要从历史上谈起,据说历史上曾有过屠杀穆斯林的行为。后来,没有被屠杀的穆斯林被赶到宁夏西海固这样条件极其艰苦的地方,让其自生自灭。但回民艰苦奋斗,最后还是生存下来了,西海固自然条件非

---

① 访谈记录HX2018101704。
② 访谈记录HX2018101704。

常艰辛,但是这个地方是除银川之外,宁夏人口密度最大的地方。"①对于上述历史的真实性有待考证,但是,民族关系的历史成为民族工作的起点,民族工作的现实越来越向好,可以证明民族工作的思路和方向的正确性。

也许是因为回县和藏县均有明显的宗教因素,没有明显民族宗教因素的壮市便没有藏县、回县如此强烈的民族排斥现象。②但是,壮市是宗族性比较强烈的地域,民族差异往往与宗族差异相融合。壮市民族事务局一位干部这样认为:"现在民族差异政策在地方上有很多表现,民族差异政策变成了很多的地方道理……现在大家不公开地搞民族歧视,而是联合搞一些活动,比如联合搞清明(即是指过清明节),这除了民族象征之外,更多的是金钱和势力的象征。"③

就人口迁移和流动来看,据《壮市志》记载,中华人民共和国成立以来,壮市人口的迁入、迁出只是由于工作调动、升学、参军、迁居、婚嫁等,人口占比变动不大。④

表4-1 壮市历次普查各民族人口统计表⑤

民族	普查人口数				各民族人口占人口总数(%)			
	1953年	1964年	1982年	1990年	1953年	1964年	1982年	1990年
壮族	223977	220360	352807	415929	71.73	74.40	73.80	73.26
汉族	54443	61607	100659	96831	17.44	20.80	21.06	17.06
瑶族	30348	9143	14008	31263	9.70	3.05	2.93	5.51

---

① 访谈记录HX2010082901。根据费孝通的研究,对西北和西南回民的仇杀发生在清代(参见费孝通《中华民族的多元一体格局》,《北京大学学报》(哲学社会科学版)1989年第4期)。新中国建立以来,回县的回民并不是安心在回县拓荒。1953年因自然灾害回县向周围县市迁移1541人。1956年2月19日,回县成立了移民委员会,专办移民事宜。1964年,3个公社中有89户农民自愿迁移到新疆塔城、伊犁、米泉等地谋生。1966年,2月,县域范围内8个公社又有184户、543人流至新疆米泉、昌吉、塔城等地落户(参见回县地方志编纂委员会《回县志》,宁夏人民出版社1995年版,第73、24页)。
② 相关研究指出广西民族融合的其他原因,主要有:清代以来的改土归流,促进了民族融合;近代以来无数次的战乱和由此带来的人口迁移,比如中法战争,太平天国运动,等等;在广西,移民和土著居民的生产方式一致,带来了民族融合;民国时期提出满、汉、蒙、回、藏"五族共和"的思想和相应采取的政策措施一定程度上促进了广西的民族融合;广西人多地少,较早出现了劳动力的外流,流动促进了民族融合。参阅廖杨《民族关系与宗教问题的多维透视——以广西为考察中心》,民族出版社2009年版。
③ 访谈记录ZS2010080201。
④ 壮市地方志编纂委员会:《壮市志》,广西人民出版社1998年版,第99页。
⑤ 壮市地方志编纂委员会:《壮市志》,广西人民出版社1998年版,第108—109页。

续表

民　族	普查人口数				各民族人口占人口总数(%)			
	1953年	1964年	1982年	1990年	1953年	1964年	1982年	1990年
仫佬族	2232	4282	8041	17497	0.71	1.45	1.68	3.08
水族		344	828	2329		0.10	0.17	0.41
毛南族	19	86	628	1447	0.01	0.03	0.13	0.25
黎族			24	834				0.15
苗族	809	177	344	730	0.26	0.06	0.07	0.13
回族	3	65	213	360		0.02	0.04	0.06
侗族	253	92	64	188	0.08	0.02	0.01	0.03
布依族			26	111				0.02
满族			43	103			0.01	0.02
彝族		2	4	19				
京族			4	15				
蒙古族			10	11				
哈尼族			5	10				
白族			8	9				
羌族			2	9				
土家族			2	8				
畲族			2	8				
傣族				6				
高山族			6	6				
朝鲜族			1	2				
藏族			1	1				
仫佬族				1				
维吾尔族			7					
达斡尔族			5					
锡伯族			2					

续表

民　族	普查人口数				各民族人口占人口总数(%)			
	1953 年	1964 年	1982 年	1990 年	1953 年	1964 年	1982 年	1990 年
佤　族			1					
东乡族			1					
未识别民族	152	37	294		0.01	0.01	0.06	
外国人入籍			3	1				
合　计	312236	296195	478043	567728				

从表 4-1 中可以看出,在壮市生活的有 30 个民族的成员,还有"未识别民族"的社会成员存在。从 1990 年人口普查的数据来看,人口上万的民族就有 4 个,人口上千的民族共计 6 个。从这一数据来看,如此众多的民族成员,大大消解了"拒斥"的可能性和可能性力量。① 另外,表 4-1 也说明了壮市民族融合的细微征兆:其一,历次人口普查中,壮族和汉族人口比例变化不大,排名第三的瑶族和仫佬族在壮市的比例有所上升。其实,在壮市,除了壮族之外的其他少数民族才是人们眼中的少数民族,是特殊照顾和政策优惠的重点对象。② 与藏县、回县的族际通婚案例较少相比,在壮市,各民族之间通婚比较普遍,也被看成正常现象。族际通婚为民族融合编织了有力的社会关系。在壮市,族际通婚之后,后代的民族成份往往登记为成员较少的民族,这也是壮市瑶族、仫佬族等"真正的少数民族"人口增长较快的一个原因。③ 其二,其他民族成员和外国人在改革开放之后的出现,是壮市成为开放地区的结果,是其他民族流动到壮市的结果,这些民族的少量成员离开了自己的聚居地,到达壮市,自愿融入了大众社会之中。④ 其三,在壮市,极少部分"未识别民族"的社会成员的存在,说明民族识别是一项长期的工作,未识别民族成员的存在也说明了个别民众对民族问题的重视和民族意识的觉醒与自觉,"因为他觉得自己不属于现有各民族,并且希望自立,成为自己的新的民族成员"。这种强烈的自我意识也包

---

① 访谈记录 ZS2010080207。
② 访谈记录 ZS2010080201。
③ 访谈记录 ZS2010080201。
④ 访谈记录 ZS2010080207。1993 年 11 月,国务院批准一批对外国人开放地区,壮市为开放地区之一。这一点说明了壮市本身的开放和与外界融合的深度和广度。

含着"排斥其他民族的意思"。①

民族区域在融合的过程中要补充探讨、说明的是族际融合的问题。在藏县的汉族和藏族之间、回族和汉族之间,可以通婚。但是,藏族和回族之间不能通婚,主要原因是宗教差异不可调和。在回县的回族和蒙古族之间、回族和汉族之间、回族和维吾尔族之间,可以通婚。在壮市的不同民族之间,几乎都可以通婚。② 综合三地来看,少数民族之间均以汉族为主要的交往中介,几乎所有少数民族均可以和汉族通婚。就目前中国的民族分布来看,在县域范围内,几乎所有民族区域都有汉族的分布,汉族的进入为不同少数民族间的交往与融合搭建了桥梁。这里也可以设想:如果藏族和回族相处于同一区域时(本区域没有汉族),他们以什么作为共通的基础,处于同一区域的藏族和回族是怎样的相处状态和方式?如果有这样的案例存在,此问题还有待进一步的研究和探讨。另外,笔者从武汉出发,先走到省城,再下到县城,再深入村庄、农户,在去三地调查的这一"下乡"路径中,笔者发现,从上往下,特别是在西北地区,城市是富人聚居区,大多是汉族创造的城市生活;乡村是少数民族扎根生息的地方,是贫困的聚集地。城市生活具有较大的建构性,汉族人员移民可以在城市开拓生活,少数民族的居民一般都生活在乡下。在民族地区,越往城镇走,汉民占比越高,相应地,少数民族成员占比越低。这些都是族际融合的空间分隔,由此也产生了不同的政治形态。③

透过民族区域的融合与拒斥的故事,看到了个体与国家在权利保障中的矛盾和张力。在民族地区,政权建设初期,国家通过政治动员,带有一定强制性地将汉族移入民族地区,这在一定程度上以牺牲个人自由为代价,但是客观上带来了民族交流、融合,带动了区域发展。随着国家动员的消失,藏县的藏族越来越纯,区域发展的差距也越来越大,使得国家整合也面临更大的压力。但是,改革开放以来,壮市的民族融合却也出现"自愿""自由"的动向,这其中也包含着国家权利保障的导向性意识。

二、民族:"多数"与"少数"

在日常的称谓中,"少数民族"(日常口语中也有简称"少数"的,比如:

---

① 访谈记录 ZS2010080201。
② 在藏县、回县,上述所列举的通婚现象比较少;在壮市,上述所列举的通婚现象比较多。
③ 参阅王建娥、陈建樾《族际政治与现代民族国家》,社会科学文献出版社 2005 年版。

少数民族成员有时称呼自己:"我是少数……""我们少数……")是相对于汉族来讲的。其基本内涵是指就人口和区域分布来讲,在中国,截至2016年,少数民族人口有9655.00万,少数民族人口占全国总人口6.98%。与人口稠密的"中心"相比,少数民族主要分布在西部和边疆地区。① 从日常称谓可见,界定"少数"与"多数"涉及两个参照系:一个是人口,另一个是地域范围。通过在藏县、回县、壮市三个民族区域的调查,笔者还加入"权力占有""权利维护"和社会互动等变量来细致呈现民族地区"多数"和"少数"之间的关系。② 在这里,笔者将以民族教育为例,来分析和探讨"多数"与"少数"的权利保障。③

事实上,随着现代化的深入发展,民族教育发展和民族文化传承问题一直是民族研究中的热点、重点和难点。④ 在学术界对这一问题的研究中,逻辑推演式的理论研究已经相当丰厚,并且在这一层面取得了基本的共识,那就是要在理论和实践中实现少数民族教育和文化发展的双重目标,在与不同文化的接触过程中实现民族文化的革新与整合,既能达到民族文化发展,又能与大众文化和谐相处。⑤ 也有学者站在中观层次,概括了民族教育和民族文化传承中存在的三大问题:一是全球化对民族文化带来了一定的冲击;二是民族教育中的民族文化与生活世界的分离;三是在学校的大众教育中,少数民族文化教育相对缺乏。⑥ 有学者也从教育政策转型的角度提出了中国民族教育正面临由"全面倾斜"性教育政策向"特殊照顾"性教育政策的转变。这一公共政策转型的视角,为本研究的开展提供了直接的理论启示。⑦ 也有学者分析了民族教育的双重性及其实践

---

① 相关数据参考中华人民共和国国家民族事务委员会网站和国家统计局网站,查询时间2020年10月2日。
② 本书对这一问题的分析得益于云南大学周平教授的启发,在此表示感谢。2010年9月27日,周平教授在华中师范大学做了题为《民族国家的性质和特点》的学术报告。在学术报告的互动环节谈到了这一问题。这里的引用、分析、发挥是否准确、得当,文责由笔者承担。
③ 本节内容的修改稿曾公开发表于《中国农村研究》。参见慕良泽《论民族教育与文化传承中的"多数"与"少数"——藏族、回族、壮族乡村的调查研究与比较分析》,《中国农村研究》2013年上卷。
④ 王鉴、安富海:《当前我国民族教育研究前沿与热点问题综述》,《学术探索》2011年第2期。
⑤ 张培奇:《论文化产业发展与民族传统文化保护》,《湖北行政学院学报》2008年第3期。
⑥ 曹能秀、王凌:《试论教育中少数民族文化传承面临的问题与挑战》,《当代教育与文化》2010年第1期。
⑦ 王鉴:《试论我国少数民族教育政策重心的转移问题》,《民族教育研究》2009年第3期。

策略。① 民族教育双重性的内部张力，是本研究的一个要点。其实，本节内容在对民族教育双重性的微观情景分析中，还加入了大众文化这一社会背景和"汉族"（汉语、汉文化）这一主体要素，民族成员之间构成的"多数"与"少数"的关系，是本节探讨的主要维度。

在中国，藏族有完整的语言、文字、文化体系，并且有深厚的民族文化传统。在现代化的过程中，面对着大众文化的浸入，或者在藏族成员进入大众社会的过程中，难免会产生文化休克和社会不适应，即本节要探讨的处于社会拒斥情境中的"多数"与"少数"关系问题。

以藏县为例，新中国成立之前，藏族文化的教育和传播以佛教寺院为主要的场所和路径，受教育对象是藏族上层人士和大户人家，即属于藏族的精英教育。在精英教育的背景中，教育资源的分配体现为民族内部的差异，教育差异产生于民族内部的"少数精英"与"普通大众"之间。但是，在传统藏区，民族精英（或者宗教精英）与普通藏民在宗教神圣空间存在精神互动关系。所以，在民族教育中，"少数精英"与"普通大众"之间并不存在权利保障中的"问题"。在藏县，1950年以前，普通农牧民成年人中文盲占96%以上，特别是广大藏族妇女几乎全是文盲，他们在生产生活中，往往只能沿用结绳记事的方法，用念珠或羊粪蛋记载一些简单数字或清点牛羊数。② 1951年12月，一位部落头人（也是一位活佛）创办了藏县第一所牧区小学，学生71人。这一举动标志着大众教育在藏县牧区的诞生，寺院之外的大众教育从此进入了牧区。③ 1957年9月9日，藏县县城第一所小学（职工子弟小学）成立，有学生28人。④ 在这里，笔者要指出的是：藏县县城学校的成立，一方面使得广阔的牧区的教育资源向县城转移和集中。另一方面使得原来主要分散于牧区的藏族学生，变成了县城的职工子弟学校的学生。⑤ 藏族学生和汉族学生在学校的相遇及其差异化的学习方式，使得教育资源在不同民族之间的配置上有了差异，权利保障上的"多数"与

---

① 王锡宏：《论少数民族教育双重性》，《民族研究》1999年第3期；《少数民族教育双重性理论与实践探索》，《贵州民族研究》2003年第4期。
② 访谈记录ZX2010071904。
③ 藏县地方志编纂委员会：《藏县志》，民族出版社1999年版，第384页。
④ 藏县地方志编纂委员会：《藏县志》，民族出版社1999年版，第15—16页。
⑤ 在藏县，藏族人口比为90.30%。新中国成立以来，藏县汉族主要有三个来源：其一，藏县个别农业点上原有的汉族人员。其二，应新中国政权建设和开拓边疆的需要，进驻藏县的汉族干部和相关工作人员。其三，改革开放以来，在市场大潮中，到藏县做生意的内地汉族人员。其中，后两类成员主要聚居在城镇，是这些城镇上汉族居民的主要构成。

"少数"之间的诸多"问题"开始浮现。集中表现在笔者搜集到的这样一个案例中。据藏县县城一位开宾馆的老板回忆:她在20世纪80年代上县里的初中的时候,班上只有3个藏族同学。10多年前,在藏县县城上下班和接送小孩的人群中,汉族人占绝大多数。随着社会的发展,就目前县城人群的民族身份来看,现在是藏族人居多,汉族人在县城大街上成了"少数"。"过去藏族人不上学,也不进城。所以,县城是汉族人员的'天下',山间是藏族人的'天下'。"现在,寄宿制小学办在县里,交通也有所改善。所以,往来县城的藏民越来越多。①

从上述材料中可以看出,藏族和汉族生活区域的变化,为藏族和汉族的社会互动提供了机遇。另一方面,现代社会发展的需要、大众教育的普及,也对民族语言、文化的习得和传承提出了挑战。各民族成员要在挑战中选择发展路径,应对各种冲击和挑战。在藏县,这一问题集中表现在两个层面:其一,藏族学生对藏语的学习和藏文化的传承与汉族学生对汉语的学习和汉文化的传承之间构成的横向对比。其二,藏族学生在学习汉语和学习藏语之间的安排所构成的纵向比较。

就第一个层面来看,目前藏县有两所中学,民族学生占绝大多数,汉族学生在人数上是"少数"。民族学生有特殊的政策照顾,汉族学生则没有。这不但是国家的宏观政策,更创造了微观的情境效应。调研期间,在藏县九年一贯制学校门口碰到一位家长(汉族,农民),他介绍说:在藏县九年一贯制学校和民族中学中,藏族学生占绝大多数,汉族学生成了少数。汉族学生少,汉族老师也少。学汉语的气氛和劲头比较缺乏,汉语甚至变成了副课,不受学生重视。他认为:"为了小孩教育,汉族也一直要离开藏县!……上个高中要去隔壁的县,或者州市。"②这位家长的观点,代表了破解"多数"与"少数"资源分布悬殊的一种行动策略,即在社会拒斥中重新选择另一种社会环境以改变社会互动状态。

就第二个层面的现实表现来看,目前在藏县小学三年级及其以上的学生中,实行的是双语教学。对于双语教学与学生成长之间的关系,有两种代表性的观点。调研期间,一位藏族的乡镇干部认为:他从小学四年级开始学习汉文和汉语,学会了汉文可以读书看报,被认为是"一件光荣的事情"。他的观点是:"语言文字就是眼睛,学两种文字,就是两双眼睛,文盲

---

① 访谈记录 ZX2010071906。
② 访谈记录 ZX2010071907。

就是没有眼睛。"①从汉语学习的发展来看,他认为国文是汉文,学习汉语是公民的义务,也是国家认同的必然要求。所以,从长远来看,学两种语言的人越来越多,学藏文的学生并不是越来越少。②与此相对应的一种观点认为:从长远来看,学藏文的人越来越少。因为学多种语言会加重学生的负担,尤其是小学生。持这一观点的一位藏族干部举例说:"我一个孩子聪明,我让他学习藏文、汉文和英文;一个小孩子笨,只能不学藏文了。"③

从学生的纵向发展来看,目前藏县没有高中,初中升高中的学生可以选择到隔壁县市或者省会和州府就读,也可以选择到外地就读。青海省教育厅与辽宁等有关省(市)教育厅(教委)合作举办青海高中班。2010年秋季,沈阳市翔宇中学、沈阳市绿岛学校、浙江师大附中、天津市第一百中学、湖北省沙市中学、湖北省黄冈市菱湖高中等六所重点中学继续在藏县招收应届初中毕业生。④对于到外地读高中的藏县籍学生,一位家长(汉族)告诉笔者:"我村里几乎没有高中生,只有干部家的孩子才去读高中。"在藏县,由于经济收入低,一般牧民家庭的孩子能读完初中就已经成为村里的"知识分子"了,只有极少数家境殷实的、有发展思路的牧民可能会让孩子外出读高中。⑤ 2018年在藏县调研过程中,笔者找了一位当地的藏族小伙当翻译。他2012年初中毕业就读的是"3+2"学制的青海警校,2017年大专毕业,2018年19岁,考取了果洛藏族自治州的警察职位。小伙文质彬彬,待人实诚。他小学在藏县县城就读,初中在西宁就读。截至2018年,去过6—7次西藏,周边佛教寺院均去过。其妹妹小学、初中在县城就读,高中在海南藏族自治州就读,2018年在湖南读大学。⑥

从藏县的民族教育和文化传承来看,藏族和汉族、藏文化和汉文化之间还处于相互营造的社会拒斥的情景中。"多数"和"少数"之间在权利保障和权力占有上还存在非均衡状态。

与藏族相似,回族也有完整的阿拉伯语言和文化。中国的回族较早接受了汉文化和汉语言。阿拉伯语只用于宗教活动和宗教对外交流中。对阿拉伯语的学习也只是"少数"民族成员的"特殊专长",绝大多数民族学

---

① 访谈记录 ZX2010071405。
② 访谈记录 ZX2010071405。
③ 访谈记录 ZX2010071708。
④ 2010年7月19日在藏县九年一贯学校门口墙壁上所张贴的布告内容。
⑤ 访谈记录 ZX2010071907。
⑥ 访谈记录 ZX2018080502。

生和汉族学生一样,接受同等条件的大众教育。据《回县志》记载,1951年5月,城关、回镇两所完全小学增设阿文课。1952年,回县城有回民小学1所。到1954年,全县有回民完小3所,回民初小28所(其中女子小学1所)。1960年,在"反地方民族主义"运动中,学校均停办。1980年9月,回县回民中学成立。1985年3月20日,回县阿拉伯语学校成立。12月22日,宁夏回族自治区人民政府批准,改回县阿拉伯语学校为宁夏回县阿拉伯语学校,学制3年,面向全区招生。① 到1990年,回县有寄宿制回民完小15所,回民女子小学1所,寄宿制回民高中1所,回民女子初中1所,回县阿拉伯语学校(中专)1所。回民小学在校学生5165名,占回县小学生总数的10.2%,是1953年的4.07倍,比1985年增长1.41倍。在校回族中学生5542人,占中学生总数的55.8%。回族小学生的入学率已由1981年的60%提高到87.9%,回族女学龄儿童的入学率,由1981年的32%提高到82.4%。②

与藏县的双语教学相比,在回县,除了在清真寺和阿语学校有阿语课程之外,其他所有大众教育的课程和授课均是汉语。对回族学生的照顾体现在生活照顾和招生的照顾上。以政协回县第三届委员会第三次会议第22号议案《关于认真解决本县民族教育中存在的问题》为例可以看出,在一个县域范围内,在回族、汉族的人口自然比例相同的情况下,降低10分录取,表现了回县对民族学生的大力照顾。以政协回县第二届委员会第一次会议第5号提案《要求给予民族中学学生生活补助》为例,可以看到给予回族学生生活费的部门不是教育部门,而是统战部门和宗教局,因为统战部门有一笔民族事业费可供对"民族"的特殊照顾。另外,统战部门领导的民族、宗教部门也是民族地区针对少数民族成员的特殊机构,成为少数民族权利保障的正式制度。③

---

① 回县地方志编纂委员会:《回县志》,宁夏人民出版社1995年版,第13—44页。
② 回县地方志编纂委员会:《回县志》,宁夏人民出版社1995年版,第516页。
③ 民族地区政权机构最大的特色就是设有专司民族(宗教)事务的部门,这种部门的设立是将许多民族事务单独管理,单独设置经费,这也是民族隔离的一种表现,是本文所述的"多数"与"少数"相区分的制度性保障。进一步的分析和论述可参考马戎《中国社会的另一类"二元结构"》《北京大学学报》(哲学社会科学版)2010年第3期。

政协回县第三届委员会第三次会议第 22 号议案①

提案人：马某某、丁某某

案由：关于认真解决本县民族教育中存在的问题

提案内容：近几年来，县委、县人民政府在发展本县民族教育方面采取了一些必要措施，取得一定成绩，但还存在一些比较突出的问题。据反映我县 1985 年高中招生 200 多人，回族学生很少、特别是 A 乡（该乡回、汉人口自然比例各占 50%）已录取的 58 名高中生和中专生中，竟无一人是回族学生。

办理情况：经研究决定，已采取对少数民族学生降低一个分数段（10 分）录取，提高少数民族学生入学率。

承办单位：县教育科

从回县民族教育的发展可以看出，阿语教育在回县也被回族群众看成是本民族优秀分子和国外宗教界联系和共建的桥梁。② 对阿语的学习和对阿拉伯文化的了解也是回县回族通向更大"多数"群体——阿拉伯世界的纽带。但是，与藏县从小开始学习藏语（而非汉语）不同，现在回县要学习阿拉伯语，绝大多数学生选择在有了一定汉语基础和通过汉语学习掌握了一定知识之后的高年级再来专门学习。目前，回县民族学校的设立具有一定的象征意义。在民族中学，课程设置和教学与非民族中学基本一样，民族中学也有汉族学生。所有学生在学习文化知识上的起点和基础保障是一致的。只是在高考、就业等方面，占人数绝大多数的回族学生依然享受特殊的照顾。在回县，回族在清真寺的礼拜活动仍然全是阿语，由专门研修阿语和《古兰经》的阿訇主持清真寺的礼拜、念经和阿拉伯文化的宣传和教育工作。回族群众如果想让小孩学习阿语，是通过大众教育之外的私人教育安排，比如去寺院学习或者在专门的阿语学校补习。

---

① 回县地方志编纂委员会：《回县志》，宁夏人民出版社 1995 年版，第 184 页。

② 在回县的民族教育经费中，民族人士和国外穆斯林人士捐资占很大份额。参阅回县地方志编纂委员会《回县志》，宁夏人民出版社 1995 年版，第 524—525 页。

政协回县第二届委员会第一次会议第 5 号提案[①]

提案人:刘某某

案由:要求给予民族中学学生生活补助

提案内容:目前,我县民族中学学生月助学金为 9.00 元,学校全部用来支付学生的伙食费。除口粮款外,每人月仅剩 3.00 元左右,加之回县地区蔬菜缺,价格高,学生生活很难改善,长期下去,一则影响学生身体健康,二则影响学习情绪,因此希望县统战部门能从民族事业费中拨出一部分为民族中学学生的生活补助,按每人每月补助 3.00 元,每年补助 30.00 元计,1981 年在校学生按 300 人计算,全年共需补助 9000.00 元。请领导研究审议。

办理结果:将民族中学学生助学金提高到每人每月 15.00 元,在教育经费中解决。

承办单位:县宗教局

通过上述材料和论述可以看出,与藏县不同的是,在回县,大众教育和大众文化作为基本教育公共服务,在"多数"人员中得到了相对均衡的保障。民族教育的开展和民族文化的传承以及"少数"人员的特殊发展的需要,通过特殊的政策支持和照顾来实现。

藏族和回族有着比较完整的语言文字和历史文化,但壮族不是。直到 1954 年 7 月,广西壮族自治区壮族文字研究指导委员会成立,开始着手创立壮文。1957 年,国务院批准了关于少数民族创制和改革文字的方案,随后,壮、苗、侗等 10 个没有文字的少数民族创制了拉丁字母的文字和文字方案。[②] 相比之下,壮市推广汉语教育的历史较早。民国十三年(1924),市内学校推行汉语教育,推广普通话。1956 年 12 月,壮市成立推行壮文委员会。1957 年 1 月,设立壮文学校,各区设壮文、汉文扫盲组。[③] 1960 年,壮文工作中断。1985 年 1 月,成立少数民族语言文字工作办公室,同时恢复壮文学校。

在壮市,1984 至 1990 年,上级拨给壮文事业费累计 63 万元,其中有学

[①] 回县地方志编纂委员会:《回县志》,宁夏人民出版社 1995 年版,第 184 页。

[②] 廖杨:《民族关系与宗教问题的多维透视——以广西为考察中心》,民族出版社 2009 年版,第 285 页。

[③] 壮市地方志编纂委员会:《壮市志》,广西人民出版社 1998 年版,第 11—16 页。

生困难补助费,每人每学期10元至12元。1957年,设立的壮文学校先是借一个会馆做教室,后来省区拨4万元新建校舍。学校占地25亩,有教室432平方米,宿舍192平方米,有教职工31人。1960年停办后,校舍借给市农药厂使用。1986年,自治区拨款24.2万元,在市城北重建校舍,占地11.7亩,有教学楼2036平方米,1990年有教职工17人。1957年至1959年,共办壮文干部培训班和成人高小班27班,学员1256人。对于壮文的学习情况,据《壮市志》记载,有位学员学习一个月后能用壮文写信、写报告和写山歌。一位教师组织学员编写5个壮戏节目,参加市内文艺会演。1985年至1988年,共办17班,参加学习581人。其中小学领导、教师和群众师资班330人;大专统考壮文补习班166人(经培训后考上大专的3人、中专22人);领导干部和秘书壮文学习班2班,学员共85人。另外,举办干部参加广西壮文广播学校学习辅导班1班,学员45人。[①]

上述壮市壮文学习情况只是一个片段的集中呈现。现在的壮市在民族语言的习得上,则又呈现了另外一种"多数"与"少数"的对比。壮市民族事务局办公室一工作人员告诉笔者,讲普通话是为了交流和交往的方便,学习汉文是为了跟上时代发展,为了更好地发展。现在在壮市,除了个别地方的老人会讲一点壮话之外,绝大多数人都不会讲壮话。[②] 但是,作为民族构成要素之一的壮文还是会出现在政府的门牌上。这说明,壮语已经失去实际的用户,但是标示壮文仍然具有一定的象征意义。而作为象征性的存在,有时候也会发挥很大的实质性价值。"壮文我们虽然不用了,壮话也几乎没人会说了。但是我们还是壮族啊,我们是少数民族,有些政策待遇还是可以继续享受的。不讲壮话,不写壮文并不代表我们默认自己已经不是壮族了……"[③]壮市民族文字语言工作办公室的一位干部陈述了自己的看法。

对于壮语的创制和传播的过程的简述可以看出,作为语言的壮语已经失去了存在的意义和价值。但是壮语和壮文作为壮族的一个民族标识,被用来作为一个逆向获取民族政策的有效工具,至今仍在发挥效用,成为"少数民族"和"少数"人员获得政策支持的条件和优势。

将三地学生教育和学习安排情况转移到民族三村来分析,在藏村、回村、壮村的村民中,对民族语言和汉语在听、说、读、写四种能力的分布上,

---

① 壮市地方志编纂委员会:《壮市志》,广西人民出版社1998年版,第692页。
② 访谈记录 ZS2010080203。
③ 访谈记录 ZS2010080203。

也呈现很大的差异(见表4-3)。

表4-3 民族语言、汉语能力分布对照表①

民族	语言	听	说	读	写
藏村藏族	汉语	听不懂	不会说	不认识汉字	不会写
	藏语	能听懂	会说	简单认识一点	简单会写一点
回村回族	汉语	能听懂	会说	认识汉字	会写
	阿拉伯语	能听懂一点	不会说	不认识	不会写
壮村壮族	汉语	能听懂	会说	认识汉字	会写
	壮语	听不懂	不会说	不认识	不会写

上述藏县、回县、壮市三地丰富的历史和现实材料说明：在学生教育和成长过程中，三地对"多数"和"少数"的界定及其权利保障的程度、权利保障的阶段安排、权利保障的着力点上是不一样的。

在藏县，占人口"多数"的藏族，属于权力上的"多数"。从小开始接受藏语教学，后续开始双语教学。在这一过程中，国家对藏族的教育和升学给予更多的照顾。但是，当藏县的藏族学生要离开藏县，到大的环境中去学习和生活的时候，则面临着很大的语言上的障碍，在获取更多的外界资源的过程中，又处于权力上的"少数"。在藏县，汉族的学生占人口的"少数"，在保障藏语教学的学习环境中，也属于"权利"上的少数。由于在权力占有和权利保障上均属于"少数"，所以藏县的汉族人员有一种被排挤的感觉。为此，移民到藏县的汉族，选择了离开，或者上移到更大的城市。这是藏县的"多数"与"少数"之间在民族教育中的实践策略。在回县，汉族和回族共同享有汉语教学平台和教学环境。在此基础上，给予对占人口"多数"的回族在升学和就业方面更多的权利，这一权利分配，在占人口"少数"的汉族学生和"多数"的回族学生之间，并没有产生像藏县那么大的隔阂。从阿语和阿拉伯文化的学习和传播来看，只有"少数"回族学生在高年级才选择以此为专业获得发展，而"多数"回族学生与汉族学生一样，在大众社会中获得发展。在壮市，壮语是国家创立的。壮族群众学习壮语的时间较短。所以，占人口"多数"的壮族和汉族在教育环境的安排上是一致的。壮语言文字成为像广西民族大学这样的学校的一个招生专业。

---

① 本表根据笔者在三地调查情况绘制，反映的是农牧民的平均水平。

同时研究发现,"多数"与"少数"是相对而言的。从上述的案例中可以看到,一方面"多数"与"少数"的划分取决于一定的社会场域。"多数"与"少数"的关系因社会情境、政策引导和政策定位等因素而不断变化。另一方面,"多数"与"少数"在权利赋予和权力占有上、在权利的赋予和权利的行使中,并不一定构成一一对应的关系,应然的权利赋予也并不一定转化为实然的权利行使。所以"多数"与"少数"之间除了外部互动,其关系的复杂性还表现在由"多数"与"少数"在权力和权利上的分别带来的民族内部分层和分化上。

另外,"多数"与"少数"也存在一个"相对规模"的问题,即集体行动的达成以及如何达成。在遵循"多数同意"的基础上,当对少数的权利保障转化为一种"逆向歧视",[①]也可能对个体平等和"多数"的权利保障产生障碍。[②] 为此,在藏县,汉族有很大的被排挤的心理感受。在壮市,标示为少数民族也成为一种获取政策照顾的优势。

综合藏县、回县、壮市三地的民族教育发展,可以得出这样的结论:人数的多少是区分"多数"和"少数"的一个重要指标,但是民族性的强弱和构成因素与国家保障的目标取向是型塑"多数"和"少数"的内涵的实质性指标。权力占有和权利保障上的差异,也可以看到权力和权利分属的标准。对于在民族教育权利的分享上,政府坚持的主要是"属人取向",即根据民族成份来确定权利的多寡。其实,中国民族区域自治还包括一个原则,即"属地取向",在藏县、回县、壮市的教育发展中,很少看到对这些地域赋予的权利。或许是由于"属地取向"的整体性而使其效果未能在微观个体中充分呈现。在此,笔者尝试概括、提出一个"属物取向",即如上文所述,对"壮语言文字"专业单独设定、支持并谋求发展,任何民族学生都

[①] 关凯:《族群政治》,中央民族大学出版社2007年版,第175页。
[②] 董海军研究认为,社会弱者并不必然在任何时候都处于弱势地位,有时甚至成就为一种抗争策略上的优势,即他所概括的"作为武器的弱者身份"。"作为武器的弱者身份"在此也具有类似的分析价值。参阅董海军《"作为武器的弱者身份":农民维权抗争的底层政治》,《社会》2008年第4期。

可以报考、学习和研究,并不拘泥于民族成份和地域的限制。① 笔者认为,对于民族教育和民族文化的保护可以以"属物取向"为主要原则,这一原则可以弥补"属人取向"和"属地取向"所造成的局限,也能很好地适应中国民族教育政策由"全面倾斜"向"特殊照顾"的转型。②

三、民族区域:自治的历史、文本与现实

从中国共产党处理民族关系的历程来看,中国共产党在革命时期主要借鉴苏联处理民族关系的联邦制模式,提倡"民族自决"和"民族自主",充分发挥"民族自决"和"民族自主"的工具理性,调动一切可以调动的力量和积极性,争取"统一战线"和革命胜利。新中国成立后,以"五四宪法"为标志,"民族自治"由联邦制模式转入"单一制"和"统一的多民族的国家"框架中。③ 1982年宪法在规定"民族自治"的同时规定了"区域自治",确立了民族区域自治地方作为地方国家机关的法律地位。至此,中国民族区域自治制度基本定型:在中国民族区域自治制度中,"民族自治"和"区域自治"构成了相辅相成又相互约束的关系,决定了"民族自治地方"是单一制多民族国家中的"地方自治",民族区域自治是权力和权利的集合,"'自治权'更多具有权利的属性和功能。"④

在1982年宪法确立的基本框架下,1984年5月31日第六届全国人民代表大会第二次会议通过了《中华人民共和国民族区域自治法》(以下简称《自治法》)。2001年2月28日,第九届全国人民代表大会常务委员会第二十次会议通过了《关于修改〈中华人民共和国民族区域自治法〉的决定》。胡锦涛在庆祝中国共产党成立90周年大会上的讲话中明确指出中

---

① 笔者这里注明两点:其一,对于民族区域自治的"区域取向"和"民族取向",周平教授已有深入研究(参阅周平《我国的边疆与边疆治理》,《政治学研究》2008年第2期)。其二,"属人取向""属地取向"是法理学中的一个知识点。具体来讲,属人取向是以人的国籍为标准,凡是本国人犯罪,不论是在本国领域内还是在本国领域外,都适用本国刑法。属地取向是以地域为标准,凡是在本国领域内犯罪,无论是本国人还是外国人,都适用本国刑法。在此虽然词汇相同,但是本文主要是指在民族政策的贯彻上,在民族权利的保护中,担忧民族文化的丧失的权利保护可以坚持属物取向;民族地区落后和需要照顾可以坚持属地取向;对于民族成员的"政治保护"可以坚持属人取向。从目前的状况来看,对属人取向和属地取向的过分强调的结果是形成了片面的自我保护和地方保护主义。与此同时,坚持属物原则可以弥补属人原则和属地原则的某些缺憾。
② 王鉴:《试论我国少数民族教育政策重心的转移问题》,《民族教育研究》2009年第3期。
③ 韩大元:《1954宪法与新中国宪政》,武汉大学出版社2008年版,第121—126页。
④ 沈子华:《中国宪法中"民族区域自治"概念的厘清》,《黑龙江民族丛刊》2013年第3期。

国政治制度的基本架构为"一根本、三基本":"人民代表大会制度这一根本政治制度,中国共产党领导的多党合作和政治协商制度、民族区域自治制度以及基层群众自治制度等构成的基本政治制度。"①至此,民族区域自治制度作为中国特色社会主义三项基本政治制度之一,进入全面发展阶段。截至2017年,中国共有民族自治地方155个,其中包括5个自治区、30个自治州、120个自治县(自治旗)。②此外,还建立了1173个民族乡,作为民族区域自治的重要补充形式。③

在逐渐形成的民族区域自治制度的发展序列中,中华人民共和国成立之前,号称"中国民族区域自治制度发祥地"的回县的回民自治具有典型意义,与当前全国实行的民族区域自治制度有所不同。

1936年6月,西征红军解放A县(回县境内)以后,中共陕甘宁省委和西征红军总部遵照党中央"帮助回族人民建立独立政府""实行回民自决"的指示和毛泽东署名发布的《中华苏维埃中央政府对回族人民的宣言》中明确宣告的"在民族平等的原则上,回民自己管理自己的事情,建立回民自治政府"的精神,深入开展民族工作。随着民族工作的深入开展,回族人民群众的革命积极性有了很大提高,各地先后建立了"回民解放会""抗日救国会""回民联合会"等群众组织,区、乡基层政权也相继建立。回县城区是比较大的基层自治政权机构。由于回族群众革命积极性的高涨,建立县级自治政府的条件基本成熟。1936年8月,中共陕甘宁省委书记李富春亲赴回县县城指导工作,组织成立A县回民自治政府筹备委员会。李富春、程子华等为筹备委员会成员。10月,筹备委员会发出给毛泽东主席、党中央、中央军委、回民独立师、回民游击队及回民宗教名流、美国医生乔治·海德姆(即马海德)的关于《召集A县回民自治代表大会通电》。10月20日至22日,A县回民自治政府代表大会在回县县城清真大寺隆重召开。出席大会的各区代表及各界人士共计300余人。大会讨论通过《A县回民自治政府条例》《减租减息条例》《土地条例》等有关回民政府决议案,选举产生回民自治政府领导成员。自治政府设主席、副主席、保卫部长、军事部长、青工部长、少共书记、县游击大队大队长等,其抗日江湖队设总指

---

① 胡锦涛:《在庆祝中国共产党成立90周年大会上的讲话》,《人民日报》2011年7月2日第2版。
② 相关数据参考中华人民共和国国家民族事务委员会网站,查询时间2020年10月2日。
③ 国家民族事务委员会经济发展司、国家统计局国民经济综合统计司:《中国民族统计年鉴2008》,民族出版社2009年版,第259页。

挥、副总指挥、政治委员各1名,上述10个职位中,6名回族代表(其中,2人各兼任2个岗位,1名回族代表同时也是红军代表),4名汉族代表(其中3名红军代表)。自治政府下辖6个区,各区也设有主席、副主席、书记、副书记、少共书记、江湖游击队队长等职位。①

新成立的 A 县回民自治政府充分发动群众,大力支持红一、二、四方面军北上抗日。组织回族群众与红军在回县县城西门外河滩召开万人军民联欢会,宣传党的抗日主张。政府主席带领政府工作人员到街头、偏远山区演讲,宣传回族人民争取解放的革命道理,还独自带着《告周围同胞书》等资料到回族聚居区开展群众工作。11月中旬,红军东撤,政府工作则秘密进行。不久,自治政府主席不幸被捕,于1937年4月在回县县城西门外就义,A 县回民自治政府相关活动就此终止。② 参与此项工作的李维汉,掌握了民族工作的一手资料,在延安先后起草了《回回民族问题提纲》和《蒙古民族问题提纲》,这是中国共产党系统研究和解决民族问题的开端。③

回县回民自治政府的案例说明,民族区域自治是中国共产党和各民族群众共同创造的政治制度。但是,从整个民族区域自治制度诞生和发展的过程可以看出,中国共产党在革命时期和政权建设时期对"民族自治"有不同的理解和做法。革命时期,全国还没有形成统一的政权体系,回县的回民自治政府只是一块相对零散的红色政权区域。所以,革命时期"自治"的程度相对较高。随着政权建设逐渐完成,全国形成统一的政权体系,在成熟的政权体系中,民族自治区域只是统一的政权序列中的一个有机单位。所以,"自治"的空间相对较小。民族区域自治制度的变迁史也是国家整合过程的缩影:在逐步实现政权机构一体化的基础上,民族权利保障也实现了均等化。在这一过程中,作为主要体现民族地区基层政权功能的元素——"自治"的空间也相应缩小。④

在这里,从自治法的相关规定中也可以得出上述观点。自1984年自治法实施以来,一些民族自治地方相继出台了自治条例。分析目前的自治法和自治条例可以看出,在法律条款中,原则性的规定、价值引导性的措辞

---

① 资料来源于回县红军西征纪念馆展览资料,参观日期20181015。
② 回县地方志编纂委员会:《回县志》,宁夏人民出版社1995年版,第165—166页。
③ 资料来源于回县红军西征纪念馆展览资料,参观日期20181015。
④ 有学者研究指出:从理论上讲,"自治"与"统一"在一定层面构成了一个矛盾体。在具体的社会实践层面,因"自治"与"统一"的主体历史场景不同而有不同的表现和侧重。参见葛剑雄《统一与分裂:中国历史的启示》(增订版),中华书局2008年版,第246—249页。

比较多,比如"应该……""应当……""有条件的要……""鼓励……""引导……"等这样的表述出现的频次比较高;有关"自治"及其权限的明确、具体的规定相对少(参见《自治法节选》)。

自治法节选

第三条 民族自治地方设立自治机关,自治机关是国家的一级地方政权机关。

民族自治地方的自治机关实行民主集中制的原则。

第四条 民族自治地方的自治机关行使宪法第三章第五节规定的地方国家机关的职权,同时依照宪法和本法以及其他法律规定的权限行使自治权,根据本地方的实际情况贯彻执行国家的法律、政策。

第六条 民族自治地方的自治机关领导各族人民集中力量进行社会主义现代化建设。

民族自治地方的自治机关根据本地方的情况,在不违背宪法和法律的原则下,有权采取特殊政策和灵活措施,加速民族自治地方经济、文化建设事业的发展。

民族自治地方的自治机关在国家计划的指导下,从实际出发,不断提高劳动生产率和经济效益,发展社会生产力,逐步提高各民族的物质生活水平。

民族自治地方的自治机关继承和发扬民族文化的优良传统,建设具有民族特点的社会主义精神文明,不断提高各民族人民的社会主义觉悟和科学文化水平。

第八条 上级国家机关保障民族自治地方的自治机关行使自治权,并且依据民族自治地方的特点和需要,努力帮助民族自治地方加速发展社会主义建设事业。

第九条 上级国家机关和民族自治地方的自治机关维护和发展各民族的平等、团结、互助的社会主义民族关系。禁止对任何民族的歧视和压迫,禁止破坏民族团结和制造民族分裂的行为。

第十二条 少数民族聚居的地方,根据当地民族关系、经济发展等条件,并参酌历史情况,可以建立以一个或者几个少数民族聚居区为基础的自治地方。

第十六条 民族自治地方的人民代表大会中,除实行区域自治的民族的代表外,其他居住在本行政区域内的民族也应当有适当名额的代表。

民族自治地方的人民代表大会常务委员会中应当有实行区域自治的民族的公民担任主任或者副主任。

第三十一条 民族自治地方依照国家规定,可以开展对外经济贸易活动,经国务院批准,可以开辟对外贸易口岸。

民族自治地方在对外经济贸易活动中,享受国家的优惠政策。

第三十二条 民族自治地方的财政是一级财政,是国家财政的组成部分。

民族自治地方的自治机关有管理地方财政的自治权。凡是依照国家财政体制属于民族自治地方的财政收入,都应当由民族自治地方的自治机关自主地安排使用。

民族自治地方在全国统一的财政体制下,通过国家实行的规范的财政转移支付制度,享受上级财政的照顾。

民族自治地方的财政预算支出,按照国家规定,设机动资金,预备费在预算中所占比例高于一般地区。

第四十五条 民族自治地方的自治机关保护和改善生活环境和生态环境,防治污染和其他公害,实现人口、资源和环境的协调发展。

还可以看到,在相关自治法律和条例中,民族区域"自治"相关条款较少,国家"支持(扶持、优惠、照顾)"相关条款较多。① 2005年5月,国务院颁布了《国务院实施〈中华人民共和国民族区域自治法〉若干规定》,将上级国家机关及其职能部门对民族自治地方的帮助进一步细化和具体化。在具体的民族区域发展中,还建立了对口支援制度、专项规划制度、专门支持制度等,促进民族区域发展。② 根据笔者在民族三地的调查,对于民族地区的发展来说,更大的动力在于国家这一外力的支持、照顾与优待。在这里,"支持"与"自治"也构成了一定的张力。自治发挥得如何,如何发挥,要有发展的资源为基础和支撑。从目前来看,民族成员和民族地区都处于弱势地位,国家的支持和照顾处于民族地区发展的主导和主要地位。

---

① 除了其他条款中有相关的规定外,自治法中专设一章"上级国家机关的职责",内容也主要事关上级国家机关对民族区域的照顾、优惠和支持。
② 刘宝明:《改革开放以来民族事务治理现代化的实践路径》,《中央社会主义学院学报》2018年第2期。

正如藏县一位干部所说:"国家让我们自治,我们自己没法自治,中央政府很好,还是来帮助我们,我们自己治不好……"①另据《藏县志》记载:从1980年开始,中央还增设了特殊的照顾政策:对民族地区的补助每年递增10%(详见表4-4,参考图4-2)。②

表4-4　1955—1985年藏县财政收入统计表③

单位:千元

年份	收入合计	企业收入	各项税收	其中 工商税收	其中 农业税	其中 牧业税	其他收入	上级补助收入	超收分成	上年结余
1955	549		525	188	189	148	24			
1956	871	13	420	232	96	92	14	370		54
1957	915	17	520	207	116	197	39	305		34
1958	1095	12	440	181	110	149	30	613		
1959	1579	288	417	225	51	141	27	845		2
1960	2259	206	349	209	20	120	221	1194		289
1961	1382		195	159	19	17	109	595		483
1962	1667	−5	223	172	8	43	687	698		64
1963	1909		263	201	12	50	100	786		760
1964	1946		268	195	17	56	618	109		951
1965	1892	15	293	214	15	64	156	807		621
1966	1919		318	190	20	108	81	866		654
1967	2049	4	337	193	20	124	68	737		903
1968	1880	10	396	227	22	147	70	270		1134
1969	2507	3	415	232	28	155	137	709		1243
1970	2420	−45	465	288	30	147	37	740		1223
1971	2475	−173	460	305	18	137	34	1200		954
1972	2995	−89	490	313	35	142	16	1766		812
1973	4124	−75	502	311	33	158	22	2976		699

① 访谈记录 ZX2010071606。
② 藏县地方志编纂委员会:《藏县志》,民族出版社1999年版,第266、267—268页。
③ 藏县地方志编纂委员会:《藏县志》,民族出版社1999年版,第269页。录入本书时,编者修正了个别数据。

续表

年份	收入合计	企业收入	各项税收	其中 工商税收	其中 农业税	其中 牧业税	其他收入	上级补助收入	超收分成	上年结余
1974	3574	156	566	330	17	219	14	2285		553
1975	3263	143	562	335	33	194	68	2100		390
1976	3994	179	619	384	33	202	5	2503	113	565
1977	5642	280	679	438	29	212	14	3721	55	893
1978	8326	364	771	509	45	217	11	5862	111	1207
1979	5818	255	736	499	34	203	68	3412	29	1318
1980	5222	217	593	455	38	100	49	3330		1033
1981	6561	105	685	547	46	92	40	4901		830
1982	5513	138	666	537	39	90	93	3707		920
1983	5401	288	743	542	47	154	57	4313		873
1984	7019	207	751	553	55	143	36	5274		751
1985	6974	70	1253	931	54	268	39	5560		52
合计	104630		15919	10402				62554		20235

在回县,1985年,宁夏回族自治区决定回县等县享受"老、少、边、贫"地区特殊减免税照顾。从1985年起,对乡镇企业、农民联办企业、家庭工厂、个体户商业免征所得税5年。1985年共减免23.96万元。1988年7月,建立回县流通试验区,实行低税政策。在县财政包干基数内除国务院规定的20种产品不能减税外,其他产品县政府根据实际减免,对收购绒毛的单位和个人实行减半征收产品税,仅1988年回县减征绒毛税逾百万元。[1] 1981年至1988年,回县全县免除了农业税(主要作为政府救灾的一种方式)。[2]

《壮市志》记载的"民族工作",其主要目的是对除壮族以外的其他民族的支持和照顾。壮市先后申报成立北牙、福龙2个瑶族乡,12所民族小学,1个民族高小班,1所民族中学。1986年,县民委申请给1个瑶族村投资1万多元购买耕牛10头、化肥5400多公斤、良种2000多公斤、种猪12

---

[1] 回县地方志编纂委员会:《回县志》,宁夏人民出版社1995年版,第438—439页。
[2] 回县地方志编纂委员会:《回县志》,宁夏人民出版社1995年版,第776页。

头。1990年,该村人均有粮450多公斤,人均收入330元。1989年和1990年,对2个瑶族乡共投资28万元扶持贫困户464户,已脱贫424户,其中年收入超万元的有21户。1991年,壮县拨款3万元扶助瑶族乡扩种甘蔗3000多亩,全乡年人均增收38.5元。①

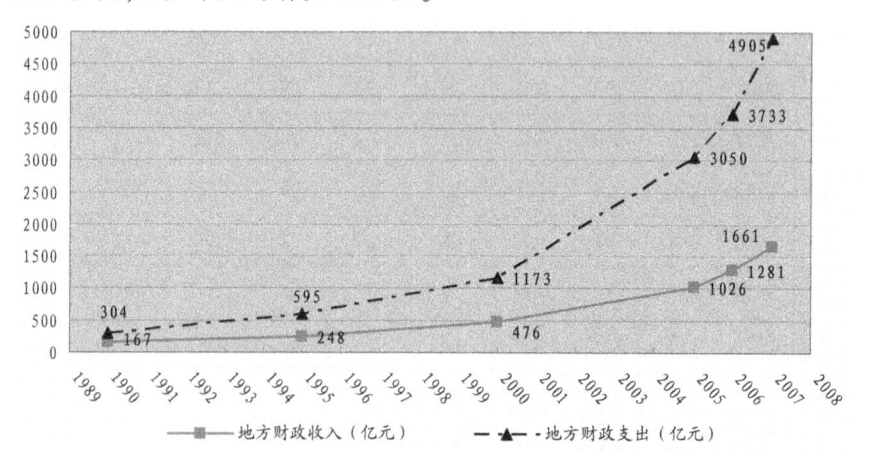

图4-2 个别年份民族自治区域地方财政收支数据统计图②

邓小平曾经指出:"实行民族区域自治,不把经济搞好,那个自治就是空的。"③在这里,从民族三地的发展来说,民族地区的经济发展主要来自国家的支持和照顾,不管是历史中还是在当下,国家的支持和照顾是民族地区经济发展的主旋律。以新疆维吾尔自治区和新疆建设兵团为例,"中央支持和全国对口援疆力度不断加大,2014年至2019年,中央财政对新疆维吾尔自治区和兵团转移支付从2636.9亿元增长到4224.8亿元,年均增长10.4%,6年合计支持新疆2万多亿元。19个援疆省市全面加强、全方位对口支援,累计投入援疆资金(含兵团)964亿元,实施援疆项目1万余个,引进援疆省市企业到位资金16840亿元,中央企业投资超过7000亿元。"④

自治法和自治条例的文本与现实的第二重张力表现为法律的原则性规定、引导与法律的"下乡入户"之间的张力。调查期间,笔者走访了从事法律宣传和执法的人员。基层干部普遍反映:"民族区域自治法不好向群

---

① 壮市地方志编纂委员会:《壮市志》,广西人民出版社1998年版,第554页。
② 参阅中华人民共和国国家民族事务委员会网站,查询时间2011年1月10日。
③ 《邓小平文选》第1卷,人民出版社1994年版,第167页。
④ 《习近平在第三次中央新疆工作座谈会上强调,坚持依法治疆团结稳疆文化润疆富民兴疆长期建疆,努力建设新时代中国特色社会主义新疆》,《人民日报》2020年9月27日第1版。

众宣传,不知道如何讲给群众听。也几乎没有用过自治法……我都分不清楚具体啥能体现自治,在照顾、支持和优待中,哪些属于自治,哪些属于对'老、少、边、穷'的照顾,而哪些又属于地方特色……都不知道,也说不清楚……"①对于民族区域自治,在调查中,三地农牧民均有代表性的回答。回村一村民认为:"现在党的政策好,政策也宽,有很大的自己发展的机会和余地,这就是自治,自治就这道理。"②壮村一村民认为:"我们生活在大山里,如果讲自治,过去就是自己把自己的事情做好,现在流动太频繁了,出去看看,觉得自治不自治都一个样,说是自治,还不如说是受到外边大潮流的影响……"③藏村受调查的15户村民都持有相似的回答:"啥是自治啊,没感觉有啥……"④在藏村,这样的回答有其特殊的背景:一方面,村民对国家的相关政策和法律几乎无认知,具有国家建构意义的"自治"在藏村不能被识别。另一方面,"电视""飞机""税费改革""村民自治"和"民族区域自治"等新词汇翻译为藏语的时候都是直接采取音译的方式,藏语里没有这些词汇。翻译中存在的问题是影响对这次词汇的核心要义理解的主要因素。⑤

从自治法和自治条例的相关规定来看,实施"自治""支持""照顾"的区域要求相对稳定。为此,这种区域取向内含的区域拒斥和区域稳定的追求与现代社会区域融合和行政区划不断调整之间的张力是第三重张力。⑥就回县而言,1949年9月12日回县全境解放,回县人民政府随即成立,原国民党宁夏省划归C县的3个区域划归回县管辖。新中国成立后回县隶属宁夏省。1954年3月,宁夏成立D回族自治区,回县归河东自治区管辖。8月,宁夏省建制撤销,并归甘肃省,回县随之隶属甘肃省。1955年D回族自治区改称E回族自治州,回县属E回族自治州管辖。1958年10月,宁夏回族自治区成立,E回族自治州撤销,回县隶属宁夏回族自治区。1972年4月,H地区行政公署成立,回县属宁夏回族自治区H地区管辖。1998年5月,国务院批准撤销H地区,设立地级W市,回县归属W市。新中国成立后回县内部行政区划有所调整,但是与邻近县市之间基本没有

---

① 访谈记录 HX2010082504。
② 访谈记录 HX2010082406。
③ 访谈记录 ZS2010080303。
④ 访谈记录 ZX2010071407。
⑤ 访谈记录 ZX2010071801。
⑥ 关于"民族区域融合"的论述参见本章第一节的内容,这里不再重复论述。

转划。①

中华人民共和国成立后,1949年10月藏县和平解放,同年11月23日,藏县人民政府成立。1951年11月,改藏县为藏族自治区。1953年8月,中央人民政府第122号文批复,藏族自治区改为藏县,县人民政府迁驻藏镇。同年12月,藏县归属A藏族自治区。1955年,县人民政府改称县人民委员会,隶属A藏族自治州。1959年6月,经国务院批准,藏县划归B藏族自治州管辖。1962年11月,国务院第346号复文批准,藏县复归A藏族自治州管辖。② 藏县自身内部也不断调整,内部也出现过自治乡。1952年11月,藏县将1个乡改为回族自治乡。1958年2月,省人民政府决定,将藏县第六行政区5个乡划归A县管辖。7月,A县的1个部落划归藏县。1960年4月,将藏县的1个公社又划归C县管辖。

1949年12月27日,成立壮县人民政府,县属Q区,为Q专员公署所在地。1950年2月,Q专员公署更名Y专员公署,县属Y专区,为Y专员公署所在地。1958年7月19日,Y专区并入L专区,壮县属L专区。1965年7月,成立H专区,壮县属H专区。在壮市内部,1952年8月,将2个乡及1个自然屯的55户划归X县。1953年,将县域内13个乡划归H县。1954年,又将1个区的5个乡划归X县。1955年,将68个乡划归D瑶族自治县。1957年,L县所辖的5个自然屯划给壮县。1962年,L县的2个公社划归壮县。③

上述列举说明,回县、藏县、壮市三地内部区划和外部行政区划均经历了一个不断调整的过程。其中,藏县内部也出现过"自治乡",壮市也有下属的"瑶族自治乡"。纵向来看,自治单位处于不断的变动之中,从而也带来"自治"的不稳定。

另外,从中国民族区域自治单位的分类和命名来看,以某一民族命名的自治单位内部的该民族聚居的地方不再单独取名为自治单位,但属于拥有自治权的单位,自治权的落实以命名为自治区的这级单位为准。以某一主要民族命名的自治单位下面所辖区域如果还有区域性其他民族聚居的单位,在这一区域则可以以这一聚居民族来命名自治单位(举例见表4-5)。从中国自治单位的分类来看,自治的单位和主体民族在行政区划和行

---

① 回县地方志编纂委员会:《回县志》,宁夏人民出版社1995年版,第3—12页。
② 藏县地方志编纂委员会:《藏县志》,民族出版社1999年版,第13—17页。
③ 壮市地方志编纂委员会:《壮市志》,广西人民出版社1998年版,第26—37页。

政管辖上有交叉和重合。虽然强调在以某一民族命名的自治区域内,要求该民族发挥自治区域内的主导权,自治区域实行自治区域内所有少数民族的共同自治。① 但是自治单位设置的多样化、交叉性和复杂性,给现实中自治权的确定和实施也造成了一定困难。② 可以明确的是,自治单位的命名,其地理标识和价值标识作用是存在的,可以告知民众:某一区域有某一民族的存在,③这为民族文化和民族区域发展创设了法律空间。

表4-5 具有行政隶属关系的不同层次民族区域自治单位举例列表

省(自治区)	市(自治州)	县(自治县、县级市)	乡镇(民族乡镇)
宁夏回族自治区	吴忠市	同心县	韦州镇
青海省	海南藏族自治州	同德县	尕巴松多镇
青海省	黄南藏族自治州	河南蒙古族自治县	优干宁镇
广西壮族自治区	河池市	罗城仫佬族自治县	东门镇
广西壮族自治区	河池市	宜州区	福龙瑶族乡

---

① 周光俊、郭永园:《中华民族命运共同体与新时代的中国民族事务治理:历史方位、理论方法与概念议题》,《社会主义研究》2020年第1期。
② 周平:《中国少数民族政治分析》,云南人民出版社2007年版,第32—33页。
③ 访谈记录 ZS2010080203。

第五章　价值性整合与文化—国家认同

从"大历史"来看,"中国的国家起源与国家演化,是在一个多点和多个区域相近的族群基础上发生的。大规模、多族群的帝制国家是基于两种结构和原则的融合:一种是政治的和领土的,另一种是历史的和文化的。"①在中国传统帝制国家,两种结构和原则的主体逻辑是重合的,也有一些不重合的地方,主要表现为帝制国家的政治和领土边界相对清晰,历史和文化的边界比较模糊,出现了儒家文化圈或泛儒家文化圈大于帝制国家政治控制范围的情形。而在现代国家建构中,文化—国家维度和民族—国家维度以及民主—国家维度的边界是一致的和重合的,也可以理解为从文化、民族、民主等角度理解现代国家。所以,文化—国家也可以被解释为现代国家在文化层面的表述和意蕴。为此,"文化"是国家整体性文化,强调每个国家拥有一套整体性文化体系,这一套整体性文化体系的抽象内涵表现为对社会的价值体系的阐释、引导和凝练。

在民族区域,国家对民族成员的整合不仅仅体现在硬性的制度规定中,还需要将制度规定转化为软性的文化价值,融入整体的社会氛围,将国家整合与民族区域社会的内在精神协调统一起来。② 在此过程中,现代国家对于乡土社会的整合并不只是单纯的结构重建和功能重塑,国家整合还意味着将作为文化、价值的现代国家植入乡土社会,从而引起乡土社会价值观念和精神世界的现代转换。③ 从这个意义上来看,社会主义核心价值观的提出顺应了这一重大现实需求。但是,对于民族地区而言,由于其独特的地域文化、历史传统和民族身份,民族地区需要国家在核心价值观的统领下转化并供给有效的文化价值,对接并激活民族区域的"地方性知识"。民族地区在激发区域社会活力的同时形成共生发展的社会氛围,在"引导—激活—内生"等发展路径中重构国家认同的价值序列,增强和凝

---

① 徐勇:《关系中的国家》(第二卷),社会科学文献出版社2020年版,"自序"第7页。
② 任勇:《公民教育视角下的现代国家与少数民族价值观重塑》,《当代世界与社会主义》2013年第2期。
③ 徐勇:《"宣传下乡":中国共产党对乡土社会的动员与整合》,《中共党史研究》2010年第10期。

聚中华民族共同体意识。①

在藏县、回县,现代国家的价值性整合,最突出的表现就是国家对民族宗教的管理和引导、国家核心价值观的渗入与贯彻,以及宗教价值与社会主义价值的融合。

一、革命动员中的政教关系

1936年6月,西征红军指挥部设在回县A城隍庙内。城隍庙在A城内西面正中,庙内正殿坐北向南,东西各有一排相对的侧殿。东北、西北两拐角各有一个角楼,两楼对称排列。美国记者埃德加·斯诺和美国医生乔治·海德姆(即马海德)曾在这里受到彭德怀、聂荣臻、左权、朱瑞等红军领导人的欢迎。红军离开A城,在城隍庙内留下60多处革命标语、口号,还有"轮流值班表"。新中国成立后,这一城隍庙曾做过粮库,1964年拆除。② 在这里,革命话语与宗教符号实现了结合,也见证了以共同革命为纽带确立的和谐政教关系。

城隍庙内革命标语、口号、轮流值班表(节选)③

前正殿:

　　红军是工人、农人的军队!欢迎回民群众来当红军!

　　欢迎回民官兵、士兵们到红军中来!

　　拥护苏联!把壹千年来国破家亡解放出来!

　　我们是要打倒日本帝国主义!日本占了我们东北四省、华北五省。

后正殿:

　　回汉两大族联合起来,打倒日本帝国主义!

　　发展回民教育,红军不侵犯回民的利益!

东侧殿:

　　组织抗日联军!组织国防政府!联合红军抗日!抗日救国红军。

---

① 任勇:《公民教育视角下的现代国家与少数民族价值观重塑》,《当代世界与社会主义》2013年第2期。
② 回县地方志编纂委员会:《回县志》,宁夏人民出版社1995年版,第698页。
③ 回县地方志编纂委员会:《回县志》,宁夏人民出版社1995年版,第641页。

西侧殿：

我们同子(志)注意

要努力学习

抗日国民革命军不该进攻抗日红军，

联俄联共一致抗日！

反对蒋介石坚持内战帮助日本！

反对蒋介石压迫东北军，进攻红军，损害国防力量！

轮流值日表(西侧殿墙壁上)：

第七班　良某　赵某某(表上共有十多人的名字,大多被撕毁)

一九三六年七月二日

1936年9月初，红一军团司令部在彭德怀司令员的率领下，由A城向南转移进驻B城。司令部的办公室设在B城清真寺的北厢房里。当年的阿訇还专门起草了反对日本侵略者的祈祷文，动员回族群众参加革命。可见在当时，革命和斗争的话语获得了社会各界的认同。同时，革命和斗争的话语也借用了宗教话语的外壳，得以在教胞中传播。红军临走时，把用过的一个马灯、一个座钟、一把椅子留给清真寺使用。这些遗物现存放于回县文物管理所，并成为当时的政教关系的象征。①

阿訇反对日本侵略者的祈祷文②

亲爱的回教教胞们：

在这"长期抗战"国家生死存亡的关头，我们处在后方的教胞，应作一种精神之战——就是给国家和前线将士们作一种胜利的祈祷。这种祈祷就是总裁说的："我们的抗战精神重于物质，要以我们的精神来战胜敌人的物质之战"，也就是"买克图巴"经上所说的"无形之战胜于有形之战，精神之战胜于物质之战"，昔日，穆圣为教战争时曾以一般贫弱的迁士们(由麦加迁到麦地那的教胞)作这种祈祷胜利的活动，而得到了最后胜利。真主在《古兰经》启示我们"被压迫继而被侵害者，施以同样的报复，定得真主之襄助"。

---

① 参见回县地方志编纂委员会《回县志》，宁夏人民出版社1995年版，第644页。
② 资料来源于回县红军西征纪念馆展览资料，参观日期20181015。

这就是我们最后胜利的把握。所以鄙人用阿文作了一篇"胜利祈祷词",并且译成中文,希望全国各地的阿訇们把它教授给后方的教胞,同他们在每日五番拜后,念这篇祈祷词,诚意地向真主哀祷吾国胜利,消灭日寇!这就我们教胞为国家尽的一点责任。现在把这篇祈祷词写在后面,望大家向主祈祷,以冀胜利早日降临。

中文祈祷文:

真主啊,你援助我们的政府与国家;你战胜我们的侵略者,消灭我们的敌人,你从残暴的日本人所干的坏事上保佑我们。他们霸占我们的城市、杀害我们的人民。你给他们差遣狂风,使他们的飞机跌落在荒野、军舰沉没在海里!你使他们的军队瓦解,经济崩溃!你给他们降临应得到的惩罚!真实的主啊,你答应我们的祈祷吧!

1936年10月20日至22日,A县回民自治政府代表大会在回县城清真大寺隆重召开。红军三大主力汇聚回县城,在盛大的会师联欢会后,自治政府主席引导三军首长参观了回县清真大寺。朱德、彭德怀、聂荣臻、任弼时、刘伯承、邓小平、贺龙、张国焘、程子华、陈赓、杨尚昆、萧克、萧华、徐海东、罗瑞卿等一大批共和国的缔造者在这里留下了闪光的足迹。

回县清真大寺是明初在元代喇嘛寺院的基础上改建而成的,是中国现存较古老的清真寺之一。回县清真大寺在新中国成立前曾经有过三次大的修整。在笔者调查期间,回县清真大寺的管理人员谈道:"文化大革命"期间,回县的许多清真寺被拆除,如果没有陕甘宁省A县回民自治政府会址这个红色招牌,回县清真大寺也会遭遇同样的对待。曾经在此调研的王勇认为:由回县清真大寺的命运可以看出,红色政权和宗教信仰相互护佑是一条历史经验。[①] 也是因为这个"红色的光环",新中国成立后,1979—1985年,国务院宗教局、宁夏回族自治区人民政府共计拨款61万元,成立了回县清真大寺修缮小组,对大寺进行了全面维修。其中,1980年国务院宗教局拨专款10万元,修建了大寺的配套设施——"沐浴堂"。1985年,宁夏回族自治区人民政府拨款22万元,将大寺周围的残垣颓壁进行了修补,修建了县城至清真寺的沥青马路,方便了信教群众参与宗教活动。

[①] 2010年7月26日,王勇博士到回县回镇回村进行了调研,本人在回县的调研也受到王勇博士前期调研的指导和启发。在本节内容中,笔者引用了王勇博士调研日记(内部资料)中的许多观点,并受到很大启发。在此致谢,但文责自负。

1990年,沙特阿拉伯驻中国大使馆捐赠1.5万美元,给大寺的大殿和厢房铺设了地毯,改善了礼拜环境。①

1958年,回县清真大寺被列为宁夏回族自治区重点文物保护单位。1988年,被列为全国重点文物保护单位。因为清真大寺的红色历史和民族团结的象征意义,新中国成立后,先后有多位党和国家领导人到回县清真大寺视察。另外,世界伊斯兰联盟秘书长济玛等很多国际友人也莅临参观过回县清真大寺。回县清真大寺的"红色光环"也令该寺的管理人员和前来礼拜的信众感到自豪和骄傲。②

与清真大寺毗邻而建、连为一体的是红军西征纪念园。纪念园的中心的石碑上铭刻着原卫生部顾问马海德的题字。园区内的另一个重要景点是红军西征纪念馆,馆名由曾在回县战斗工作过的老红军、中央军委原副主席刘华清上将题写。西征纪念馆馆内展厅以大量翔实的历史文献、图片、文物再现了红军西征的伟大胜利、不朽的业绩、回民自治政府建立过程以及和谐的民族关系和政教关系。展厅由"红军西征在回县""陕甘宁省回民自治政府的建立""国际友人在回县""红军三大主力胜利会师""前言、后续"五部分组成。③

回县清真大寺和红军西征纪念园在这里的完美结合,是回县"红色传统"的印迹和延续。这一文化体系的塑造和呈现,"似乎成了一个关于民族问题、宗教问题、政治统一和谐共存的中国式隐喻"。同时,在当下中国的政治文化版图中,回县清真大寺暨红军西征纪念馆承载着多重政治意涵,党和国家领导人视察回县、回县清真大寺,也说明了回县清真大寺的历史牵连和承载着中国共产党的诸多政治愿景。④ 诸多因素的结合,使得清真大寺与西征纪念园成了具有民族特色的红色教育基地。

在结束对回县清真大寺的红色历史的述说之后,笔者想讨论的是,在回县,西征红军为什么选择了进驻寺院? 根据回县档案局的相关同志掌握的资料和研究,临时政权设在寺庙,有以下几方面的原因:其一,在回县,上述寺庙都位于交通枢纽,且清真大寺往往是当地的活动中心,特别是宗教这种公共活动聚会的场所,有相对集中的人流。其二,寺庙是宗教空间,红军借助了宗教的影响,发挥了宗教的大众动员作用。其三,乡村社会中存

---

① 回县地方志编纂委员会:《回县志》,宁夏人民出版社1995年版,第678—679页。
② 访谈记录HX2010082308。
③ 资料来源于回县红军西征纪念馆展览资料,参观日期20181015。
④ 参考王勇调研日记,内部资料。

在的诸如民族、宗教等组织是民族乡村中的权威,享有很高威望,而这些组织也正是当时革命动员的有效载体,而乡村社会中民族宗教组织就在寺庙中。其四,相对于农户家庭来说,入驻寺庙是为了不打扰农户家庭正常生活。① 其五,马某某等关键人物发挥了更大的"桥梁作用"。②

马某某(1893—1937),男,回族。祖籍甘肃临夏,幼年随祖父逃难至回县落户,娶妻生子,育有1男1女。

1936年6月,西征红军进占A镇,时在A镇南关清真寺当杂役的他,发现红军纪律严明,尊重回民风俗习惯,便东奔西颠,向听信谣言外逃躲避的回民做宣传,让他们回家。在他的带领下,当地回民群众陆续回家,接近了红军,并纷纷送"欢迎粮""抗日款",帮助红军解决吃水问题。回民自治政府创立后,他出任自治政府主席,并经马某某、欧阳某某介绍加入中国共产党。1936年10月20—23日,陕甘宁省A县回民自治政府成立大会在回县清真大寺隆重召开,民众公选他为A县回民自治政府主席。在区、县担任回民自治政府主席期间,他发动和带领群众积极筹粮筹款,支前支红,建立地方武装,迎接二、四方面军。为民族自由解放,巩固红色政权,支援三军会师做出了重要贡献。1936年11月中旬,红军三大主力会师后,转移撤出回县地区,他率领自治政府继续坚持斗争。1937年2月,他不幸被捕。1937年4月3日,在回县城西门外河滩上英勇就义,时年45岁。③

与回县不同的是,藏县在新中国成立之前没有中共组织的活动。④ 所以,藏县没有烙有"红色印记"的佛教寺院。民国二十四年(1935)5月10日,国民党设置藏县,县政府也设在寺院。⑤ 国共两党在民族地区政权发展中的这一相似点,为上述原因的探析增加了说服力。

二、政权建设中的政教关系

与上述革命动员塑造的政教关系不同,当社会背景发生变化时,政教

---

① 访谈记录 HX2010082601。
② 访谈记录 HX2010082308。
③ 参阅回县地方志编纂委员会《回县志》,宁夏人民出版社1995年版,第720—721页。
④ 详细参阅本研究第三章的内容。
⑤ 藏县地方志编纂委员会:《藏县志》,民族出版社1999年版,第1页。

关系也面临着调整。新中国成立后,新政权在"宗教改革"和对待宗教问题的态度上经历了重大的变化:宗教人士由革命时期的"被动员的对象",成为新政权价值体系中的"被改造"和受教育的对象。① 同时,新政权通过政治吸纳、"行政进寺院""法律进寺院""宣传教育进寺院"等方式,实现了世俗政权与宗教信仰在价值体系上的对接,建立了新型的政教关系,实现了"政教和谐相处"。②

1950年7月,藏县成立民族部,由县委书记兼任部长。民族部全面贯彻党的宗教政策,提倡"每个公民既有信教的自由,也有不信教的自由;有信仰这种宗教的自由,也有信仰那种宗教的自由;有过去不信教而现在信教的自由,也有过去信教现在不信教的自由"的宗教信仰政策,使广大信教群众充分享受信教自由的权利。新政权对宗教界人士实行"争取、团结、教育、改造"的方针,以民主协商的方式,召开联谊会和各界人民代表会议,成立协商委员会,引导各届学习《共同纲领》《宪法》和过渡时期总路线、总任务;实行"不分斗,不划阶级"的政策和"政治上团结,经济上照顾"的原则,广泛地团结民族和宗教上层人士,大多数进步人士"有职、有权、有责",充分发挥宗教界广大爱国人士的作用,消除了农牧民对党的顾虑。农牧民开始接近和拥护中国共产党和人民政府。1956年底,藏县民族部改称统一战线工作部。统一战线工作部对原有的2名"千户"、17名"百户"、16名"官人"、1名"王爷"和2名宗教界有声望的"大管家"、大喇嘛,即38名民族宗教界上层人士,全部进行了安置。③ 其中州级干部1名、县级干部3名、区(科)级干部19名、乡级干部5名,州人大代表4名、县人大代表8名。

藏县1958年进行了宗教制度改革,废除了宗教特权,废止了宗教干预地方事务、干预行政。同时,藏县在贯彻执行过渡时期的总路线和"大跃进"、人民公社的高潮中,畜牧(农)业的社会主义改造与反对社会主义改造的尖锐对立日趋恶化,部分地区发生了由反动牧主头人挑起的反革命武装叛乱。县委及时采取了措施,至1959年4月反革命武装叛乱基本平息。但仍有少数散匪在一些地区活动。藏县县委采取了"边打边改"的办法,发动广大牧(农)民群众与僧侣开展诉苦斗争,并配合开展宗教改革。教

---

① 参阅李向平《信仰、革命与权力秩序:中国宗教社会学研究》,上海人民出版社2006年版,"绪论"。
② 访谈记录HX2010082603。
③ 千户、百户、官人、王爷等均是传统藏区的权威人物。

育动员 1000 余名僧侣还俗参加农牧业生产,80 余名年轻僧侣进入各类公办学校学习。"文化大革命"开始后,藏县民族宗教工作中断。1968 年 7 月,革委会政治组代管统战工作。1970 年 7 月,政治组撤销后成立政治部,党的统战政策被当作"投降主义"来批判,统战工作处于停顿状态。"文化大革命"期间,由于"左"倾错误的影响,党的宗教信仰自由政策和统一战线政策又一次遭到严重破坏,民族关系和党群关系受到严重影响。①

1975 年 5 月,藏县恢复了统战部。1975 年 7 月 22 日,藏县开展"马克思主义民族观"和"无神论"教育,先在县政府驻地进行试点,8 月下旬结束。1977 年,藏县从机关到农村牧区,普遍进行党的基本路线教育。② 中共中央十一届三中全会以后,党的宗教政策重新得到贯彻执行,党和政府落实了民族宗教政策,平反了大批冤、假、错案,使宗教工作得到了恢复。1981 年,经州委批准,藏县先后恢复了 4 座寺院,基本解决了信教群众的活动场所,各寺院也成立了民主管理委员会。至 1983 年,藏县寺院全部开放,宗教工作逐步走上了正轨。③ 截至 1985 年底,按照中央办公厅〔1981〕1 号文件精神对 39 名民主统战对象和 82 名起义投诚人员中的 76 名落实了政策(6 人下落不明),并给投诚人员发了起义投诚证书,按政策规定分别进行离退休安置;对 1958 年在平叛中因错捕判刑的州、县政协委员 35 人给予平反昭雪;对其他冤假错案中受害的 15 人进行安置处理;落实退赔了"文化大革命"中被查抄的 11 人的财物,退赔款 3456.10 元。④ 1981 年开始,藏县每年都举办一次宗教人员学习会,学习党的政策,使宗教人员自觉遵守《爱国守法公约》,把宗教活动纳入党的政策和国家法律所允许的轨道。

值得一提的是,2010 年 7 月 19 日至 24 日,"玉树灾后恢复重建宗教界人士培训班"在中共青海省委党校(青海省行政学院、青海省社会主义学院)举办。⑤ 玉树州 87 座受灾寺院的活佛或民管会主任 87 人参加培训。培训班重点讲授党中央、国务院和省委、省政府关于玉树灾后恢复重建有关规划、政策等相关文件精神及党的民族宗教政策和时事政治,并组织考察了塔尔寺民主管理情况和青海藏文化馆。2010 年 7 月 20 日晚,笔者有

---

① 藏县地方志编纂委员会:《藏县志》,民族出版社 1999 年版,第 18 页。
② 藏县地方志编纂委员会:《藏县志》,民族出版社 1999 年版,第 23 页。
③ 藏县地方志编纂委员会:《藏县志》,民族出版社 1999 年版,第 446 页。
④ 藏县地方志编纂委员会:《藏县志》,民族出版社 1999 年版,第 313—314 页。
⑤ 三个学校是"三块牌子,一套人马"。

幸与参加培训的4位僧人进行了座谈。座谈之余有三点感受:其一,藏族僧侣与汉族大众之间彼此均有较强的交流和认识的欲望,但是语言和文化的不同是交流和沟通的最大障碍。其二,佛教高僧对俗世的物质财富没有太多关注。①

与藏县相似,新中国成立初期,回县认真贯彻执行党的民族自治政策、民族宗教政策,倡导"各民族一律平等"。1951年12月25日,回镇九坊清真寺阿訇主动向人民政府递交"爱国协政公约"。1952年11月24日,各区普遍召开阿訇座谈会,学习贯彻国家民族宗教政策。② 从1953年开始,历届人民代表大会和历届政协代表大会,都有一定数量的民主人士和民族宗教界知名人士参加,广泛听取他们的意见和建议(参见表5-1)。1958年,回县回族宗教界知名人士丁某某、洪某某被选为宁夏回族自治区人大代表,4人被选为宁夏回族自治区政协委员。③ 1958年12月6日,召开回县阿訇座谈会,制定宗教界人士"爱国守法公约"。④ 在干部政策上,回县也注重少数民族干部的培养和选拔,生活上关心和尊重回族风俗习惯,并规定每年开斋节、古尔邦节回族职工放假一天,给予副食品补助,欢度节日。

表5-1 回县知名阿訇名录表⑤

人物编号	民族	生卒时间(年)	社会兼职
1	回	1880—1955	甘肃省政协委员、西海固回族自治州政协副主席
2	回	1897—1983	
3	回	1880—1953	
4	回	1902—1983	回县副县长
5	回	1920—	区伊协副会长、县伊协副会长
6	回	1948—	区伊协副会长、县政协副主席、县伊协会长
7	回	1912—1985	县政协副主席
8	回	1907—1983	西海固自治州副州长、中国伊协委员、区伊协副会长

---

① 访谈记录 XN2010072001、XN2010072002、XN2010072003、XN2010072004。
② 回县地方志编纂委员会:《回县志》,宁夏人民出版社1995年版,第13—14页。
③ 回县地方志编纂委员会:《回县志》,宁夏人民出版社1995年版,第123页。
④ 回县地方志编纂委员会:《回县志》,宁夏人民出版社1995年版,第19页。
⑤ 回县地方志编纂委员会:《回县志》,宁夏人民出版社1995年版,第675—676页。

续表

人物编号	民族	生卒时间（年）	社会兼职
9	回	1917—	区伊协副会长、县伊协副会长
10	回	1889—1959	
11	回	1920—	区伊协委员、县政协常委、县伊协副会长
12	回	1896—1986	
13	回	1931—	县伊协常委
14	回	1887—1959	
15	回	1883—1971	
16	回	1907—1994	
17	回	1917—	县伊协常委
18	回	1914—1992	县伊协委员
19	回	1915—	县伊协常委
20	回	1912—1985	区政协委员、县伊协常委
21	回	1907—1908	县政协常委、区伊协委员、县伊协常委
22	回	1931—	县伊协委员
23	回	1915—1984	区伊协委员、县伊协副会长
24	回	1938—	区伊协委员、县伊协委员
25	回	1924—	区政协委员、县伊协副会长
26	回	1936—1990	区伊协副会长、区青联副主席
27	回	1902—1982	
28	回	1909—1985	县伊协委员

1979年以来，回县重新落实民族、宗教政策，纠正了极"左"路线，恢复一切正常的宗教活动，对"文化大革命"中四起宗教冤案全部平反昭雪，并对家属做了妥善安置。[①] 恢复了开斋节、古尔邦节的有关规定，每逢开斋节，县委、政府、人大、政协领导亲临清真寺看望回族群众并向他们致以节日问候。1983年9月，回县广泛开展第一个"民族团结月"活动。1984年

---

① 回县地方志编纂委员会：《回县志》，宁夏人民出版社1995年版，第124页。

1月,召开回县第一次"民族团结月"表彰大会。① 调研中也了解到,回县将2010年定为全县"民族团结宣传教育年",制定了翔实的《回县关于深入开展"民族团结宣传教育年"活动的实施方案》。② 按照全县深入开展"民族团结教育年"活动的实施方案,2010年5月20日,回县县委统战部、民族宗教局在县委党校举办了以"加强民族团结,维护宗教稳定"为主题的宗教界人士培训班,共有100名伊斯兰教教职人员参加了为期两天的培训。③

在藏县,藏族全民信仰佛教;在回县,回族全民信仰伊斯兰教。

在壮市,基督教徒最多,但是与藏县和回县相比,壮市的基督教在信众数量和影响力方面,均大大逊色。与藏族之于佛教不同,壮族没有本民族的宗教,壮市的基督教作为外来宗教,与壮市的少数民族没有必然的关联。但是,对于新近外来的宗教,虽与壮市民众之间联系松散,但与具有悠久历史的佛教一样,在新中国成立之后,也经历了大体相当的命运。由此可见,与结构性整合和程序性整合相一致,对宗教进行"社会主义改造",达到"宗教与社会主义相适应"也是政权建设的有机组成部分。④

在壮市,1914年,基督教两位牧师(美籍加拿大人)租用县城西大街(今城中西路)梁姓房屋为传教点,开始传教和发展教徒。1923年,广西差会(即教会)拨款买下西大街姚姓公馆建为教堂(即今福音堂处),称基督教壮县宣道会福音堂。当年有教徒28人,经常参加听道的有八九十人。1928年有教徒73人,1935年有216人(男性92人,女性124人)。⑤ 至1950年初,外籍牧师回国定居,由中国牧师接理,但基督教会仍受美国差会控制,当年有教徒87人。1951年,壮县基督教组织响应《中国基督教在新中国建设中努力的途径》的号召,成立"三自革新委员会"(也叫"三自爱国会"。"三自"即自治、自养、自传),从而摆脱了美国差会的控制。1957年,壮县基督教会完全停止接收外国寄来的书刊。至1965年,壮县基督教会有教徒63人(男性28人,女性35人),年龄最长者67岁,最小的24岁,多为农民、手工业者和城镇居民。"文化大革命"期间,福音堂被农机公司占用。1978年,统战部在落实"宗教信仰自由"政策中,建议归还福音堂的

---

① 回县地方志编纂委员会:《回县志》,宁夏人民出版社1995年版,第35页。
② 回县党政信息网,查询时间2010年11月7日。
③ 回县党政信息网,查询时间2010年11月7日。
④ 龚学增:《社会主义与宗教》,宗教文化出版社2003年版,第159—164页。
⑤ 壮市地方志编纂委员会:《壮市志》,广西人民出版社1998年版,第802页。

房屋,并在1983年落实其房产所有权。1987年,重修福音堂总投资4万多元,由县财政补贴1万元,建成二层楼房福音堂1座,建筑面积325平方米。1988年,县委统战部制定《关于壮县宗教活动管理办法》及《关于进一步加强对宗教活动管理》,发至各乡镇,协助基督教会选举产生基督教执委会和壮县基督教三自爱国运动委员会,并与县公安局组成调查组对自称外来教徒的非法活动进行了调查处理。取缔非法的宗教活动点,依法没收非法活动所用书50多本。在农村,对一些利用宗教进行迷信活动,破坏农业生产和干扰计划生育的人做了说服教育和处理。1990年,全县有教徒500人。截至1998年,壮市有基督教堂5处,教徒6500多人。新中国成立后,历届政协委员会中,也都有基督教代表参加。①

从上述所列举的藏县、回县、壮市三地宗教改革的案例可以看出,新中国政治发展的重要"关节点"上,不论藏县藏族与佛教之间、回县回族与伊斯兰教之间的密切关联,还是壮市壮族与基督教之间的松散关系,②民族三地宗教都有相似的历程;民族三地的"宗教改革"的步骤相同。可以看出,民族地区的国家建构,在结构性整合、程序性整合和价值性整合方面,也呈现相辅相成作用的过程。③

三、社会主义核心价值观与民族宗教

2015年2月28日,习近平在会见第四届全国文明城市、文明村镇、文明单位和未成年人思想道德建设工作先进代表时强调:"人民有信仰,民族有希望,国家有力量,锲而不舍抓好社会主义精神文明建设。"④习近平指出,要把精神文明建设贯穿改革开放和现代化全过程、渗透社会生活各方面,紧密结合培育和践行社会主义核心价值观,大力倡导共产党人的世界观、人生观、价值观,坚守共产党人的精神家园;大力加强社会公德、职业道德、家庭美德、个人品德建设,营造全社会崇德向善的浓厚氛围;大力弘扬中华民族优秀传统文化,大力加强党风政风、社风家风建设,特别是要让中华民族文化基因在广大青少年心中生根发芽。要充分发挥榜样的作用,领

---

① 壮市地方志编纂委员会:《壮市志》,广西人民出版社1998年版,第552—553页。
② 王作安:《中国的宗教问题和宗教政策》,宗教文化出版社2002年版,第231—234页。
③ 张践、齐经轩:《中国历代民族宗教政策》,中国社会科学出版社2007年版,第343—345页。
④ 《人民有信仰民族有希望国家有力量 锲而不舍抓好社会主义精神文明建设》,《光明日报》2015年3月1日第1版。

导干部、公众人物、先进模范都要为全社会做好表率、起好示范作用,引导和推动全体人民树立文明观念、争当文明公民、展示文明形象。①

2018年10月,笔者前往回县调研。在高速路的广告牌上、在县政府大厅的屏风和电子屏上、在乡镇政府院内的横幅上,均可见"人民有信仰,民族有希望,国家有力量"这样的标语。在与基层干部和普通民众的座谈中,其对于这一标语有双重的理解:"信仰"既可指信仰共产主义理想和社会主义核心价值观,也可包含百姓日常的宗教信仰;"民族"既可指中华民族,也被少数民族群体理解为自己少数民族身份。② 对这一标语的双重解读和理解,同样适用于社会主义核心价值观在回县和藏县宣传和贯彻的其他方面。

作为具有浓厚红色印记的寺院,2009年以来,回县清真大寺寺管会即按照"和谐寺观教堂"创建标准,采取"三讲两比"(讲爱国爱教、讲学法守法、讲团结稳定;比服务社会、比民主管理)的创建载体,开展了内容丰富、形式多样、成效显著的创建活动(见《"和谐寺观教堂"创建具体做法》)。2006年8月,回县清真大寺被国家民委任命为"全国首批民族团结进步教育基地";2010年12月,被国家宗教事务局命名为"首届全国创建和谐寺观教堂"先进集体;2011年6月,被国家宗教事务局命名为"全国首批宗教界爱国主义教育基地";2012年8月,被国家国防教育办公室命名为"国家国防教育基地",也是市级领导干部民族团结教育基地和全县党风廉政教育基地。

"和谐寺观教堂"创建具体做法③

1. 弘扬优良传统,加强民族团结教育。充分发挥"民族团结"和"爱国主义"两个教育基地的作用,利用建党节、建军节、国庆节、民族团结月等重点时节,开展多层次、多形式的民族团结教育,坚持不懈在广大信教群众中开展党的民族宗教政策教育,使广大信教群众进一步统一思想,增强反对民族分裂、维护祖国统一、维护宗教和谐、维护社会稳定的自觉性和坚定性。

---

① 《人民有信仰民族有希望国家有力量　锲而不舍抓好社会主义精神文明建设》,《光明日报》2015年3月1日,第1版。
② 访谈记录 HX2018101503、HX2018101708、HX2018101802。
③ 资料来源于回县清真大寺宣传橱窗,调研日期20181015。

2. 倡导包容理念,促进宗教和谐发展。进一步完善财务、寺务、教务等各项民主管理制度,使宗教事务和场所管理走上了法治化、规范化、民主化轨道。积极履行服务和谐发展的职责,主动承担起宗教场所服务社会的职能,引导宗教与社会主义相适应。

3. 开展互助活动,增进民族团结共识。主动参与社会慈善事业,组织信教群众为贫困地区奉献爱心,倡导大力弘扬拥军拥警优良传统,长期与武警回县中队、回县公安消防支队、回镇派出所等单位建立了共建关系,互相学习、互相帮助、互相促进,营造了军民亲如一家的浓厚氛围。

回县清真大寺的院子里建有国旗台,每逢七一、国庆以及古尔邦节、开斋节等节日,这里会首先举行升国旗仪式,而后再进行其他活动。回县清真大寺院落中还竖有"五个认同"(即对伟大祖国的认同、对中华民族的认同、对中华文化的认同、对中国共产党的认同、对中国特色社会主义的认同)展览牌,有坚持宗教的中国化方向、维护现有宗教格局稳定的宣传栏(有"坚持伊斯兰教中国化方向"的宣传内容),有深化军民融合、加强民族团结的国防教育宣传栏,同时还有更多的对于十九大精神的宣传栏。从这方面来看,清真寺也是宣传社会主义核心价值观,促进国家认同的重要载体和平台。由此来看,寺院也是社会主义核心价值观与民族文化、宗教文化交融的重要载体和平台。

有关宗教与个人道德与心灵秩序的关系,国内外的学术界基本上达成了一个共识:"从总体上说,宗教有利于道德——宗教信仰既有利于个体道德的培育、生成与提高,也有利于社会道德的形成、维持与提高。有史以来,宗教一直是人类社会进行道德教化与道德培育的一种重要方式。在一定的历史阶段,宗教曾经是人类道德教化与道德培育的唯一方式。在现代社会,宗教依然是道德教化与道德培育的一种重要方式,对道德建设具有一定的辅助效应。"①

可能是藏县群众汉语文化水平普遍较低,而藏语和藏文化深厚的缘故,在藏县的佛教寺院,只看到有悬挂国旗,没有看到诸如上述的在回县的文字宣传和文字解读。藏县和回县直接宣传社会主义核心价值观,也将社

---

① 曾广乐:《信仰与德性——再论宗教信仰与道德的关系问题》,《东南学术》2010年第4期。

会主义核心价值观融入宗教观念和宗教活动进行宣传。据介绍,在藏县,活佛在诵经大会等宗教活动中也宣讲党的方针政策和价值观念,但是,笔者没有掌握到文本宣传资料。① 而壮市直接宣传社会主义核心价值观,也将社会主义核心价值观融入民风民俗活动中进行宣传。②

其实,从信仰的层面来看,社会主义核心价值观可分为政治信仰、社会信仰和个人信仰三个层面。而民族宗教可以概括为宗教信仰层面。③ 在藏县和回县,宗教信仰包含了社会信仰和个人信仰的主要层面,成为民族区域信仰的主要途径和载体,当下的主要任务是协调政治信仰和宗教信仰的融通。而在壮市,在个别区域有民间信仰的存在。在壮市,有直接宣传社会主义核心价值观的场合,也有将社会主义核心价值观融入当地民风民俗进行宣传的场合。这也说明,社会主义核心价值观作为文化—国家整合的主要方式和载体,在充分发挥文化的引导和涵育功能之外,还需要在整合民族文化、宗教文化、地方文化的进程中,选择适当的方式,进行"在地化"转化,并实现与民族文化、宗教文化甚至地方民风民俗的融通。④

---

① 访谈记录 ZX2018080802。
② 参见第八章第三节的详细论述。
③ 参阅王曼《新时代加强中国共产党人政治信仰建设研究》,山东大学 2020 年博士学位论文。
④ 任勇:《公民教育视角下的现代国家与少数民族价值观重塑》,《当代世界与社会主义》2013 年第 2 期。

第六章　保障性整合与民生—国家认同

社会保障是社会化和社会分工的另一种体现,也是社会化和社会分工的要求。农牧民社会化刚开始表现为家庭内部生产、生活的分工,再到家庭外部分工、分化的过程,最后发展到家庭内外的社会化相结合。家庭外的社会保障体系,除了社会自组织有一定的保障体系和保障能力之外,最重要的保障体系和保障能力来源于现代国家。在民族—国家的整体框架基本稳定、民主—国家和文化—国家平稳推进中,国家治理体系和治理能力现代化的节点或者阶段性成果就是民生保障和民生建设。一系列密集推进的民生保障和民生建设政策和举措,构成了现代国家的保障性整合,民众对民生政策的认可、参与和评价,构成了民生—国家建设的主要维度。[1] 这是与本书研究的民族—国家、民主—国家和文化—国家相比较的角度界定民生—国家。

在现代国家建构的征程中,民生—国家还可以从与其他角度的对比中来认识。首先,现代国家建构中的民生与民生—国家是政治发展的核心内涵。与饱含自然属性的生存相比,民生是国家发展到有社会保障能力之后建构起来的民众生产、生活的权利维度,民生建设越完善,国家与社会关系越亲密、越和谐。其次,与现代国家注重顶层设计和宏观规制相比,民生领域更关注现场感、体验感和基层感,所以,民生—国家是国家"接地气"的领域和维度。其实,民生—国家也是国家合法性来源的主要渠道。再次,民主与民生也构成了一体两面的关系。在政治发展理论中,民主追求程序正义,民生体现结果正义。也有研究指出,与民主相比,中国民众更关注民生;与程序正义相比,中国民众更关注结果正义。[2] 所以,从现实主义角度来看,保障性整合与民生—国家建设也是中国当下国家建构的主要维度。最后,从国家权力或公权力的角度来看,现代国家首要因素是确立公权力的正当性和合法性,以及政治机构和政治领袖的权力来源及其合法性塑造。但是,权力争夺、权力维护、权力斗争等政治活动最终需要通过民生建

---

[1] 慕良泽:《民生政治:惠农政策的政治效应分析》,《马克思主义与现实》2018年第1期。
[2] 史天健、玛雅:《走出"民主"迷信》,《开放时代》2009年第6期。

设、民生改善和民生保障来维持和证明权力的价值。所以,国家权力与民生权利也是一对孪生关系,民生—国家建设是赢得和巩固国家政权的有效途径。总体来看,民生—国家的社会面向、体验面向、结果面向和权利面向决定了民生—国家建构成为乡村治理现代化的重要维度。①

在民族地区,民生保障和贫困问题构成了民族问题的原初维度。② 在后续发展中,在本研究涉及的民族三地,民生保障的主体层次普遍表现为由"家"及"国",在国家与民族性乡土社会的互动中实现了"民族再造"和"区域再造",推动了民族区域的发展。具体而言,保障性整合是一个国家化和地方性互动的过程,是社会化的总体性过程的群体性表现和区域性表现。③ 对于不同民族和不同区域,社会化的方式方法、体系内容和环节进程有所不同,也反映了民生—国家建设的阶段性和差异性。也可以说,民族三地不同的生产、生活方式,决定了民生保障的方式和层次,也决定了民生—国家建设和民生—国家认同的阶段性特征。④

一、游牧、定牧与定居

从"大历史"来看,在藏县牧区,公共保障和民生建设经历了两个阶段,第一个阶段是游牧走向定牧和定居;第二个阶段是定居走向聚居,聚居空间逐步实现公共保障完善、生产生活配套、经济社会协调发展。藏县的牧区目前处于第二个发展阶段。在藏村,引导牧民走向聚居社区是一个逐步、渐进的过程,"一步走到聚居社区不现实,因为地域太辽阔,聚居之后无法放牧。过去没有方便的交通工具,随着交通工具的逐渐改善,放牧的区域逐渐扩大,聚居(社区)才能逐步完成。"⑤所以,聚居与生产方式改善和生活条件保障紧密相关。

从西宁坐班车到藏县县城之后,下乡入村就没有公共交通了。2010年,藏县汽车站每天来回西宁有三趟班车(1980年7月,藏县直达西宁的客运班车才正式通车),也有发往隔壁县城和州府的三四趟班车。⑥ 2018

---

① 慕良泽:《民生政治:惠农政策的政治效应分析》,《马克思主义与现实》2018年第1期。
② 朱军:《中国经济社会转型中的民族问题与民族事务治理——以国家治理能力为分析视角》,《民族研究》2015年第1期。
③ 徐勇:《农民改变中国》,中国社会科学出版社2012年版,第117页。
④ 林聪:《多民族地区农村社区整体性治理研究》,《学术论坛》2012年第6期。
⑤ 访谈记录ZX2010071902。
⑥ 访谈记录ZX2010071401。

年,汽车站每天发往西宁的班车有6趟,发往隔壁县城和州府的班车也有6趟。① 2010年调研发现,藏县没有通往本县所属乡镇和村社的"专趟"班车。驶入藏县汽车站院子,只看见两辆停靠的班车,几乎没有乘客,冷清的汽车站让人没有汽车站的感觉。为什么没有公共交通体系?是没有路还是没有乘客?停靠在汽车站小院门口的出租车司机告诉笔者:既没有好路,也没有乘客,并且二者相辅相成。② 藏县总面积4758平方千米,总人口6万多人。如此看来,藏县人烟稀少,并且山河分隔,牧民居住分散,为几户甚至一户牧民修一条汽车路,成本太高。另外,牧民外出,传统上习惯于骑马,骑马不但可以走小道,并且可以翻越山河,抄近道、便道到达县城。2010年调研发现,县城里偶尔可见骑马的牧民,大多数农牧户买了摩托车,比较富裕的农牧户有的买了农用三轮车或者农用小汽车。有了自己的交通工具往返县城的时间就可以自己安排。但是,即便自行安排,也没办法合作拼车,因为牧户之间相隔甚远。发展到2018年,从西宁到藏县、藏村的路上,几乎没有看到骑马的牧民。藏村二分之一的牧民家庭都购买了小轿车。和2010年相比,县城主干道修建了中间隔离护栏,说明往返县城车辆增多。县城有了新区和旧城区的区分,开通了绕城公交车。③ 总体来看,分散在草原上放牧的牧民,与自然融为一体,与社会交往较少。④ 但是牧业经济本身是一种片面的经济方式,所以,牧民家庭每年要外出三四次,购买面粉和衣物。藏县没有高中,读高中的学生要到隔壁的县、州府或者省会。藏县县城有两所初级中学,除藏镇之外,每个乡镇有一所初级中学,但是学生很少。所以学生流也不能支撑起乡镇公交车等公共交通体系。从西宁一路来到藏县,省道两边的定居点分布较多,分散于山野的牧民,有向公路沿线定居点搬迁的趋势。

2010年调查显示,藏村269户人家中,通电80户。笔者在藏村定居点调查的15户中,有4户家里有电视机,有电视机的农户也很少看电视,因为只能听懂一点藏语,其他语言听不懂,也很少能看懂。2018年调查发现,在定居点居住的120户牧民(藏村共计303户)均已通电,电视机全覆盖。藏村有120户农户家里通了自来水,但是在将近4个月的冬天里,冰天雪地,自来水管道是不通的,只能饮用水窖里储存的水,或者到山沟、河

---

① 访谈记录ZX2018080507。
② 访谈记录ZX2010071401。
③ 访谈记录ZX2018080707。
④ 崔思朋:《游而牧之:游牧生产方式及其生态哲学智慧》,《青海民族研究》2018年第3期。

道里取水。① 2010年7月,笔者在从县城去诵经大会现场的路上,78千米柏油马路的行程,有三分之二的路段上,笔者的手机没有信号。2018年8月,藏县所有的柏油马路沿线均有移动、联通和电信的手机信号,但是,深入草场山野,则没有信号覆盖。所以,在山野放牧的牧民,依然沿袭传统的联络手段和交流方式。移动信号和柏油马路的重合,提升了信息的传播速度,也提升了公共治理的基础效能。

在藏县,从2010年到2018年,牧民普遍反映由于地域辽阔,交通费时费力,牧民看病就医比较困难,强壮的身体从小靠牛羊肉和牛羊奶滋补。即使得了病,身体虚弱,也是吃牛羊肉汤滋补。② 在2018年调研中,村干部介绍,藏村养老保险和农村合作医疗保险基本实现了全员参保、全员覆盖。养老保险每年每人交100元,至少交15年,等60岁开始领养老保险金。对于养老保险政策,牧民基本没有意见。农村合作医疗保险的费用从2010年的每人每年30元到2017年每人每年150元,再到2018的每人每年254元,"逐年增加的农合费用使得牧民的参保意愿不是很强"。2017年,交150元的参合费用可以去药店免费拿120元的药品,这就使得牧民家中的药品剩余比较多,药品也有浪费。但是,在藏村,牧民百分之百参保,参保费用是在每年砖厂分红的费用中直接扣缴。③

据包村干部介绍,在藏村,贫困面太大,对享受低保的户进行轮流替换。2010年和2018年两次调查均发现,藏村平均每户有贷款3万元(多次贷款累积而成)。贷款的原因主要有:灾后重建、灾后生活救济、发展生产,甚至购买小轿车,等等。④ 调查发现,藏村定居点上四分之一的农牧民生活依然处于贫困状态,生产、生活上需要并且等待着国家的大力投入。农牧民多年累积的贷款几乎没有偿还能力。所以,贷款如何偿还,国家如何引导农牧民脱贫致富,在藏村是一个复杂问题。当大多数农牧民不能偿还贷款的时候,贷款的意义和国家照顾的视角就需要认真反思。⑤ 对此,包村干部认为:藏村的老百姓期待贷款变成生活救济,期待国家减免货款。

---

① 详见《百村十年观察—2010年夏季—青海省藏县藏村》,华中师范大学中国农村研究院资料室资料。
② 2010年7月17日,藏村入户调查过程中,恰逢一牧户家的老母亲卧病在床,包村干部向笔者介绍了这一点。
③ 访谈记录ZX2018080501。
④ 访谈记录ZX2010071701、访谈记录ZX2018080501。
⑤ 相比之下,藏县商业性的贷款取得了较好的绩效,促进了民族商贸的发展。详细参阅藏县地方志编纂委员会《藏县志》,民族出版社1999年版,第279页。

在藏村,赤贫户以低保或者生活救济冲抵贷款利息。① 与此同时,藏县没有像"家电下乡"这样的"福利型惠农政策"。以上论述可以看到,藏县农牧民需要教育扶持、基础设施建设这样的"公益型惠农政策"。②

1984 年,藏村将耕地分到每家每户,人均 1.58 亩。1994 年,藏村将村里 7.66 万亩的草场分到户。2008 年,藏县完成退耕还林 1350 亩。国家对于退耕还林的补贴从 2008 年开始的每亩 80 斤面粉,一步步发展到现在无任何补助。一家一户耕种的情况延续到 2015 年。从 2016 年开始,村中成立耕地合作社,土地实行集体耕种,一是每年可获得国家对耕地合作社的补贴款 20 万元;二是耕地合作社购置农业机械,方便机械化种植,也能提高效率。村支部书记表示:每亩土地的收入在 2000 元左右,除去化肥农药和种子,每亩纯收入在 500 元左右。土地上适合种植菜籽和草籽,有些土地上还种着青稞和燕麦。每斤草籽 8 元,草籽种植一年,可连续收获三年。第一年歉收,第二年和第三年收获会比第一年好。有些肥沃的耕地,可以将菜籽和草籽套种。③

受地理环境影响,藏村的经济来源以畜牧业为主,主要靠饲养牛羊;农业为辅,靠种植青稞和油菜。每年在五六月份,待牧草抽芽,气候转暖,采挖冬虫夏草的季节到来,一些牧民会去挖虫草。因为本村的草山上虫草较少,本村牧民会去其他乡镇或者更远的玉树或者果洛采挖。村中挖虫草主要有两种方式,一种是帮其他人挖,按照挖的数量付钱,每根 5—10 元。另一种是承包草皮自己去挖,然后自己卖,每亩草皮费为 2000—10000 元。村中一年之中有 40—50 人外出挖虫草,每人收入近 1 万元。

在藏县调研期间,笔者还发现,平安、稳定是民族地区政府公共保障所要实现的重要目标之一。2006 年,藏县县委、县政府共同挂牌评定藏县九年一贯学校和县民政局为"平安单位"。④ 与此同时,通过藏县民政局的《维稳巡逻值班要求》,维稳在民族地区的重要性以及被重视的程度是显而易见的。

---

① 访谈记录 ZX2010071701。
② 慕良泽、王晓琨:《乡村发展:从"政策惠农"到"战略部署"》,《中国行政管理》2019 年第 2 期。
③ 访谈记录 ZX2018080501。
④ 2010 年 7 月 19 日,笔者在上述两个单位发现了政府颁发的奖牌。

藏县维稳巡逻值班要求①

1. 值班巡逻人员在值班时间内不得发生脱岗、漏岗现象，因脱岗、漏岗造成的一切不良后果由个人承担。

2. 值班巡逻人员要确保24小时通讯畅通无阻，并坚持日报告制度。

3. 在巡逻区域内发现问题，要在第一时间内报告县维稳工作指挥部及公安机关，并积极协助搞好调查。

4. 严格遵守各项保密制度，不该问的不问、不该讲的不讲，不乱丢乱放、翻印机密文件。不信谣、不传谣、不造谣。

5. 自觉接受统一行动监督检查领导小组的指挥协调、监督和管理。

6. 在本巡逻区域内，若发生未及时发现、掌握张贴、散发反动标语、传单，群众非法游行示威、静坐以及打架斗殴等极易引发各类突发性事件的一些不安全因素，或已发现、掌握但瞒报、漏报、迟报相关情报信息的现象，造成不良后果的，自愿接受纪检、组织人事部门的处理。

综上所述的公共问题的解决和聚居目标的实现，藏县寄希望于"一揽子工程"——新农村（新牧区）建设。② 在新农村建设工作中，藏县提出的目标是：定居集中化、住宅标准化、生产集约化、管理社区化，逐步组织实施生态移民工程。③ 从2010年到2018年，8年时间的建设效果表现在以下几方面。

其一，新牧区建设的过程是基础设施完善的过程。藏村的定居点（聚居点），通往县城的公路实现了硬化。2010年调研时，藏村建有1所小学（1—2年级），小学门外有社区体育活动场。2018年调研时，藏村的小学教学点已经撤销。上小学需要去县城或者隔壁村，小学均是寄宿制小学，半个月回家1次，每次放假4天。藏村建成了2所幼儿园（定居点上1所、偏远的牧业点上1所），幼儿园有40多名5—7岁的学生。定居点的孩子距离幼儿园比较近，而牧业点中的孩子上幼儿园则比较远，基本由幼儿园老

---

① 2010年7月在藏县民政局调研时在业务橱窗拍摄到的资料。
② 访谈记录 ZX2010071902。
③ 访谈记录 ZX2010071902。

师每天接送上学。在小学和幼儿园的学习中,藏语是最基本的学习内容,汉语的学习内容也在逐步增加。"学习汉语会增加藏区孩子对外的学习交流和就业机会,所以现在双语教学也越来越成为一种趋势。"①定居点的中心建有一座简易型的宗教活动场所,每天有村里的几位老人在里面拨动经轮。2010年底,藏村建成了新的村两委办公室,村干部和牧民由之前的流动办公或者在家办公变成了现在的定点办公。藏村定居点规划方正,有硬化主干道,道路两边有太阳能路灯,有垃圾桶,也有垃圾运输车,通水通电。2010年调研发现,牧民家里以土炕为主;2018年再调研时发现,土炕基本消失,牧民冬天烧牛粪取暖,睡木床,屋内也不冷。

图6-1 藏村牧民在帐篷内取暖、做饭用的火炉(笔者2018年8月拍摄)

图6-2 藏村牧场帐篷内存放的蔬菜(笔者2018年8月拍摄)

其二,新牧区建设的过程也是家庭分工、产业分布和劳动力分工趋于

---

① 访谈记录 ZX2018080501。

合理配置的过程。① 在藏村,草原天然适合游牧,所以,牧民把定居点叫农业点,把放牧草场叫牧业点。定居点一般选在地势平坦的地方,把周围的草场开垦成农地,种植饲草,也有种植大麦和油菜的。在藏村,老人在定居点居住,孩子在定居点上学。放牧的劳力带着帐篷和一定的食品到山上去放牧,到了一定时限,再和家庭其他成员或者其他家庭轮换放牧,或者购置一定的放牧补给。由于距离放牧点较远,牧区也出现了开汽车放牧。骑摩托车放牧是放牧的常态。2018年调研发现,藏村牧地临时帐篷增多,帐篷里有烧牛粪的火炉,放牧条件大为改善(见图6-1和图6-2)。沿公路和定居点,都有移动信号,互联网的跨越式发展解决了基层治理信息传输和信息共享的问题,也方便了家庭或家庭成员之间的联系。在藏村,家庭成员之间分工、分居于农业点或者牧业点,家庭之间联合或者扩大家庭的存在,是新牧区建设的伴生物(参见下列家庭案例)。

家庭案例一:现任村支书一家有三个成家儿子的小家庭。大儿子负责放牧(全家500亩草场),二儿子负责种地(家里有各种农业器械,耕种自家的地,也耕种全村其他家庭的地,种植作物有青稞、燕麦和草籽),三儿子在外打工。家庭收入和支出由村支书主持协商分配。②

家庭案例二:联合式家庭或联合经营型家庭。藏县一名出租车司机兄弟三人已经分家,各家有100亩草场,高峰期各家养100只羊。三家合牧,每家放牧1年。每家的羊只有耳记,刚出生的小羊也马上做耳标。每家8—10月份卖掉40—60只羊,能收入2万—3万元。每家第二年高峰期又可达到100只左右。兄弟3家一共种植30亩燕麦当饲草,圈养时使用饲草喂养。③

家庭案例三:村主任一家16口人:村主任父亲、村主任夫妻、村主任两个儿子夫妻、村主任养女1名、村主任两个儿子的8个孩子。16口人之家,一排房子,分室而居,一起做饭,一起吃饭,成员之间和谐相处。村主任大儿子负责放牧,二儿子负责农耕。村主任在村里砖厂工

---

① 孟彦弘:《游牧与农耕交错、东西与南北交通视野下的河西走廊》,《中国人民大学学报》2020年第4期。
② 访谈记录ZX2018080501。
③ 访谈记录ZX2018080701。

作,管理家庭诸事项。①

　　家庭案例四:老村支书家(老村支书已经去世)11口人:老村支书妻子、两个儿子夫妻(小儿子为领养)和6个孩子。11口人住在一个院子的一排房子里。虽然两个儿子的家庭各有厨房、客厅、卫生间和卧室,但是,共用一个活佛客厅。日常生活中,一起做饭,一起吃饭。家庭消费均由大儿子掌管和协调。大儿子在县城跑运输,二儿子在西宁打工。②

　　家庭案例五:藏村定居点上也有一户人家,儿子家、女儿家共居一院,日常生产生活中相互帮衬,相处和谐。③

　　综合访谈资料可以判断,藏村产生联合家庭和大家庭的主要原因有三点:第一,30岁以上的夫妻,大多为文盲,无更多"个人想法",老人又是生活经验的积累者,所以,尊老爱幼,老人是家庭的权威,也掌控了家庭的发展局面。第二,牧民都有佛教信仰,修身养性较好,在家庭内部也"不做坏事,多做好事,做好事更团结"。④ 第三,与成熟社区和发达社会相比,藏村牧民家庭外部的社会化生产体系、生活体系和交往体系还不是很健全,需要寻求家庭内部或者家庭之间的分工与合作,达到生产、生活的秩序化状态。⑤ 所以,在藏村,扩大家庭或联合家庭承担了很多社会分工和社会保障的功能,或者可以说,扩大家庭和家庭内部实现了部分社会分工和社会保障。⑥

　　综上所述,由游牧到定牧,再到定居,总体来看,是经济和社会全面发展的结果。具体而言,首先,牧民的经济条件改善了。草场较多的牧民,草场一年的所有补贴能达到十多万,可以满足生产、生活的基本开销。其次,从西宁到藏县,一路上货车增多,小汽车增多,物资流通较好。县城物资很丰富,大小超市和建材门店、服装门店、餐饮门店较多。定居点的商店里也有丰富的日常用品,丰富的物资可以保障定居点的生活。⑦ 最后,有政策保障。政府在定居点建房,牧民可以免费入住;"或者政府出大头,牧民出

---

① 访谈记录 ZX2018080810。
② 访谈记录 HX2018081210。"活佛客厅"是指平时几乎不使用、专门接待活佛的客厅。
③ 访谈记录 ZX2018080510。
④ 访谈记录 ZX2018080501。
⑤ 徐勇、邓大才:《社会化小农:解释当今农户的一种视角》,《学术月刊》2006年第7期。
⑥ 周林刚、王赪:《论民族农村社区社会保障体系的建构》,《西北民族研究》2002年第4期。
⑦ 访谈记录 ZX2018080401。

小头"①，加之定居点日趋完善的公共设施和公共服务，可以较好地保障牧民的生产生活。比如，藏村一名出租车司机住在县城新区新建的居民点上。新区居民点的房子已修建两年多，建房费用比例分摊为牧民自己出4万多元，政府提供7万至8万元，但房子入住前需要自己进行装修。新区的居民点还修建了羊舍，供牧民冬季喂养羊群。②

在由游牧走向定牧，定牧走向定居，定居发展到新牧区建设的过程中，民生保障和民生建设节点性的成就体现在藏县"特殊类型三年扶贫"的成就中（见图6-3及其"碑文"）。当然，在"特殊类型三年扶贫"中，后期也附加了精准扶贫的任务。这里也可看到，大多数少数民族地区，单项惠民政策的落实和推进可能收效甚微，需要有扶贫开发这样的总体性社会发展方略统领具体的、单项的惠民政策，才能实现少数民族地区的跨越式发展和总体性进步。③

沐浴党恩，全面小康在望　功德永存，百姓感恩常在
（藏县特殊类型三年扶贫纪念碑碑文）

长期以来，藏县因自然环境严酷，基础设施滞后，资源严重匮乏，县域经济社会发展极其缓慢，"穷、乱、弱"问题尤为突出，农牧民生产生活殊为艰难，2012年全县有3.69万人处在贫困线和相对贫困线以下，多年居全省之首。特殊的贫困问题，引起了中央和省州党委、政府的高度重视，决定用三年到五年时间集中力量解决藏县特殊类型贫困问题。省州党委、政府在精心调查研究的基础上，于2013年制定并启动实施了《藏县特殊类型三年扶贫攻坚规划》，从治理"穷、乱、弱"入手，打响了青海扶贫史上第一场"攻坚拔寨"式的集中扶贫战役。

三年攻坚，在省州各部门的精心指导、鼎力支持以及江苏省和宝武集团公司的对口支援下，我们着力加强基层组织建设、城乡基础设施建设、农牧产业培育、民生条件改善、公共事业服务、基本能力建设和生态环境保护等六大工程，总投资四十一亿元，共实施9大类719个民生项目，全县生产总值年递增12%，城乡居民人均可支配收入由

---

① 访谈记录 ZX2018080401。
② 访谈记录 ZX2018080701。
③ 陈洋庚、胡军华：《新时代中国特色扶贫开发：学理逻辑与中国贡献》，《江西财经大学学报》2020年第5期。

2012年的17100元和5498元，达到2016年的26009元和9211元，全面解决了人畜饮水安全和农林灌溉用水问题；实现了县、乡、村三级路网和生产生活用电全覆盖；公共医疗卫生、教育文化基础设施、村级综合办公服务中心、广播电视和网络全覆盖；全县行政村产业发展和村级集体经济全覆盖；游牧民全部定居，危房户和无房户问题全面得到解决。从而，使全县经济社会发展条件发生重大转型，创造了精准扶贫的"藏县模式"，谱写了一曲民族团结进步的壮丽凯歌！

通过三年扶贫攻坚，藏县城乡社会面貌发生了翻天覆地的变化，藏县人民全面建成小康社会的精神意志振奋昂扬！这是中国共产党执政能力的巨大威力，这是社会主义制度优越性的巨大体现，这是祖国大家庭民族团结互助的巨大力量！

图6-3 藏县特殊类型三年扶贫纪念碑碑文（笔者2018年8月拍摄）

党的恩情深似海，为纪念这一"特殊类型"扶贫重大历史事件取得的伟大成就，讴歌党和国家对藏县人民的特别关怀之情，表达藏县人民同心同德、感恩奋进的坚强决心，特立此碑，以资激励后人，永久铭记！

中共藏县县委　藏县人民政府
二〇一七年八月

在看到民生保障和民生建设成效的同时，藏县、藏镇和藏村还需要加强民生保障,未雨绸缪,主要表现在以下几个方面。

首先是草场治理和畜牧品种优化问题。① 从西宁到藏村,一路上也看到了草场的退化。大面积的自然草场,在经历了超载放牧之后,草场的人工改良需要较大的投资和较长的时间。草场改良和牲畜品种的改良是当前和往后牧区公共服务和公共治理中的大事,也是民生建设和民生保障的主要内容。2018年调研中,乡镇干部提出要"以草定畜,草畜平衡,保护环境"。主要有两种思路:一,科学计算牛羊马食草量,按食草量确定放牧量。二,按人头放牧。比如,1人10只母羊,1头奶牛。5口之家,就可以放牧50只羊(其中2只公羊),5头牛(其中1头公牛,4头母牛)。母牛产奶,可供家庭奶和酥油的消费。一家一户设置一位监督员或放牧员,相互监督,同时,监督员或放牧员承担草原管护员的职责,享受公益岗位补贴。根据牲畜的食草量和人均放牧量确定草场可承载的畜牧量,剩余劳力到非牧业的行业就业。科学定牧之后多余的牛羊,可以由政府收购或者合作社收购,进行温棚圈养。当然,也有草场流转的情况。如果家中没有牛羊,则可以将草场出租,相当于出卖家中一年的草料,一般不存在草场流转几十年的情况。每亩草场拨转费用为40元—50元。草山的价格也要受距离的影响,一般深山中的草场比县城边和公路沿线的草场稍微便宜一些。② 县城一名出租车司机,兄弟三家有200只羊,冬季需要600亩左右的草场,但冬季草场不足,出租车司机家中则用耕地种草或者种燕麦,补充冬季草料不足的情况。司机家中种燕麦的土地30多亩,每年产草700捆至800捆,这就基本可以满足家中200只羊在冬季对草料的需求。问及司机家中养羊而不养牛的原因,其认为自家海拔较低,温度较高,草场较好,适合羊的放牧。司机一家每年出栏三四十只羊,每只羊600多元,此项每年收入两万多。③

草场治理的另一个重要的方面就是规划放牧。放牧可采取轮牧(夏季牧场也可以在冬季放牧,夏季牧场也可以分月放牧)、休牧、禁牧等方式,做到因地而牧。藏村5、6、7三个月在夏季牧场放牧;11、12、1、2四个月在家饲养;其他时间在冬季牧场放牧。这一放牧周期也是轮牧、休牧和禁牧的体现和轮替。对于畜种改良,藏县规划培育或引入畜牧新品种,建设新畜

---

① 张耀启、邵长亮、陈吉泉、路冠军:《蒙古高原为何能持续三千年游牧:草地、牲畜、人口关系的分析》,《干旱区资源与环境》2019年第6期。
② 访谈记录 ZX2018080508。
③ 访谈记录 ZX2018080610。

第六章　保障性整合与民生—国家认同　　155

种繁育基地,改良传统的土种藏羊和牦牛。①

其次是在辽阔的草原上放牧的公共安全问题。从西宁到藏县一路上,经过拓宽和翻新的柏油公路比较畅通,经常看到公路两侧大面积的牛羊。沿着公路放牧,既方便了放牧者,也方便了盗牧者,正如一位牧民所言:"一头牦牛一万元,二十头牦牛二十万,赶着二三十万走在大路上,看到陌生人开车过来,有点不放心。"②辽阔的草原上如何保障公共安全,也是民生保障的重要内容。

再次是渐进式推进生态移民和适度生态移民问题。由游牧到定牧、再到定居,定牧和定居过程中涉及移民搬迁。移民搬迁需要科学统筹移出地和定居地的生态治理和生态环境的承载能力。③一方面,西部地区脆弱的生态环境在人口移出之后很难能自然恢复,因为灭鼠、植树种草均需要人参与其中。另一方面,水资源短缺、草场退化等脆弱的草原生态也不能承载过多的定居点的人口和牲畜。为此,留守原地搞生态建设,转变身份成草场工人;进入定居点成为居民;进入城镇成为第二三产业就业者;等等。农牧民的身份转换、定居点布局、产业布局问题均需要政府统筹规划、协调推进。④

还有畜牧产业发展问题,其核心是政府与市场关系问题。2018年调研发现,配合草原综合治理,藏县当时还没有规模化的草业企业和饲草加工企业,导致畜牧产业受冬季的影响较大。藏县的畜牧产品,比如皮毛、酥油、出栏牲畜,等等,主要是回民上门收购,市场价格不稳定,也不透明,也缺乏畜牧产品的产业链和加工企业。

最后是产业发展与多元就业问题。生态移民搬迁和"以草定牧"之后,多余劳动力面临着外出打工和就地到其他行业就业的问题。⑤在藏村,精准扶贫中涉及的护林护草员等公益岗位共计30名。由于30岁以上劳力大多是文盲,所以,外出打工最远的地方在省会西宁。由于藏村紧邻县城,所以,外出打工者以在县城打工为主。另外,为了开辟就业市场,增加牧民收入,藏村牧民入股投资,兴建了一个砖厂。2018年调查了解到,

---

① 访谈记录 ZX2018080501。
② 访谈记录 ZX2018080502。
③ 祁进玉、陈晓璐:《三江源地区生态移民异地安置与适应》,《民族研究》2020年第4期。
④ 徐黎丽、卡马力提:《牧区发展与边疆乡村振兴的路径》,《中南民族大学学报》(人文社会科学版)2020年第1期。
⑤ 韦仁忠:《保障、整合、激励:后移民时代三江源生态移民生活重建机制的三个维度》,《青海社会科学》2019年第1期。

藏村砖厂为村中的集体资产,建立于2008年3月,注册资金260万元,选址在县城的西边,法人代表为现任村主任。该砖厂拥有职工50人,主要从事红砖、多孔砖生产及销售。砖厂自2010年开始吸纳藏村66户400余人为股东,筹措资金216万元,至2014年四年间为以上入股村民分红540万元。自2008年开始筹建砖厂,在县、镇政府的政策支持和资金扶持下,在藏村牧民的投资下,该厂由一个名不见经传的小厂,一跃成为在藏县具有一定影响力的规模化企业。2015年开始扩大规模,在砖厂原址上,村集体入股发展到210户1080人,投资1336万,其中自筹936万元,贷款400万元,建立了一座占地近3000平方米,集自动化、环保化、节约化于一体的现代化砖厂。砖厂内仓库、办公、后勤、职工宿舍设施一应俱全。2016年,该厂贯彻落实省、州民营企业"百企帮百村、百企联百户"精准扶贫行动动员大会部署,及时参加各类会议并付诸行动,推动藏县民营企业"联村帮户"精准扶贫行动扎实有效开展。经州工商联、扶贫局安排,2016年4月份砖厂参加全州非公企业"联村帮户"精准扶贫行动签约仪式,与藏县两个行政村(藏村是其中之一)签订"联村帮户"结对帮扶协议,两村将87户293人的产业发展资金共计187.52万元入股到砖厂,2016年底为两村87户293人建档立卡入股贫困户分红74.07万元(详见《入股协议书》);2017年底为两村87户293人建档立卡入股贫困户分红56.25万元,对藏县户企结对开展帮扶工作起到了引领作用。2018年6月,砖厂被评为省级"先进单位"和县级优秀企业,砖厂获得扶持奖励资金25.5万元。2018年初,砖厂召开班子会议,计划视产量效益再增加分红比例,为贫困户走向富裕之路添砖加瓦。①

入股协议书②

甲方:藏县藏镇藏村砖厂

乙方:藏县藏镇藏村村委会

根据中华人民共和国法律、法规的规定,双方本着互惠互利的原则,就甲乙双方精准扶贫和企业共同推进事宜达成如下协议,以共同遵守。

---

① 访谈记录ZX2018080811。
② 笔者2018年8月8日走访砖厂时所获资料。

一、甲方根据自身能力和特点,结合乙方的产业扶持资金,综合运用发展产业、吸纳就业等多种形式,努力实现甲方资本、技术、市场、人才等优势与乙方的产业发展资金有机结合,帮助乙方脱贫致富奔小康。

二、乙方将产业发展资金每人6400元,共48户156人,共计扶贫资金99.84万元入股甲方企业,甲方按入股资金的40%每年给建档立卡贫困户分红,每人每年2560元。

三、双方在平等、自愿、协商的基础上开展合作,乙方除每年分红外,无权干涉企业的任何事情。

四、甲方要真扶贫、扶真贫,不损害集体和村民的利益。认真履行帮扶义务,努力创造条件。

五、乙方要保护村集体和全体村民的合法权益;参与甲方帮扶规划的制定;对甲方对外公布的帮扶投入有知情权和监督权。

六、乙方要维护甲方合法权益,协调有关方面为甲方的帮扶行为提供便利。

七、本协议自签订之日起生效。

八、未尽事宜可由双方协商另立协议决定。

九、本意一式四份,甲乙双方各执壹份,县扶贫开发局、镇人民政府各存留壹份。

附件:藏镇藏村建档立卡贫困户入股人员名册

甲方:(盖章)　　　　　　　　乙方:(盖章)
法定代表人或授权代表:　　　　法定代表人或授权代表:

2016年4月10日

2018年调研发现,砖厂生产的砖分为两种,一种砖的售价在0.3元/块,另一种砖的售价在0.6元/块。砖厂普通工人每月工资3400元,一年可工作七个月,工作期间厂里管吃管住,工人大多为附近村的村民。厂长和工人工作热情高,关系和谐,工人对厂长的管理和经营高度认可,对砖厂的未来发展充满信心。工人纷纷表示:藏县类似的砖厂有四五家,这家砖厂效益最好,"在这工作很好,我做出的每一块砖,都有我的分红!"①在藏村与砖厂签订入股协议书的同时,农牧户也要签署《农牧户扶贫开发项目资金使用承诺书》。

农牧户扶贫开发项目资金使用承诺书②

　　_____乡(镇)_____村牧户_____家中共_____口人,是2016年"两线合一"建档立卡贫困户,自行申请发展__藏村砖厂入股__产业,共投资_____万元。

　　特做以下承诺:

　　1. 承诺专项资金用于__藏村砖厂入股__;

　　2. 严格按标准要求实施产业项目;

　　3. 不随意变更已确定的项目性质和内容;

　　4. 不随意将产业项目转让或转卖给他人;

　　5. 发展经营产业实现脱贫目标;

　　6. 若违反上述内容,自愿承担扶贫开发政策法规规定的相应责任。

　　特此承诺

户主(签字):
家庭成员(签字):
结对帮扶干部(签字):
年　　月　　日

综上所述,藏县确定的未来发展思路是"以牧为主,以农为辅,兼采集业(冬虫夏草采集)"③。其中,影响牧业、农业和采集业发展的核心因素,也是影响定牧和定居的核心因素,即"定"与"变"的关系问题,对"定"与"变"的度的把握也是公共保障中的政府职责。调研发现,主要问题是草场分配和草场承包政策的稳定性问题,其实,藏县大部分农业也是为牧业而存在。藏县1994年分草场的时候,政策宣传是50年不变,但是,牧民心里没底,认为分草场到户只是暂时的安排,后续会有调整。但是,从1994

---

① 访谈记录 ZX2018080812、ZX2018080813。
② 笔者2018年8月7日在扶贫资料电子化处理办公室翻阅扶贫资料时所获资料。
③ 访谈记录 ZX2018080508。

年至今,草场分配没有调整,随着时间的积累,草场纠纷逐渐暴露出来。草场纠纷主要有三种情况。一是有基层干部反映:草场分配之初,牧民普遍喜欢要阳面的草山,因阳面牧草长得好。但是在冬虫夏草经济发展起来之后,牧民普遍喜欢草山的阴面,阴面积雪覆盖时间长,冬虫夏草较多。二是有牧户反映:分草山当初,大家对草山不重视,随着经济社会发展,牧民越来越看重草山,要求重新丈量、科学丈量、精准丈量,要求边界清晰,要求冬季草场和夏季草场重新搭配、草场等级重新搭配。在藏县,冬季草场和夏季草场的区别是距离牧民住处的远近。夏季暖和,牧民可以带上帐篷,赶上牛羊,到较远的地方去放牧,所之处就是他的夏季牧场;冬季寒冷,牧民和牲畜不便远行,冰雪未覆盖草场之前就在住所附近放牧,冰雪覆盖草场之后也需要圈养起来添加饲草,所以,住所周围的草场即为冬季草场。随着住所的改变或到定居点上定居,牧民就想重新调整草场。三是草场等自然资源分配极不均衡,连带的国家补贴也极不均衡。2017年耕地地力保护补贴和粮食作物补贴,补贴标准为每亩100元,每户补贴面积少则四五亩,最多的一户有255.29亩。2017年草原生态禁牧补贴,补贴标准为每亩14.07元,每户补贴面积少则一二百亩,最多的七八百亩。2017年草原生态草畜平衡补贴,补贴标准为每亩2.5元,每户补贴面积少则一二十亩,最多的五六百亩。上述因素变化导致了一些草场归属纠纷的出现。[①] 一位基层老干部介绍:50年不变,也不能机械、一刀切式的执行,结合自己的工作实践,他介绍了3起草山变动案例。"只要相关群众愿意,村庄票决,乡镇上报,县人大复议,签订合同,就可以办理草场变动事宜"。[②]

另外,在发展进程中,社会化的主要路径是教育,当然,社会化的程度取决于教育的方式和内容。藏村之所以保持上述生产生活方式,主要因素之一是教育程度的差异。2018年,笔者在藏村入户访谈期间,碰到一个18岁初中毕业的少年,赋闲在家。还碰到两个大专生,一个在江苏上学,一个在西宁上学。30岁以上的牧民大多是文盲,生产生活习俗完全依靠言传身教。村支书认为:30岁以上的牧民虽然文盲多,但是近几年在定居点上经常看电视,也能听懂一些普通话,也了解一些外面的世界。[③] 总体而言,由于保障区域和保障对象的上述因素,藏村的社会保障仍处于粗放式发展

---

① 访谈记录 ZX2018080608。有关草场纠纷的调处参见王勇《草权政治:划界定牧与国家建构》,中国社会科学出版社2017年版。
② 访谈记录 ZX2018080607。
③ 访谈记录 ZX2018080809。

的初级阶段。夯实基础保障,精细化做好特殊保障是民生—国家建设的主要面向。

二、散居、搬迁与移民社区

历史上的回县,与藏县相似,也是游牧之地。2010年笔者到回县调研,回县没有藏县一望无际的草原绿,平添了更多的荒芜与土黄。如果自然演绎保持延续,也许回县的今天就是藏县的明天。从回县县城到回村是87千米,虽然只走了一个半小时,但是感觉很漫长。整个路程是不到两车道的县乡公路,偶尔有一段还被沙土掩埋。与藏县的散居不同的是,沿路看到的大都是聚居的村落,公路沿线分布较多。陪伴调研的一位基层干部告诉笔者:这条公路具有很长的历史,20世纪80年代以来曾经翻修过3次。所以,新修住宅的农民大多靠近公路,为了出行方便。至于是否游牧与定居,甚至聚居之间有这样的关系:草原退化,不能放牧之后,农牧民就会自然走向聚居,形成聚居的村落,开始旱地农耕生活。结合藏县牧民的生产生活中的"分散性",以及走向聚居中存在的一系列问题,目前在藏县进行的新牧区(聚居区)建设是否适应当地的生产方式,在与同车前往回村的干部的讨论中,没有得出结论。[1] 基于上述恶劣的生态环境,宁夏成为我国生态移民政策的发源地之一,回县也是宁夏实施生态移民的重镇,回县的生态移民也取得了重大的社会经济成效。[2] 到2010年底,回县累计投入生态移民资金10.3亿元,农民自筹3.2亿元,建设移民村19个,实现移民入住1.87万户7.93万人,完成了回县生态移民规划总任务逾八成。[3]

与2010年深入回镇沿路看到的不同,2018年,沿路看到了绵延的荒山上竖起的大唐风力发电机,以及一块块关于营林育林的宣传牌"科学营林育林,保护森林资源"。驻车观察发现,营林育林以村庄为中心,向四周由近及远扩展,面积还不是很大,覆盖范围略小。"营林育林"一方面需要禁牧;另一方面需要人工参与,当地育林以人工种植柠条为主。可想而知,这种人工辅助下的生态环境的恢复,是一个漫长的过程,需要持续的人力和

---

[1] 访谈记录HX2010082304。
[2] 王志章、孙晗霖、张国栋:《生态移民的理论与实践创新:宁夏的经验》,《山东大学学报》(哲学社会科学版)2020年第4期。
[3] 中国经济网,查询时间2010年12月23日。

物力的投入。由此可见,回县与藏县的生态境遇相类似,在人类开疆拓土之初,是人类不断征服自然界,不断向自然界进军的单向度的过程。随着自然界的超载和自然资源的枯竭,人类被迫逐渐退出曾经的活动区域。但是,在西部地区脆弱的生态区域,人类不能一退了之,也需要以适当的人力和物力投入,帮助自然恢复生态,以利于人类可持续发展。① 具体而言,生态移民不是一走了之,还要在移出区域恢复生态。② 据乡镇干部介绍,大唐风力发电公司一次性征用荒山荒坡,当地农民不参与经营管理和防护,大唐风力发电公司也不参与生态和植被的恢复工作。多年之后,荒山荒坡上的生态和植被是在恢复还是走向更加荒芜,有待于观察和研究。

  回县回村即是一个新建的生态移民新村。回村距离回镇 2 千米。回村中心位置,建有村两委办公室和社区办公区。办公区的前方是回村集文化、休闲、娱乐于一体的广场。回村的西头,建有一座清真寺。办公区的东边,是新建的回村小学。小学有五层高的一栋教学大楼,楼前是开阔的操场。2009 年入学学生 320 名;2010 年入学学生 420 名。新的教学环境、较高的教学水平和方便的入学条件,成为入住回村村民的"看好点"。2010 年的回村是一个建设中的新村:村支部委员会主要由移居到新村的 5 个村的支书构成。村委会的牌子已挂,但村委会的班子尚未配齐。新村建设的总体规划由县委直属的生态移民领导小组负责。截至 2010 年 8 月,新村可容纳 1000 多户移民居住,实际入住约占一半。据村支书介绍,当初为了实现彻底的迁居,政府曾经尝试了许多办法,但实施的效果并不好。后来,为了使移民安心于新村,回镇政府以每亩 400 元的价格收回了新村所在地即镇政府所在地附近农民的水浇地,然后再对土地进行重新分配。移居回村的村民每人分得 1 亩水浇地。如此一来,移居的农民有了一定的温饱保障,初步稳定了人心。③ 2018 年的回村,土地面积 10 平方千米,水浇地面积 1.2 万亩;辖 5 个自然村(社),共安置移民 1302 户 4818 人(纯回族),常住户 667 户 2468 人(其中,本镇常住户 352 户 1239 人),建档立卡 216 户 768 人(未脱贫户 77 户 220 人)。回村设党小组 5 个,有党员 23 名(其中,35 岁以下 4 名,60 以上 7 名;大专及以上学历 4 名,初中及以下 17 名;女党员 2 名,外出党员 2 名);培育致富带头人 12 名。回村滩羊饲养量 21000

---

  ① 聂莹、樊胜岳:《西部民族地区生态治理政策公共价值分析与绩效评价——以内蒙古翁牛特旗为例》,《中央民族大学学报》(哲学社会科学版)2017 年第 6 期。
  ② 祁进玉、陈晓璐:《三江源地区生态移民异地安置与适应》,《民族研究》2020 年第 4 期。
  ③ 访谈记录 HX2010082401。

只(存栏8000只),肉牛饲养量2720头(存栏1600头),被县委、政府确定为肉牛养殖产业示范村。2017年,农村居民可支配收入8300元,2018年回村脱贫销号。回村脱贫的标准是"五通八有",即通路、通水、通信息、通广播电视、通客车;有增收的支柱产业、有经济合作组织、有综合服务网点、有文化体育活动场所、有标准卫生室、有团结干事的两委班子、有集体经济收入、有驻村工作队。① 两次调研的数据比较可见,回县、回村移民搬迁的力度越来越大,成效越来越明显(参考"易地扶贫搬迁政策"和"自发移民政策")。

回县2017年易地扶贫搬迁政策②

回县2017易地扶贫搬迁对象为东部山区乡镇干旱山区贫困村没有享受过"十一五""十二五"生态移民政策和2014年后(含2014年)没有享受过危房危窑项目补助政策的建档立卡贫困户。移民确定以户口为准,户籍界定时间为2016年3月31日。劳务移民家庭成员必须至少有1名18—45岁健康劳动力。

凡符合劳务移民安置政策,进行安置的移民对象,每人需缴纳移民建房自筹款3000元。对于按人均标准补助面积测算超出的资金,由移民自筹解决。县内劳务移民住房补助实行按人补助的方式,人均住房面积必须控制在15—25平方米红线范围内,人均投资4.9万元,就近安置,人均16平方米,按户为单位建设移民安置房,每户规划庭院1处,并配套建设围墙、大门、卫生厕所、圈棚等设施。

分配给移民的安置房有独立产权,在移民安置后5年内不得转让、出租、出借。移民在原居住地享受退耕还林、草原生态保护补助奖励机制政策的搬迁户,在政策期内继续享受原有政策。

回县2017年自发移民政策

自发移民采取政府补助、农户自力更生、自主迁徙的方式,以户为单位,按4万元/户的标准予以补助(单人单户每户补助1万元)。移民户籍迁转至现居住地后享受与当地住户同等政策。

---

① 访谈记录HX2018101701。
② 笔者2018年10月在回县调研时在回县扶贫开发办公室收集到的资料。

自发移民安置户必须是生态移民规划迁出区范围内的农户,并持有迁出区范围内的户籍;必须在现居住地长期居住,且有房或有地、有稳定收入来源;必须是自愿迁转户籍、解除原居住地耕地、林地、草原承包合同并收归国有,拆除原住房及附属设施;户籍界定时间为2016年3月31日,以户为单位进行补助。

不予补助的安置户已经享受过生态移民政策的农户,不予补助;对非农户籍的,变更为非农户籍,确属农民身份,仍从事农业生产的,可予补助,其他非农户籍一律不予补助;对于双重户籍的,不予补助,只对其迁出区户籍予以注销;对于2009年12月31日之后无特殊原因(上学、服刑或未享受生态移民政策误迁等除外)整户迁入移民规划迁出区的户籍,不予补助;在移民村私自购买移民安置房的,不予补助;对于为多享受移民搬迁等相关惠农政策,家庭成员之间恶意分户的,不予补助。

户籍迁转由农户自行办理,户籍未能迁转的一律不得享受补助资金;农户享受补助政策、迁转户籍后,在原居住地享受的退耕还林、退牧还草等惠农政策,在国家政策执行期内继续享受。

2010年在此调研的王勇认为:回县正在从事的农村社区建设基于多方面的因素:一是生态地理。本书第一章已经论述到,回县地处干旱区,生态恶化,旱灾频发。如果实现集中居住,一方面可以实现水、电、路、教育、医疗等公共物品的有效供给,也可以实现自然灾害的及时、有效救援。二是政府管理。一般而言,在居民集中居住的情况下,政府便于实施组织管理,也有利于开展生态保护工作。三是对经济内需、规模化消费的拉动。这是全国推动农村社区建设的普遍因素。在回县的农村社区建设中,生态环境压力可能居于首位,这也是回县的新农村建设之所以以"生态移民"新村或社区的名义推动的题中之义。另外,由于回村的新社区处于建设和完善之中,所以,社区内部有关搬迁、补偿、公共品的供给和享用等方面的事务很密集。据村支书介绍:"干部和群众大会差不多每周都有,群众参与也比较积极。"①对此,王勇分析认为:聚居是一把双刃剑,其中一"刃"是为农民的集体行动提供了方便。对于原来居住在山区的分散的农民来讲,如果能维持温饱,自给自足,此时农民需要的是"消极政府";在新社区,居民

---

① 访谈记录HX2010082401。

需要"服务型政府"。① 在政府的服务与居民的期望之间也可能存在落差，同时，也需要通过提供公共服务，提升移民社区的公共性。② 另外，回县新社区建设的速度高于藏县，在高速进入新社区之后，面对社区生活货币压力的明显提升，也可能产生不适应。近10年，回村通过产业发展、搬迁补偿等精准扶贫的重大举措的贯彻落实，夯实了回村村民发展的基础；通过精准扶贫示范点的建设，提振了村民发展的信心。2018年调研发现，回镇建设了葡萄产业园，回村旁边1千米处有多处文物古迹和自然水域，回镇政府计划把此片区打造为文旅小镇。③ 葡萄产业园区和文旅小镇的打造，可以解决村外就业的问题。

在近年的扶贫过程中，回村发展起来了养殖产业。绝大多数村民养牛养羊，养殖业已经发展成为回村的支柱产业。养殖主要有养殖合作社、村办养殖场和农户散养三种模式。三种模式实现互动互补，有效促进了回村养殖业的发展。

在回村，成规模的养殖合作社有6家。其中，村支书任理事长的养羊专业合作社成立于2010年9月，投资金额300万元，基地面积29亩，养殖的羊存栏4000只，棚圈面积3500平方米，氨化池1260立方米，消毒室、兽药房、办公区共200平方米，有社员130户。合作社为社员提供统一科学养殖、统一技术培训、统一进栏、统一防疫和统一选种服务。合作社养殖的辽宁绒山羊成长快、利润高。散养羊只的村民也经常前往合作社学习养殖技术和饲草配方，邀请合作社的兽医和技术人员进行技术指导，购买合作社的种羊和幼羊。合作社在养殖过程中发挥了很好的示范和带动作用。④

截至2018年，村委会附近有6处空院子，村委会组织群众在这6处院子中进行集中养殖。村委会集中养殖，由扶贫资金投入100万元，养牛80头。村委会雇2名村民专门喂养，产生的收益纳入村集体收入集中使用和分配。村委会集中养殖，一方面扩大村里养殖规模，另一方面，为村民提供小牛和种牛，为普通村民示范养殖技术。⑤

---

① 2010年7月26日，王勇博士也到回县回镇回村做了短暂的调研，为笔者后来的调研提供了许多方便，其调研成果也为笔者提供了许多启发，此处多有参考，再次致谢！参阅王勇调研日记，内部资料。
② 吴业苗：《农村社会公共性流失与变异——兼论农村社区服务在建构公共性上的作用》，《中国农村观察》2014年第3期。
③ 访谈记录HX2018101603。
④ 访谈记录HX2018101705。
⑤ 访谈记录HX2018101603。

除了在村办养殖场和养殖合作社集中养殖之外,其余家户基本家家户户有养殖,以养羊和养牛为主。对于贫困户养牛,政府统一购置母牛,发放给贫困户圈养。政府负担1—2头母牛的保险费,保险费为400元每头,多于2头的保险费用由村民自己负担。从账面上来看,全村养殖户都加入了养殖合作社,合作社负责防疫、配种和养殖技术指导。政府为养殖户建设畜棚也提供补贴,要求畜棚最小要达到80平方米,补贴6000元,建设成本为7000—8000元。合作社统一引入青储玉米技术,指导全村养殖户青储玉米,为牛羊储存饲料。养殖户在社区周边分到的水浇地上种植玉米,就是为给牛羊做饲料。当然,极个别家户没有养殖,就将青玉米卖给养殖户,每亩1300—1400元。[①] 玉米种植从犁地、播种到收割,都实现了机械化。从人力耕种土地中解放出来的劳力,主要精力用于养殖或者打零工。

在回村,集中居住的新社区的布局是一排一排的院子,一家一户的院子都是正方形,大小为400平方米。大多数普通农户的院子里一般建设有供人居住和生活的房子,另一部分的面积用来建设牲畜棚舍。如此布局,就会出现人畜共处一个院子的情形,造成空气污染和粪便污染。由于一排排的院子紧密挨在一起,所以,出入院子的牲畜也会在村内道路(即农户的房前屋后)留下粪便,影响人居环境和村庄整洁。个别农户,租用邻居的院子搞养殖,养牛二三十头,养羊百十来只,严重污染周围邻居的居住环境。为此,将人畜分离,建设专门的养殖区域,或重建专门的人居社区,是回村未来的发展方向和主要议题。回村在村外建设的养殖合作社,就是人畜分离、规模化发展的代表。

回村的案例可以看到,社区公共生活经历了不断演进的过程。回村新社区建立之初,是解决移民搬迁和集中居住的问题,是解决水、电、路、教育、医疗、宗教场所等基础设施和公共服务集中供给问题,在后续发展中还逐步解决了产业发展和就业问题。当下和往后还要继续解决人畜分离和人居环境整治问题。

在距离回村2千米的地方,在国家级自然保护区的东麓,政府规划了一个葡萄小镇,占地面积11万亩。葡萄小镇借助贺兰山东麓葡萄文化长廊扩展需求和宁夏东部旅游大环线发展机遇,以供给侧改革理论为指导,以引领葡萄酒时尚生活为核心理念,以葡萄种植和葡萄酒酿造为基础,构建"经济作物种植+加工制造业+文创业+服务业"等多产业链条,开创生活

---

① 访谈记录HX2018101603。

型葡萄小镇发展模式,集产业功能、文化功能、旅游功能、新型社区功能为一体。葡萄小镇计划投资 166 亿元,规划建设三期,截至 2018 年,已整理土地,种植葡萄 3 万亩。3 万亩葡萄种植基地均是承包农民旱地,承包期为 20 年,每亩租金每年 100 元。种上葡萄之后,葡萄酒厂已解决了灌溉问题,旱地变成了水浇地。"周围村民看到了收获的希望,也经常来葡萄园打工。"[①]按照规划,到 2023 年,葡萄小镇发展成熟,将成为一个融旅游、务工、休闲、居住等功能为一体的新型城镇,带动 2000 余人就业,实现年产值 10 亿元。[②]

面向未来,随着城镇化的发展,回村的村民有去乡镇居住的,有去葡萄小镇发展的,也有去县城发展的,还有继续留守回村的。所以,回村可能也是一个发展的过渡阶段,也许随着人员的外流,回村会变成一个集中养殖的场所。但是,不管未来如何发展,政府的规划和引导,市场机制的有序深入,社会有机体的培育,都是保障性整合和民生建设的题中要义。[③]

除了养殖业和葡萄种植园区之外,回村还建立了 1 个服装加工扶贫车间和 3 个饲料加工扶贫车间,4 个扶贫车间每天可提供 50 个就业岗位。回村距离回镇 2 千米,部分村民在乡镇务工。总体来看,回村处于居住社区、产业园区、小城镇初有发展的初步阶段。往后是一个民生发展的精细化和提升阶段。

三、在村、进城与"城乡之间"

相对于回村和藏村,壮村具有悠久的社区聚居历史和村民自治明星村的殊荣。为举办全国村民自治系列庆典活动,壮村所有自然屯之间的道路实现了硬化,外墙立面实现了美化。至此,壮村的农村社区建设基本完成,公共保障基本完善。政府之于壮村的主要工作就是引导壮村农业产业化发展和富余劳动力向外转移。[④] 农业产业化发展中的保障性整合主要体现在基础设施建设的进一步深化。在壮村,主要表现为硬化道路修到主要的田间地头;为主要田地修建灌溉沟渠;修建生活污水排放沟渠,禁止生活

---

① 访谈记录 HX2018101608。
② 根据 2018 年 10 月 16 日现场参观资料整理。
③ 慕良泽、赵勇:《中国共产党"三农"战略:百年回溯与展望》,未刊稿。
④ 访谈记录 ZS2010072801。

污水流入田地。

在桂中偏北的传统山寨生活中，大农业的各个方面表现为内部循环，自给自足。壮村也有大农业各方面发展的潜质和条件。特别是在现代化的过程中，山寨生活的社会化已经深入各个方面，城乡之间、工农之间、区域之间的利益和要素的自由流动和适时配置，表现出了相对宽松的发展环境和乡村全面发展的景象。

壮村上游有一个大水库，可以养鱼，也有村民在此水库进行捕捞。水库下游建有灌溉沟渠，可以满足全村水田灌溉，解决全村人的口粮问题。壮村有养蚕的传统，桑苗有在旱地种植的，也有在水田种植的，以水田种植为主。壮村有全家劳力共同养蚕的农户，一年养蚕的时间大约6个月，成年人人均收入大约2万元。除了在家养蚕的6个月时间，其余时间可以外出务工或者在村里从事其他劳动。村里也有年轻劳力专门收购蚕茧，运送蚕茧，供应蚕种、化肥和农药。在壮村，林地面积和耕地面积各占一半，种树也成为一种产业。当地村民也有从事包山种树、木材收购的，也有开板材加工小作坊的(参见图6-4)。在壮村，家家户户均养家禽，供自家食用。壮村也有一些零星的其他产业，比如2010年有2家种植蘑菇的，据说专供香港。[1] 2018年有1户村民种植火龙果10多亩，每亩收入在2万元左右。壮村虽然偏远，但是，有人上门收购火龙果，据说会卖到台湾。[2] 在壮村，年轻人可以参与上述产业发展，也可以当选村干部，也许是因为村民自治明星村的招牌，与周围其他村庄相比，壮村村干部普遍年轻。[3] 总体来看，壮村人口多，土地少，离广东较近，农民外出打工较早，壮村较早、较好实现了民族融合、区域融合与产业融合。所以，城乡之间不仅人员流动，还有资源、信息、智力等要素的流动。同时，流动于城乡之间的各种要素，并没有削弱乡村内部的凝聚力，反而，在外务工的壮村人，参与本村筹资的积极性很高，壮村的田间道路修缮、乡村清洁工程、美化亮化工程等，均有良好的村民参与机制和筹资机制。

---

[1] 访谈记录 ZS2010072803。
[2] 访谈记录 ZS2018103002。
[3] 访谈记录 ZS2018110104。

图6-4 壮村田间地头的板材作坊(笔者2018年11月拍摄)

综合本章三节内容,从民族三村的经济发展来看,藏村原生的牧业和后续规模化、专业化发展的牧业不能实现牧户家庭生活的自给自足,粮油米面蔬菜等生活用品必须依靠外部输入,不管是市场输入还是政府输入,日常生活的维持都需要政府行使直接保障或间接保障职能。回村在扶贫过程中培育起来的养殖业及其相应的饲草业也是单一型经济,从家庭生活来看,米面粮油的基本供给也需要外部保障。在壮村,米油菜基本能实现自给自足,但是,专业化、规模化发展不足。综上所述,在民族三村,村民的货币压力均较大,均存在社会化供给需求和对国家民生保障需求,只是各有侧重和区别。[①] 当然,这其中,也需要村庄社会内部要素的积极参与。在藏村,村庄社会内部的民生保障经历了家庭保障到扩大家庭保障,再到组合大家庭保障,往后要面向定居社区的自组织保障。在回村,由于是新建的移民社区,村庄社会内部的团结机制还没有良好发育和运转,村庄垃圾清运、房前屋后道路清扫、秋冬季农田维护、公路边杂草清理、道路两边林带维护等工作,均需雇零散劳动力来完成,每人每天100元,由镇政府来支付。[②] 而壮村,如前文所述,有良好的村庄内部团结互助机制和筹资筹劳机制,较好地解决了村庄内部的部分公共保障需求。[③]

近几年,民族三村民生事业的全面进步主要依靠精准扶贫,但是,各有

---

① 崔红志:《完善覆盖农村人口的社会保障体系:现状、问题与对策建议》,《新疆师范大学学报》(哲学社会科学版)2020年第5期。
② 访谈记录HX2018101603。
③ 参见第三章第三节的相关内容。

区别。在藏村,民生建设以夯实基础为主。而回村是在保障兜底的基础上的发展型、改善型民生建设,比如养殖业的培育和壮大,生活区和养殖区的分离,等等。在壮村,民生建设实现了国家外在保障与社会内部资源积极参与保障相结合。而这一点,也是壮村与藏村、回村的区别。在藏村和回村,民生建设以国家外在保障为主,社会内部资源参与有限。总体来看,回村的经济发展水平最高,壮村的社会发展水平最高,藏村的社会化水平最低。这也从另一个角度反映出民生保障和民生建设的重点和难点:回村民生保障的重点是激活社会资源的积极参与;难点是凝聚移民新村的共同体意识,促进社会发展。壮村民生保障的重点是实现"大农业"经济的高质量发展;难点在于拓展规模,实现规模效应。而藏村民生保障的重点就是拓展基础、夯实基础,难点在于要在统筹规划中实现跨越式发展。①

民族三村也在一定程度上反映了保障性整合的历程:从"人"的保障到人的"物"的保障;从生存保障到生活保障,从生活保障到发展保障,特别是产业发展和就业发展的保障;从固定的保障到流动的保障,最终实现城乡融合发展的社会保障体系化和系统化。② 从民生—国家建设的成就来看,保障性整合实现了民生的公平、平等、均衡发展,提升和增强了民众的获得感、幸福感和安全感。③

这一发展过程也反映出,随着现代化的深入发展,可以跳出"三农"(包括牧民、牧区和牧户)看"三农",在"国内大循环"和"国际国内双循环"的格局中布局"三农"战略。④ 农业、农村和农民原本具有连带关系和连带效应,但是随着生产力的发展,这种连带关系和连带效应逐渐减弱,"三农"不再是一个紧密联系的整体,而是全社会产业链条上的生产要素。比如,农民变成农民工在城市务工就业,也可以变成市民,农民离土地也渐行渐远;⑤农业资源禀赋很差的地方也可以发展科技农业、设施农业;生态宜居的农村也可以成为城里人休闲度假的地方,可以为城市提供生态资本,等等。所以,实现国内大循环的基础是实现生产要素的独立和流动,使

---

① 慕良泽:《民生政治:惠农政策的政治效应分析》,《马克思主义与现实》2018 年第 1 期。
② 王曙光、王丹莉:《中国农村社会保障的制度变迁与未来趋势》,《新疆师范大学学报》(哲学社会科学版)2020 年第 4 期。
③ 王立剑、代秀亮:《新中国 70 年中国农村社会保障制度的演进逻辑与未来展望》,《农业经济问题》2020 年第 2 期。
④ 慕良泽、赵勇:《中国共产党"三农"战略:百年回溯与展望》,未刊稿。
⑤ 朱冬亮:《农民与土地渐行渐远——土地流转与"三权分置"制度实践》,《中国社会科学》2020 年第 7 期。

具有独立性和流动性的生产要素在要素市场实现有效配置。当然,这其中也要更好发挥政府作用,不断推进产权改革,以"有为政府"的"治理有效"呵护和保障"产业兴旺"和"生活富裕",重视社会力量的作用也是重要内容。例如,在乡村振兴进程中,乡贤回归桑梓,乡愁记忆与农耕文化传承工程也能打造乡村发展的其他业态。当然,这需要战略规划。为此,未来的保障性整合,需要重点规划有效市场、有为政府和有机社会三者的更好结合。① 同时,需要立足"国内大循环",面向"国际国内双循环",战略性、系统性调配"三农"要素。从生产要素视角来看,长期的城乡二元结构和区域发展差距,导致资金、土地、劳动力等要素配置在城乡之间、区域之间严重不均衡,截至目前,农村优质资源向城市单方向集中、向东南区域集中的趋势没有根本逆转。现阶段,要素配置不合理主要体现为资金和土地配置失衡、农村高素质人才持续外流。实现城乡、区域联动、互补、协同发展,其根本战略是在乡村与城市之间、区域之间构建合理的要素市场化配置机制,使要素资源发挥各自优势,在资源流通、提振内需中实现保值增值,这也是保障性整合的战略布局。

---

① 闫文秀、李善峰:《新型农村社区共同体何以可能?——中国农村社区建设十年反思与展望(2006—2016)》,《山东社会科学》2017 年第 12 期。

第七章　民族地区秩序建构中的国家与社会

政治发展研究大师塞缪尔·P.亨廷顿认为:在后发现代化的国家或者地区,对秩序的强调优先于对自由的保障,所以,秩序成为政治发展首要的追求目标。① 当今世界主要国家、多数人群,在生产、生活和交往中,主要受宗教、市场和政府力量的影响,秩序的形成也依赖于宗教对心灵秩序的调控、市场对基础秩序的调控和政府对公共秩序的调控。本章内容将在国家与民族地区乡土社会互动的场域——民族地区的乡村治理中,通过对宗教、市场和政府型塑的秩序场景的考察,试图把握民族地区国家与社会互动的具体样态及微观动向。

一、宗教与心灵秩序

宗教有信仰的力量,世俗社会生活也有世俗文化的力量,信仰的力量和世俗文化的力量往往需要相互包容,和谐相处。② 在藏县和回县,宗教是社会文化结构中重要的构成部分,从日常宗教生活到宗教集会,从个人宗教行为到公共宗教活动,都可以看到宗教对于信众心灵秩序的塑造和牵引,而信众心灵秩序的样态也深刻影响着信众外显的社会生活。

佛教之于藏族民众、伊斯兰教之于回族民众,就是文化基因和文化血脉。藏县藏族民众、回县回族民众全民信教。根据笔者实地调查,宗教信众可以从这样几个维度进行分类考察。第一个维度,依据对待宗教的态度不同,信众可以大致分为年轻人和老人。年轻人做工赚钱,积累财富,为俗世功德圆满之后去朝觐做好铺垫。一般穆斯林在世俗生活中"退居二线"之后就开始筹备朝觐,能到麦加朝觐是所有穆斯林一生的心愿。朝觐完成后,更是潜心于上寺做礼拜,研修经文。③ 在藏县的藏村,也呈现相同的状况:年轻人一般到县城打零工,或者放牧,或者收拾庄稼。在村里的宗教场所中活动的一般是老年人。在藏县与回县,许多干部都表示自己退休之后

---

① 塞缪尔·P.亨廷顿:《变化社会中的政治秩序》,上海人民出版社2008年版。
② 访谈记录 ZX2018080607。
③ 访谈记录 HX2010082301。

也会专心上寺,念经修行。在内地和汉族民众中,教徒也是老人居多。

对于老人参加宗教活动的解释可以概括为以下几种:一,休闲说。老人没事干,参与宗教活动算是打发时间,也是一种精神寄托。二,生命周期说。年轻人忙于挣钱,养家糊口,心思不在宗教上,作为老人,尘世的事务已经基本了却,开始关注来世及其死亡。希望通过宗教关注死亡,关注人生,回味人生,体悟人生。"年轻时没好好念经修行,老了就要好好学习经法,弥补年轻时的不足。再者,老了,念经修行的过程也就是自我忏悔和总结人生,通过念经使得自己的人生功德圆满。"①三,宗教本性说。每个人都有一定程度的"宗教性",并且人越老,宗教性越强。② 根据笔者调查,藏县、回县的老人参加宗教活动,以"宗教本性说"为主,也有部分信众坚持"生命周期说"的看法。2018年8月笔者在藏村调研期间,恰逢2010年调研时在任的村支书(2013年已经去世)的夫人(74岁)带着两位儿媳(一位46岁,一位28岁,均为文盲)在用精选过的黏土做原料,用小佛塔模具制作小佛塔。她计划用10200个小佛塔在故居建造一座大佛塔。每个小佛塔上有8个小佛身,建造而成的大佛塔共计要有10万个佛像(见图7-1)。③ 建造佛塔主要是老夫人的心愿,兼具上述三种解释。两位儿媳主要是配合老夫人完成心愿。

图7-1 模具扣出的小佛塔等待晾干(笔者拍摄于2018年8月)

---

① 访谈记录 HX2010082302。
② 上述概括参阅吕大吉《宗教学通论新编》,中国社会科学出版社1998年版;李建欣《"第六届纪念涵静老人宗教学术研讨会——宗教关怀与现代生活"综述》,《世界宗教研究》2006年第1期;王习明《对农村民间信仰的几点思考——以关中等地农村老人"朝庙子"现象为例》,《中国宗教》2008年第2期。
③ 访谈记录 HX2018081210。

第二个维度,根据信众在宗教事宜中的职业化程度和身份性质,在伊斯兰教信众中,可以分为阿訇、寺院中的其他管理人员和普通信众;在佛教信众中,可以分为活佛、寺院中的其他管理人员、僧侣、俗身僧人和普通信众。藏村有一位俗身僧人,①与寺院的僧侣一样,他的主要工作是赶周边的红白喜事的场子做法事。在藏区,红白喜事都要请僧侣做法事,为此,该僧人家里积累了很多"布施"。在藏村村民普遍贫困的环境中,该俗身僧人住房里铺有地板砖、洗衣机、电磁炉、冰箱、电视机、现代组合家具都有。另据村干部介绍:藏村有3位活佛,均是县政协委员,是藏村人的精神领袖,也充分获得了周围村民的尊重和好评。② 在藏村,各家各户对佛事都很敬重,条件好点的家庭设有普通客厅和高级客厅。高级客厅设有活佛座位,专门为活佛光临而设,非活佛者不能上座。不管家庭条件如何,住房是否紧张,均在一间屋子设有佛堂。在藏村,每个小朋友甚至包括高中生贴身都戴护身符,护身符的口袋里装着好几枚活佛像章。小朋友的胸前也挂着几枚活佛像章,家长希望活佛保佑孩子平安、健康、幸福。③ 房间设置和佩戴护身符说明,佛教以及宗教领袖已经融入了藏族民众的生活空间。④ 可以看出,普通信众间接关心政治的方式之一是对有宗教地位且有政治地位的宗教领袖的关心、尊敬和崇拜。宗教领袖是信众心中的"意见代表",他们参与政府的各项会议和决定,也可能在与普通信众的日常交往和宗教交往中传达政务信息。随着政治社会化的不断推进,信众也表现出直接关心政治的主动性和积极性,如关心自己身边的宗教领袖和"意见代表"在公共生活中的影响和地位,"是否能跟政府的人有关系,是否能经常出入政府,能给大家讲理,能给大家办事"。⑤ 信众往往通过上述场景来间接认识国家事务和政治发展。回村没有阿訇,村上清真寺的管理人员由寺坊推选产生,是信众"信得过的人"。在回村的民众家庭中,没有摆置宗教设施,有空闲就近去清真寺做礼拜。在回村调研期间,村民提及自己认识的、朝

---

① 笔者注:俗身僧人与在寺院里修行的僧侣不一样的地方在于俗身僧人可以婚育,不在寺院修行,不在寺院常住。
② 访谈记录 ZX2010071801。
③ 访谈记录 ZX2018080802。
④ 访谈记录 ZX2018080802。
⑤ 访谈记录 ZX2018080802。这一表述正如相关研究指出的:信众关心自己"所属宗教代表人物是否当选为人大代表,参加人大会议,是否吸收为政协委员,参加政协会议。他们常常以此来衡量所属宗教、教派在社会上的地位,以此来认识、判断国家对宗教的认可程度"。参见王宗礼、刘建兰、贾应生《中国西北农牧民政治行为研究》,甘肃人民出版社1995年版,第280页。

觐归来的信众(或者亲戚),普遍会表露出羡慕和尊重之情。① 总体来看,随着互联网和大众传媒的普及、受教育程度的提升、信众身边公共事务的增多,伴随宗教与其他方式的公共生活的分离和差异化发展,宗教信众直接关心政治的积极性和主动性会进一步增强,而通过宗教间接关心政治的情景会减少。

通过上述对信众的简单分类及其宗教行为表现可以看出,在社会化和世俗化的总体历史进程中,宗教为适应现代社会而做出的改变自一开始就面临着矛盾的境地:一方面,宗教处于现代世俗社会之中,并且有强大的社会基础和社会根基。但是现代社会的任何进步,都必然对宗教产生直接影响,"魅力化"的宗教一直面临"祛魅化"的冲击。在此过程中,为了不至于在世俗冲击下丧失威信和影响,它不得不做出一些开明的姿态,对世俗精神做出一定程度的妥协。但是,点滴的变动和改变,都会使宗教与世俗生活越来越同质和统一,对此"把握不好"的信众和宗教,就可能被世俗所淹没。为此,它又要尽可能地坚持它的传统根基和传统方式,维护其基本特征和"原教旨",拒绝一切较为激进的改变。其实,现代宗教就是在这两极之间摇摆而发展的。②

与在五彩缤纷的世俗生活中辛苦打拼并且充满彷徨与矛盾相比,信众的宗教仪式可能会整理其浮躁的内心,使其重回宁静。回县清真大寺的一位管理人员告诉笔者:伊斯兰教的礼拜是一人念,众人听,这样可以安静地聆听。穆斯林做礼拜时叩首礼节很多,让人安静忏悔和反省。③ 回县清真大寺的大殿有四根擎柱,擎柱上挂有四副抱柱匾,匾联的主要内容就是教人忏悔:④

> 尔来礼拜乎? 须摩着心头,
> 干过多少罪行,由此处鞠躬叩首;
> 谁是讲经者? 必破除情面,
> 说些警吓话语,好教人入耳悚神。
> 真派衍西方,发微阐幽,但愿谨遵天命;
> 大道传东土,开来继往,(唯望)恪守圣行。

---

① 访谈记录 HX2010082402。
② 徐大同:《西方政治思想史》(第5卷),天津人民出版社2005年版,第446页。
③ 访谈记录 HX2010082301。
④ 回县地方志编纂委员会:《回县志》,宁夏人民出版社1995年版,第678—679页。

生天生地并生万物,仰真主之大生,生生不已;

化人化神兼化百灵,溯至圣之妙化,化化无穷。

昭事必诚,方是追源报本;

致斋以敬,惟期忍性动心。

天命不敢违道,完五功方见独一真主;

人心尤宜尽理,通三乘得开百年暗幔。

除了朝拜的洗礼之外,从日常的宗教文化来看,藏镇一位藏族干部认为:"藏族的文化和宗教混为一体;汉族是文化和宗教相分离的。"其原因在于原来的寺院同时也是学校,也是交通驿站。相对来说,汉族文化教育在学校,宗教信仰在寺院完成。① 回族接受了大众教育和大众文化,比较早地融入了中国文化体系,这可以从回族的教育中反映出来。② 与藏族相比,回族的宗教和文化是相区分的,伊斯兰教以及宗教活动是相对独立于大众文化的一个专属文化区,即便这样,伊斯兰的宗教建筑依然融入了许多中国传统建筑文化因素。

在社会生活中,拥有共同宗教信仰的民族之间可以通婚,汉族和有宗教信仰的民族可以通婚。回族和汉族通婚,必须要求汉族加入伊斯兰教;但是藏族和汉族结婚,汉族可以不信教。在民众心目中,佛教徒和穆斯林之间是不能通婚的,因为其宗教信仰不同。

费孝通认为,回族通用汉语,唯有他们坚信伊斯兰教,使得他们在汉族的汪洋大海中保持和加强了自己的民族意识。③ 在藏区,佛教给原本就很单一的文化打上了深深的烙印,所以,宗教变成了信众日常文化生活的重要标识。如果说文化是人类的存在方式,藏传佛教就已经深入到了藏族民众的日常生活,影响到生活的方方面面。比如,每个成年的藏族民众外出、放牧的时候手里都会拎一串佛珠,手里没活计的时候就拨弄佛珠,既可以潜心向佛,也可以安心消遣。"这样也就减少了因无聊而抽烟的信众……在藏族民众中,抽烟喝酒者较少。"④在藏村,藏民每天早晨都要在家中进行一次拜佛仪式,这一仪式已经成为每个家庭生活的有机组成部分。

---

① 访谈记录 ZX2010071401。
② 参阅本研究第四章的内容。
③ 费孝通:《中华民族的多元一体格局》,《北京大学学报》(哲学社会科学版)1989 年第 4 期。
④ 访谈记录 ZX2010071601。

在藏县,牧民在宗教事宜上的开销占去了收入的一大半。虽然对小孩的教育意识有所加强,但是由于各方面的限制(比如离学校远,没有教师资源等),教育方面的投资仍然比较少。在藏县可以看到,寺庙比学校更豪华,投资更多,这一方面是由学校和寺院各自的性质和活动方式决定的,另一方面,也说明了信众对宗教场所的看重。

在回县,《古兰经》鼓励穆斯林赚钱,有了自己的积蓄之后,自费去朝觐。回民在俗世的生活中,在朝觐之前赚钱非常努力,赚了钱之后用以完成自己毕生的心愿——朝觐。"穆斯林要用毕生的积累,换取最高境界的洗礼"。筹备朝觐的一位回村村民告诉笔者他们的这一人生追求,同时他也强调:"穆斯林要攒够钱了再去朝觐,有钱而不去朝觐的人,被视为犯下大罪,借钱去朝觐,同样有罪。因为一般朝觐回来之后就要专心传经和修行,无力再去挣钱还钱了。"[1]笔者从回县民族宗教事务局了解到:回县回族穆斯林朝觐,来回大约要花费4万元。回县近几年每年去麦加朝觐的名额是200人。但是想去者甚多,报名朝觐者累积有七八千人。回县穆斯林经过私自争取,最终,回县每年大概去参加朝觐的人有400名,[2]占回县穆斯林人数的0.1%。占全国穆斯林朝觐人员的3%。[3] 回县400名穆斯林参加朝觐的费用总计约为1600万。与此相对比的几个数据是:2007年,回县生产总值为14.6亿元,地方财政一般预算收入为4118万元,城镇居民人均可支配收入为6870元,农民人均现金收入为2213元。[4] 与此同时,穆斯林"五大功课"之一的"天课",是一种宗教义务性质的赋税,亦称"济贫税",是阿拉伯语"则卡特"的音译,原意为"净化",其内涵是指穆斯林要从财产中抽出规定的数额做施济之用,所享有的财物才算纯净合法。[5] 以上描述可见佛教和伊斯兰教的财富观。

与日常生活中的信众相联系,日常生活中的宗教场所,也是一个秩序化的组织体系。藏县共有5个乡(镇),有18座寺院,其中影响最大、最久远的当属A寺:

> 据《藏县志》记载,A寺为青海海南地区著名的黄教圣地,建于

---

[1] 访谈记录 HX2010082502。
[2] 访谈记录 HX2010082801。
[3] 2010年,全国参加朝觐的穆斯林人数为1.33万。参见腾讯网,查询时间2011年1月7日。
[4] 参见回县党政信息网,查询时间2010年1月7日。
[5] 回县地方志编纂委员会:《回县志》,宁夏人民出版社1995年版,第656页。

1769年。占地面积700余亩,建有总领全寺的大经堂和殿堂、僧舍共900余间。总体建筑布局严整,高低参差错落,疏密有致,总高三层的大经堂雄居其间,可容纳千余名僧侣诵经。在建筑风格上,融藏汉艺术于一体,造型古朴、优美。寺内藏有藏文《甘珠尔》大藏经的木刻版(系西康德格版翻版)、《赛康哇全集》、香萨仓所著《达柔》和《因明因理论释》以及有关历算方面的著作。设有密宗、显宗、时轮、医学四个"扎仓"。

历史上,该寺贸易繁荣,香火鼎盛,每年夏秋之际,从拉卜楞等地前来做生意的客商云集。历史上,该寺出过不少名人。活佛赛日康哇洛藏,佛学造诣精深,传经青海、藏北和内蒙古呼和浩特一带。寺僧于1927年完成的《历算概要》,至今仍在藏族群众中被推崇沿用;所著的《达柔》《因明因理论释》在佛学上占有重要的地位。

该寺下属子寺10余处,主要分布于青海和内蒙古地区。该寺建寺时间虽晚,但宗教势力范围较大。中华人民共和国建立之前,最兴盛时期,寺院僧侣曾达到1300余人。1949年,全寺有僧侣814人,其中有活佛18人,僧官4人,干巴88人,阿卡704人。1958年,宗教制度改革时有僧侣870人,改革后,有160名僧侣还俗,绝大部分成年僧侣返乡参加劳动。1959年初,寺院发生火灾,著名的大经堂和50110付印经板、25957卷藏经及有关藏文文史资料被焚毁。1979年,该寺经州委批准开放。至1985年重建经堂6座,僧舍100余间,僧侣达到639人。其中:活佛2人,僧官1人,管家4人。①

作为僧侣修行的组织单位,佛教寺院内部有严密的组织机构,寺院之间有隶属关系(参见"A寺"),实行严格的等级制度。寺院寺主和活佛是总管全寺的最高权力者,管家、干巴、僧官、经头等若干人是决定寺院各项事务的实权人物。寺院的最高宗教组织机构为大经堂,设有僧官及"翁泽"(引经师)各1人,前者掌管纪律,指导僧侣学习及生活,后者领导诵经。寺院还设"聂日哇"(主管财务的僧人)和"果叶"(经堂负责人)管理寺院事务。大经堂一般下设四个"扎仓",即"参尼扎仓"(显宗学院)、"居巴扎仓"(密宗学院)、"曼巴扎仓"(医学院)和"德科扎仓"(学经部)。寺院接收为僧者,不受年龄限制,入寺时,要经活佛或佛学知识较深的喇嘛诵

---

① 藏县地方志编纂委员会:《藏县志》,民族出版社1999年版,第447—448页。

经、剃发、沐浴、身着袈裟等宗教仪式后方为出家。寺院把初学经文者称之为"完德",将通晓佛学的僧人叫"阿卡"。"完德"到10岁时,拜师受沙弥戒,才算正式僧侣;21岁时,举行受戒仪式,从此要严格遵守比丘戒律。①

藏县的佛教寺院,是一个相对完整独立的组织体系。寺院的经济来源主要有以下几种:其一,僧侣家人进贡给寺院的物品。其二,普通信众进贡给寺院的布施。其三,僧侣做法事过程中,普通信众赠送的布施。其四,寺院出面调解各种纠纷时,收取的礼金。其五,寺院的牲畜和田地等财产获得的收入或者租金。②据《藏县志》记载,1981年冬至1982年春,全县进行林业"三定"工作,确定林地权属。共颁发林权证895份,其中寺院获得2份。③

由于管理方式和宗教信仰活动方式不一样,所以,与藏县相比,回县几乎每个回族聚居的自然村都有清真寺,不同片区还有更大的清真寺。目前,回县清真大寺是全县最大的清真寺:

> 回县清真大寺位于回县旧城西北角的高地上,是宁夏境内年代久远、规模宏大的清真寺之一。它在宁夏南部山区的穆斯林中影响极大,经堂教育很发达,历史上曾是该地区宗教学术活动的中心,曾有不少知名的穆斯林学者在这里求学讲道。相传回县清真大寺始建于明朝初期,是在一座倾塌的喇嘛庙的基础上改建而成的。明清两代曾经重修过3次。
>
> 回县清真大寺外形与内地的不一样,它更像是一座城楼,经过门洞,由台阶可以登上高达10米的台基。台基外表包砖,面积3500多平方米,上建礼拜大殿、宣礼楼、阿訇住房等。寺门朝北,门前有精致的仿木结构的砖雕"月挂松柏"照壁,是一座把我国传统木结构建筑和伊斯兰木刻砖雕装修艺术融为一体的建筑。大门上面台基上,耸立着轻巧秀丽的二层四角攒尖顶的邦克楼。邦克楼的北边,坐西向东的礼拜大殿,是一座单檐歇山顶的宏大建筑,面阔五间,可容纳七八百人参加礼拜。④

---

① 藏县地方志编纂委员会:《藏县志》,民族出版社1999年版,第444—445页。
② 访谈记录ZX2010071801。
③ 藏县地方志编纂委员会:《藏县志》,民族出版社1999年版,第203页。
④ 根据参观该清真大寺的相关资料和碑文整理。参观日期20100825和20181015。

第七章 民族地区秩序建构中的国家与社会

在回县，大都是相同教派的群众住在一个自然村，共同在一个清真寺做礼拜，称为一个"教坊"，①由此看来，教坊是一个具有相对独立性的、地域性的宗教组织单位。在现代社会，随着流动性的增强，对于普通信众来说，教坊组织越来越松散；但是，"专业性"的从事宗教活动组织和宗教事务管理的人员越来越多。不管是松散还是紧密的教坊组织，都有两项基本业务：其一，相对集中的一个穆斯林居民单元可以组成一个教坊，修建一座清真寺，方便穆斯林做礼拜。相对固定的信众归本清真寺教长管理，也对本清真寺尽义务，包括清真寺的建设和维护。当然，所有穆斯林可以对所有清真寺尽义务。教坊的独立性还体现在教坊和清真寺之间没有隶属关系，各自独立开展宗教活动。② 其二，由本寺信众选聘信得过的、德才兼备的阿訇担任教长，可以连选连任。阿訇一般"异地任职"。教坊制度下，清真寺的业务分为两部分：一部分是教务，一部分是寺务。教务主要是宗教信仰的教授工作和宗教礼仪的主持工作，由教长担任。当然，教长可以聘请掌教、二掌教和三掌教，协助或分担其教务工作。寺务主要是清真寺资产管理、财务管理、宗教节日活动筹备和教长选聘等，一般由信众在信众中选聘1人或多人负责寺务。③

教坊制度下清真寺的经费主要来源于本坊信众，主要有以下三种形式：其一，《古兰经》规定的每个穆斯林必须缴纳的部分财富（即"济贫税"）。其二，各坊清真寺的房屋、土地等寺产出租的收入。其三，信众自由捐赠的财物。回县清真大寺的一位管理人员告诉笔者："在清真寺，只有阿訇有工资，其他管理人员基本不从寺上拿钱，都是经信众推选出来，凭对宗教的自愿精神做事情。"所以，清真寺的经费主要用于日常的管理和服务性的开支。④

在藏县和回县，所有宗教场所面对所有信众开放；信众与非信众都可以为任何地方的宗教场所和设施捐善款和善物，不受限制。这一点上佛教与伊斯兰教一样。在寺院中，也许是因为款项的来源以自愿捐助为主，所以，宗教寺院实行财务公开（参阅《回县清真大寺2010年度财务公开项目》）、民主管理和自治（详细参见附录四：《回县清真寺民主管理制度》）。

---

① 回县地方志编纂委员会：《回县志》，宁夏人民出版社1995年版，第766页。
② 参阅冯今源《中国伊斯兰教坊制度初探》，《世界宗教研究》1984年第1期。这一点不同于佛教寺院。如上所述，藏县的A寺院下属有10多个寺院，由此可见，清真寺没有层级制，而佛教寺院有层级制。
③ 访谈记录HX2010082308。
④ 访谈记录HX2010082301。

回县清真大寺 2010 年度财务公开项目[①]

各位高目：

  现将本年度第一、二季度财务公布如下，如有异议请向回县清真大寺管委会询问。

  一、2009 年度剩余 101655.86 元。

  二、收入：16755 元。

  三、支出：73391.50 元。

  (1)2 月份杂费支出 17716.61 元；

  (2)5 月份杂费支出 15550.19 元；

  (3)6 月份修建阿訇住房支出 40129.70 元。

  四、截至 6 月 18 日，账面剩余 45019.56 元。

回县清真大寺管委会
二〇一〇年六月十八日

  从以上对寺院的详细描述中可以看到，寺院在组织、管理、运行方面的制度和机制，既有与其他社会组织相通的内容，又有其独特性，而寺院在组织和管理中特有的制度和机制，也可以为其他社会组织和社会活动提供借鉴与启发。更重要的是："在民族地区，民族组织、宗教组织良好地运转，本身就是社会治理的一个重要组成部分。"回县民政局的一位干部有这样的认识。[②]

  在藏区，成规模的、不定期举行的宗教盛会是诵经大会。2010 年 7 月，在藏县调研的第 3 天，笔者看到了县城街道上增添了好多农用三轮车、小汽车和摩托车，并且车上搭载了许多的日用品和用具，有搬迁和移民的架势。一位宾馆老板告诉笔者：最近几天在藏县有诵经大会。[③] 第 2 天，笔者租车前去观摩诵经大会。

  汽车行进在两车道的柏油马路上，出租车司机告诉笔者：这是去年翻修而成、通往玉树自治州的唯一一条通道。[④] 在蜿蜒的山路上前行，不断

---

① 2010 年 8 月 25 日在回县清真大寺宣传橱窗看到的材料。
② 访谈记录 HX2010082307。
③ 访谈记录 ZX2010071401。
④ 访谈记录 ZX2010071501。

看到路上的标识牌有对"海拔"的标示。在去诵经大会场地78千米的行程中,沿路看到了七八户人家,几乎每隔一个山腰有1户人家,①也看到了七八处羊群和牛群,也是互不相连。

这样的诵经大会由寺院提出申请,经县民族宗教事务局批准,由寺院主办,所在乡镇和村委会主要负责治安工作。县民族宗教事务局的全部工作人员在场全程跟踪和提供服务;县交警大队的交警也到场指挥交通,也有志愿协助交通指挥的青年人;藏县公安局也出动了部分工作人员;县医院的救护车也停在诵经大会的现场。在诵经的过程中,大会现场井然有序:政府各部门宣传秩序、维持秩序;医院等事业单位保障秩序;寺院的僧侣塑造信众心灵秩序。

诵经大会现场宣传横幅剪辑②

1. 保护生态功在千秋　保护环境造福后代
2. 保护信仰　维护和平　爱护草原
3. 拥护党的领导　坚持信仰自由

在诵经大会的现场,主要的活动主体有诵经的活佛1人,着装统一的僧侣300多人。通过4个高音喇叭,活佛向席地就座的2万多穿戴盛装、手捧鲜花或者哈达的信众诵经。在下午一点开始的诵经大会上,信众不断做出膜拜的姿势,100多名僧侣也与信众进行了3次仪式互动。诵经大会完毕,由信众献上的哈达搭建成经幡,作为在此地举办诵经大会的留念,也是民族认同和民族聚会的结晶。可以看出,诵经大会的场域效应源自两个方面:其一,普通信众共同酿造的秩序磁场;其二,普通信众与职业领袖(活佛以及普通僧侣,特别是活佛)之间通过一系列"仪式"和"语词"所实现的秩序互构(见图7-2)。

---

① 藏县大多数牧户是联户经营,兄弟几个组成一个大户,你牧羊,我种田,并且共居一个院子里,从外在来看,类似中原地区的一户。

② 横幅全是汉字。在诵经大会的现场,笔者周围的6个藏民均不认识汉字。但是,如果写成藏文,包括笔者这样的汉族就不认识了。语言和文字上的交流在民族地区的行政工作中又一次呈现出了障碍。

图 7-2　诵经大会（笔者拍摄于 2010 年 7 月）

诵经大会的现场位于藏县 H 乡境内，前来参加诵经大会的是附近 4 个县的藏族民众。远处的藏族民众开着车，全家出动，拉来了帐篷和炊具，安营扎寨，在此听经一个星期。诵经大会的现场专门安排有停车区、帐篷区、诵经区。据民族宗教事务局的一位干部介绍：最近几年，诵经大会举办越来越频繁，每次听经的人也越来越多，规模也越来越大。在他看来："诵经大会有许多积极的作用，比如信众叩首拜佛，相当于内心自净，相当于宣誓一样……活佛讲经的内容很丰富，上到天象地理、农牧业知识，下到牧民修行，都有涉及，讲经的总体精神是教人向善。所以，诵经大会是一次教育大会，也是藏族文化的传播大会。""我们审批诵经大会的原则就是要让活佛传递善的观念，在民族方针政策的前提下，宣传信仰自由。"当谈及自身的工作事项时，他认为："现在是政教分离了，政府协调处理纠纷，寺院完全不管尘世纠纷，宗教信仰也是完全自由的，什么时候出家，什么时候还俗，都是自由的。在精神信仰层面，佛教本身是宣扬民族平等的。"[1]

在此，需要分析指出的是，在偏僻辽阔的草原上并不是没有公共活动，不断举行的宗教盛会增加了信众公共活动的频次。共同的宗教活动和共同的宗教信仰让原本分布很稀疏的人员，内心走到了一起。宗教活动是团结信众、聚集信众、交流沟通的一种方式。宗教活动的举行使信众不再分散，即使受到地理的分隔，宗教也使其坚定地凝聚在一起。

另外，也可以看到宗教聚会的秩序建构效应。所有宗教都是讲究圣洁的。伊斯兰教在礼拜前要净身，分大净身和小净身，宗教活动场所卫生也很干净。佛教诵经大会的现场也很干净。2 万多人的聚会现场，很少有垃圾。因为在信众看来，宗教场所不得有垃圾污染。在宗教活动中要保持身

---

[1] 访谈记录 ZX2010071502。

心清净,保持环境的清洁是理所当然的。同时,佛教教人不能偷盗。在诵经大会现场,密密麻麻分布着几百顶帐篷,但是帐篷从不加锁,衣物、炊具、食品、药品甚至价格昂贵的冬虫夏草均无丢失现象。其实,在诵经大会的现场,诵经大会营造了良好的社会治安氛围,政府部门工作人员的到来,"也是为了与宗教界搭建一座沟通桥梁,增添一次交流的机会。让民众们知道我们政府是关心他们日常生活的,现在就得这样……"[1]同时,出租车司机告诉笔者:藏县地域广阔,到大山里去放牧,也不会发生丢失牲畜的现象,即使牲畜跑到别人家了,别家也会遣送回来。这就是长期的游牧社会所形成的规则,如果没有这个规则,游牧社会将是另外一种活动方式。[2]

在藏区,宗教生活往往伴随有其他节日性的活动。藏族的诵经大会前,往往举行赛马、赛牦牛、射箭、摔跤、拔河等民族体育赛事。宗教神圣活动与世俗娱乐活动相互增彩,共同搭建了民族同胞重大的聚会平台。而这些平台和活动就是凝聚人心、促进民族认同的重要渠道。

除了不定期举行诵经大会外,每年定期的大法会有正月十一至十五举行的纪念释迦牟尼的"毛兰木"(意为祈愿法会)和十月二十五日举行的纪念宗喀巴的"安木乔"(意为宗喀巴圆寂纪念日)。除此之外,各寺院也定期和不定期举办各具特色的活动。在藏县,普通信教群众除积极参加寺院的宗教活动外,平时还举家或结伴朝拜寺院和活佛、开展"转湖"或"转山"等宗教活动。[3]

笔者在回县调研时,恰逢穆斯林的斋月。斋月算是穆斯林的宗教活动集中月。在村和乡镇一级,几乎全民封斋,乡镇干部也封斋。经历了一个月的封斋,迎来的就是开斋节。在回县,开斋节相当于汉族群众的春节。三天的开斋节是信众以清真寺为中心,开展聚会和交流的节日。

就伊斯兰教而言,最大范围的公共圣会当属朝觐,朝觐圣会对小至穆斯林家庭,大至整个世界的穆斯林,都产生重大影响。2010年,宁夏2300余名穆斯林,于10月27日至12月7日期间,从银川河东机场进出境,包机14架次赴麦加朝觐。[4] 回县每年大约有200—400人去麦加朝觐,有夫妻同朝、父子(母子)同朝的情况(参见表7-1)。在日常宗教中,与佛教在家里设佛位拜佛不同,穆斯林则要求去清真寺礼拜,这一需求增加了穆斯

---

① 访谈记录 ZX2010071502。
② 访谈记录 ZX2010071501。
③ 藏县地方志编纂委员会:《藏县志》,民族出版社1999年版,第444—445页。
④ 回县党政信息网,查询时间2010年10月27日。

林聚会的频次。

表 7-1　个别年份朝觐哈吉一览表①

年份	人数	说明
1985	2	全为男性,其中阿訇 1 名
1986	5	全为男性,其中职工 1 名,阿訇 2 名
1987	4	全为男性,其中阿訇 2 名(其中 1 名阿訇也是职工)
1988	2	全为阿訇,其中 1 名阿訇也是职工
1989	18	其中阿訇 7 名,夫妻同朝者 2 户
1990	25	其中阿訇 4 名,职工 2 名,夫妻同朝者 2 户,母子同朝者 2 户
1991	17	其中夫妻同朝者 1 户,母子同朝着 1 户
1992	27	其中职工 6 人,农民 16 人,宗教人士 5 人;女性 6 人;夫妻同朝者 2 户,母子同朝着 2 户
1993	37	其中职工 4 人,农民 26 人,宗教人士 7 人;女性 6 人;夫妻同朝者 3 户
1994	28	其中职工 5 人,农民 23 人,宗教人士 7 人;女性 11 人;夫妻同朝者 3 户,母子同朝着 4 户

从上述宗教聚会中可以看到,宗教是有时采取公共形式表达的一种私人性活动,其公共性表现在人群的聚集和仪式的共同渲染,且拥有公共平台;其私人性表现为宗教是个人内心的信仰,宗教也不容许公共讨论。宗教属于私人内心的活动,但是同一宗教的组织性则体现出许多公共性,有公共性就具有政治性的可能,是孕育政治活动的温床。宗教组织定期的集会和礼拜活动,即为许多政治活动创造平台,个别宗教领袖也可能成为政治领袖。具有同一宗教信仰的人群,基于某些共通的价值理念,可能塑造共同的行为模式。宗教的这种组织化功能在教徒的政治行为中体现在两方面:"即一般情势下的冷漠;特殊情势下的狂热。"②所谓一般情势就是日常情势和正常情势,在社会生活稳定,政教关系稳定,政治生活平淡中,普

---

① 此表数据来源参见回县地方志编纂委员会《回县志》,宁夏人民出版社 1995 年版,第 656—663、856 页。"哈吉"为阿拉伯语音译,意为"朝觐者"。凡到麦加朝过觐的穆斯林皆可获得此荣誉称号,并将此头衔冠于姓名之前以示荣耀。
② 王宗礼、刘建兰、贾应生:《中国西北农牧民政治行为研究》,甘肃人民出版社 1995 年版,第 281 页。

通群众普遍表现出政治冷漠。例行的宗教生活恰好也分解了一部分公共生活,信教群众比不信教群众的政治冷漠更甚。特殊情势就是非正常生活,特别是有宗教矛盾或宗教事端的情况下,宗教活动、宗教场所、宗教领袖可以起到共同凝聚的作用,普通信教群众在动员甚至鼓动下,会积极参与某些政治活动,甚至表现为躁动和狂热。如上所述,共同的仪式和共同的表达,为群体活动提供了动员的工具。另一方面,在宗教聚会场所,宗教上层人士身上常常罩着宗教的神圣灵光,实际上是被信教群众作为神灵来叩拜的,而且宗教活动中也借助许多宗教仪式建构宗教领袖权威。[1] 在世俗社会中,像活佛这样的宗教上层人士一般也在政府部门任职,成为信众的世俗意见领袖。所以,不管在宗教信仰中还是日常生活中,宗教上层人士更易于被信教群众信服。就算没有宗教领袖,起码在宗教问题上所有信众有共同语言,易于引起共鸣,也能采取一致行动。

其实,宗教的这种公共性,及至政治性,也是宗教集会中各政府部门跟进的一个重要原因。[2] 宗教的政治性也与宗教的历史和渊源有密切的关联。"早期伊斯兰教中,政治与宗教是有机结合的"[3],伊斯兰教早期向世界传播,也与阿拉伯帝国的向外征服有着密切的联系,二者可能互为因果。在藏县和回县,均有很长的政教合一的历史,宗教带有深厚的政治印记。

在藏县和回县,藏族和回族信众都参加许多宗教活动,与寺院保持着千丝万缕的联系,信众之间也通过各种宗教活动联系在一起,凝聚在一起。在宗教活动中,信众有共同的话语、共同的场所和共同的载体,所以,产生了共同体。藏县和回县的汉族则不直接参加上述宗教活动。据介绍:汉族群众在诵经大会期间,做点小生意,为诵经大会提供服务,但不是真正的主体。[4] 因此,在宗教活动中,汉族和藏族(汉族和回族)属于不同的群体,有不同的动机和意识,呈现不同的秩序状态。

与藏县、回县相比,壮市的壮族没有专属的宗教。壮市的壮村绝大多数村民都没有宗教信仰。在调查过程中,笔者发现,壮村有较强的家族观念。形成强烈的家族观念的一个因素是在壮村及其周边,"嫁男嫁女"都

---

[1] 王宗礼、刘建兰、贾应生:《中国西北农牧民政治行为研究》,甘肃人民出版社1995年版,第282—283页。
[2] 访谈记录 ZX2010071502。
[3] 金宜久:《当代伊斯兰教》,东方出版社1995年版,第98页。
[4] 访谈记录 ZX2010071501。

一样,姻亲家庭之间距离较近,姻亲关系融洽。① 良好的宗族关系和姻亲关系是否替代了宗教这一凝聚力,有待继续研究。

二、市场与基础秩序

将市场作为经济学的一个核心范畴是赋予市场的基本含义。改革开放以来从中国社会的发展中可以看出,市场不仅是一种新的经济模式,也是一种新的政治方式、新的社会组织方式和新的观念形态。② 市场可以凭借交换中的相互作用,对人的行为在全社会范围内实现调控。③ 市场所开拓的不仅是巨大的物质空间,更重要的是对精神空间的释放,特别表现在市场带来的开放、流动、自由等都是社会发展的主要价值取向。詹姆斯·布坎南认为,18世纪哲学家们的伟大发现就是:在正确设计的法律和制度约束内,市场中追求个人利益的个人行为能够产生出一种自然秩序。这种秩序是有效率的,并且是社会的基础性秩序。④ 为此,探讨民族地区市场秩序的建构及其特性,可能成为研究民族地区基层治理的一个得力的视角。

从大历史来看,农耕区与游牧区并非不相往来,而存在交换和交往,即所谓"绢马互市"与"茶马贸易"。⑤ 但是,在传统社会,由于地理阻隔,生活区域狭隘,所以,一定区域的居民还得尽量做到区域内部生产、生活的自给自足,交换只是补充。或者说,在获得一定物品的交换和相互学习之后,力争达到自给自足,这是农业社会的特点,也符合农民的理性选择。⑥ 就微观个案来看,藏县的历史上以牧业为主,但仍有小块农业区,在农牧结合中实现了自给自足。在壮市,农桑结合和农林结合,是其历史发展的主线。对比三地来看,回县的自然地理条件最恶劣,但是擅长经商的回族民众依然坚持从事农耕,在农耕的补充下实现了农商结合,达到了生活的往复和

---

① 访谈记录 ZS2010072908。
② 皮埃尔·罗桑瓦隆:《乌托邦资本主义——市场观念史》,社会科学文献出版社2004年版。
③ 查尔斯·E.林德布鲁姆:《市场体制的秘密》,江苏人民出版社2002年版,第4页。
④ 詹姆斯·M.布坎南:《自由、市场与国家——80年代的政治经济学》,上海三联书店1989年版,第126页。
⑤ 费孝通:《中华民族的多元一体格局》,《北京大学学报》(哲学社会科学版)1989年第4期。
⑥ 参阅徐勇《农民改变中国:基层社会与创造性政治——对农民政治行为经典模式的超越》,《学术月刊》2009年第5期。

循环。

新中国建立后,国家深入民族地区的过程,除了从事政权体系更新和建设之外,国家还将市场机制带到民族地区。匡正市场秩序是国家对民族地区乡土社会秩序调节的一个重要手段。民国时期,藏县境内无集镇,三大寺院是全县政治、经济、文化、宗教活动的中心。新中国成立后,藏县政府首先通过国营商业,调剂藏县的粮食供给和日用品的供给,再逐步稳定物价,建立集贸市场。① 经过30多年的建设,6个乡政府驻地的市场建设逐步展开,并已初具规模。牧业区个别乡镇由于归属和管辖变动较大,机关驻地经常变动,1965年后才基本稳定下来。乡镇基本都有自己的农业点和定居点,商业活动也随着乡镇驻地的建设而相对稳定地发展起来。虽然上述三大宗教活动场所也有商业的发展,但是绝大多数商业活动逐渐出现在新的政治中心——乡镇政府所在地。藏县的县政府驻地几经迁移,因此其商业活动的根基也不是很深厚。②

新中国成立初期,藏县市场物资短缺,农牧民生活资料也很短缺,所以,政府建构市场的重要任务是调剂物资,稳定市场秩序。而在壮市,农耕经济内部循环相对完整,农副产品还有剩余,加之广西、广东近邻,又有发达的珠江水运,所以,壮市有发达的商贸历史。

新中国成立后,壮市各级政府建构市场的主要任务是对既有市场秩序的调控。1952年,壮市政府对上市出售的粮食、黄豆等主要物品,实行集中交易,控制价格。1953年下半年,各级政府先后组成市场管理委员会,落实国家有关统购政策,打击投机倒把,处理违章违法活动。1954年,实行粮、油、棉布凭票定量供应。1957年,贯彻省人民委员会颁布的市场管理修订办法,凡国家统购的粮食、油脂油料、棉花等一类物资和国家统一收购的生猪、肉牛、食糖、木材等二类物资全部由国家收购,禁止进入集贸市场;非国家指定的经济单位与个人,不得收购和经营;三类物资鸡、鸭、鹅、蛋、蔬菜等可进入市场,自由买卖。"大跃进"时期,壮市建立了人民公社,关闭了集贸市场。1959年10月,贯彻了《自治区市场管理暂行办法》,一类物资增加了生猪、肉牛、食糖、木材等,达到了47个品种,原属三类物资的鸡、鸭、鱼、蛋等54个品种改为二类物资。一类物资进入集贸市场;二类物资在完成国家派购任务,经公社证明后,可在集市出售;三类物资可以自

---

① 相关内容详见本研究第二章第一节的论述,在此不再赘述。
② 藏县地方志编纂委员会:《藏县志》,民族出版社1999年版,第237页。

由买卖,但不准远途运销。对违反规定者,由市场管理委员会根据情节,给予批评教育、征收、没收、罚款等处理。1961年9月,壮市贯彻执行自治区党委《关于开放主粮、油料集市贸易的暂行规定》,生产队和社员完成国家粮食、油料统购任务后,允许将多余粮油上市自由销售。此后,粮油征购期间关闭粮油市场,任务完成后,由县人民委员会发布公告开放。1963年7月,壮市成立了打击投机倒把办公室,对有关私人转手批发,长途贩运,开设地下厂、店、行、栈,黑市经纪,买空卖空,组织投机集团,走私行贿,囤积居奇,哄抬物价,倒卖耕畜,伪造或买卖票证,贩卖黄金、白银、外币等投机倒把行为进行了严厉查处。1969年后,为"堵塞资本主义道路",把圩期改为5天、7天或者10天一圩,全县统一圩日。1975年,全县推广"学大寨、赶昔阳"经验,分别成立县、公社、生产队、厂矿区贫下中农管理市场委员会或小组,动用武装民兵管理市场。1975年下半年,全县开展"批修批资总体战",对上市副食品为主的商品实行限价。1977年在"抓纲治国"的路线指导下,对集市贸易采取"严格限制"政策,不准集体产品上市,不准农副产品运销县外,每人每次上市卖肉不得超过1公斤,买鸡、鸭不得超过2只。1979年贯彻"活而不乱、管而不死"的市管方针后,农副产品上市增加,商贩活跃,许多社队街道、企业、居民开设饮食店参与市场竞争。1980年后,对木制品等一、二类农副产品市场常年开放,农民完成粮油征购任务后,余下部分可以上市出售或长途贩运,允许农民领证从事工业、商业、饮食业、服务业等经济活动。全县27个圩场恢复为3天一圩,这期间,农副产品价格总体下降了20%。1983年2月,贯彻国务院《城乡集市贸易管理办法》,对上市物质和集市活动范围进一步放宽,大牲畜持有生产大队以上证明者即可进入市场出售,采购者无须办理审批手续;粮油在完成全县征购超购计划后,再由县人民政府布告,准予贩运县外销售。1990年,全县投资近300万元维修与新建圩亭商场10个,此后,全县市场经济格局基本形成并稳定发展。①

在回县,新中国成立至改革开放之前这一时期,政府规制的市场发展,经历了与壮市大致相同的过程与阶段。改革开放后,市场机制以其独特的方式,带来了民族地区乡村社会秩序的巨大变化,有悠久经商传统的回县,在1988年主动请示宁夏回族自治区人民政府,试图在回县市场经济的发展中大秀一笔。

---

① 壮市地方志编纂委员会:《壮市志》,广西人民出版社1998年版,第379页。

关于我县流通试验区几项政策的请示①

自治区人民政府：

近年来，我县从本地自然条件、地理环境和部分农民有经商传统的实际出发，把搞活流通作为振兴农村经济的突破口，大力鼓励和组织农民进入流通领域。目前全县从事流通的农民达一万多人，年收入近一千万元，皮毛绒、发菜、木材等专业市场迅速发展，初具规模，对促进地区经济发展发生了十分积极的作用。为了进一步搞活流通，运用政策机制，吸引更多的外地商客和物资，走大进大出的路子。我们提出建立流通试验区的意见，得到了区、地领导和有关部门的赞同和支持，试验区本着积极开拓、大胆探索、精心组织的精神，先全面放开皮毛绒、发菜、木材几类大宗品种的经营，加快专业市场的发育，促进山区经济发展。为此，需要对现行政策作一些调整和突破。

一、放开皮毛绒、发菜和计划外木材经营，国营、集体和私营企业及个人均可上市交易，内外远销。

二、放宽工商管理。围绕专业市场的开放，企业注册资金的限额，商业性公司经营批发业务由原二十万元降为十万元；经营零售业务由原十万元降为五万元；生产性公司由原十万元降为五万元；技术咨询服务公司由五万元降为一万元；县上有权根据企业的实际情况核定"宁夏回县"字样的企业名称。到区外经营的个体工商户由工商行政管理部门出具证明，羊毛、羊绒的出境审批，由县工商行政管理部门核准。

三、实行低税政策。在县财政包干基数内，除国务院规定的二十种产品不能减税外，对于其他产品，县人民政府可根据实际需要减免本地企业和外地在回县兴办企业的产品税。对收购绒毛的单位和个人，可在50%的幅度内减征产品税。

四、进一步搞活资金融通。经中国人民银行宁夏分行批准，县上可试办股份制金融组织，开办存贷业务，利率按国家有关规定执行。为了扩大销售规模，应放宽现金管理制度，外地汇入回县的资金，银行保证兑付。

---

① 回县地方志编纂委员会：《回县志》，宁夏人民出版社1995年版，第842页。

五、鼓励发展个体经济。为了方便个体工商户进行生产经营活动,去掉个体工商户营业用章上"个体经营"的字样。允许个人充当经纪人从事商品中介活动,由工商行政管理部门发给营业执照。

六、扩大地方外贸经营权。县上成立外贸公司,实行独立经营、自负盈亏,业务受自治区经贸厅指导。国营、集体和私营企业均可委托外贸公司与口岸和外商洽谈业务,外贸公司也可实现代理制扩大业务范围。外汇收入除按有关规定上交中央和留给创汇企业部分以外,其余全部由公司支配使用。

七、多渠道集资建设市场。可以国家投资集体出地联办,也可以国家、集体、个人集资联办,市场实行统一领导管理,统一政策规定,统一政策收费标准,收取的设施费按投资比例分成。

为了加强对流通试验区的组织协调工作,县人民政府成立流通协调委员会,并望自治区加强领导,以利于试验工作的顺利进行。

以上意见妥否,请批示。

回县人民政府
一九八八年七月三十日

对于回县人民政府的几点请示,宁夏回族自治区人民政府在《宁夏回族自治区人民政府办公厅批转回县人民政府〈关于我县流通试验区几项政策的请示〉通知》中,对回县对市场建设的探索给予了充分的肯定和鼓励:"回县从本地自然条件、地理环境和部分农民有经商传统的实际出发,大力鼓励和组织农民进入流通领域。皮毛绒、发菜、木材等专业市场迅速发展,对增加农民收入,促进地方经济发展产生了十分积极的作用。这说明贫困地区把搞活流通作为引导农民脱贫致富的重要途径,加快经济开发是有所作为的。在回县进行试验,运用政策机制,加快专业市场的发育,逐步达到全面搞活流通,对贫困地区以至全区的经济发展,都是具有重大意义的,有关部门应积极配合,给予必要的优惠和支持。在开放、搞活的同时,要加强对试验区的协调和管理工作,认真查处非法倒卖、偷税漏税等违法违纪活动,逐步建立起社会主义商品经济的新秩序。"[1]回县的这一典型案例说明:改革开放以来,市场已经成为创造财富的一种手段,而不再是简单的物

---

[1] 回县地方志编纂委员会:《回县志》,宁夏人民出版社1995年版,第841页。

资调剂和物品交换。在作为创造财富的市场中,实现了就业,带动了区域发展,建构了民族地区发展的新秩序。

从民族地区乡村市场及其机制的发展过程可以看出,市场机制的发展可以分为两个阶段,两个层次。一种市场就是简单的以物易物的市场。这种市场在改革开放之前,在藏县、壮市和回县普遍存在。这种市场是只能维持基本生存的市场,这种市场以交换为本位,以满足参与者的基本生存为出发点,以市场范围内的"自给自足"为基本运行目的,以致这种市场的运行相对静止,没有发展的空间,也没有追求发展的动力,市场仅仅是满足基本生活的手段,而没有发育出依赖市场而生存的特定主体,这种层级的市场也就是卡尔·波兰尼概括的"互酬"模式和"再分配"模式。民族地区改革开放以来建立的市场,以回县的市场建设最为典型,其主要成分可以概括为第二层次的市场,即以产生社会财富为目的的市场。在这种市场中,以资本为载体的市场运行体制不断扩展市场的运行空间并且对资源的有效配置起基础性作用,同时也出现了以市场为生存空间的独立主体,这种市场可以成为相对独立的运行力量左右人们的生活,这就是现代市场,即卡尔·波兰尼所谓的"市场交换"模式。[①]也如费孝通所认为的:在亲密的血缘社会中,人们之间的交易是以人情来维持的,是相互馈赠的方式。[②] 但是随着社会化水平的提升,藏县、回县、壮市三地正在由内部自足实现内外互动,从而实现平衡。在这一过程中,更大范围的市场,更高层次的市场,是国家保障下的市场,而不再是简单的交换的"初级市场"。

改革开放以来,从回县市场的巨大发展中也可以看到:一方面,现代市场的自主性是巨大的;另一方面,回县建设市场的请示中也包含着大篇幅的关于国家推动、建构市场的内容。在回县的市场发展中,国家在市场中的角色可以概括为:明晰界定产权并不断推进产权改革,为市场经济的扩展提供充分激励和目标指向;内在于市场机制中的、与市场机制同步完善的法制框架,为市场运行提供规范保障和法制约束;市场主体权益维护和代议制民主体制,为市场自我运行和政府宏观调控建构合意性的政治架构。[③] 反过来说,现代国家建构现代市场,也是实现治理手段的多样化的需要。所以,现代国家在提供了产权保护、搭建了市场运行的制度性平台

---

① 卡尔·波兰尼:《大转型:我们时代的政治与经济起源》,浙江人民出版社2007年。
② 费孝通:《乡土中国 生育制度》,北京大学出版社1998年版,第74页。
③ 陈晓律:《欧洲民族国际演进的历史趋势》,《江海学刊》2006年第2期。

和框架之后,力图使得市场成为自我运行的基础性社会整合手段。当然,民族地区乡村市场是不同层级的市场要素的混合体,所以,其对乡村社会的基础性整合作用可能更显隐蔽和复杂。①

其次,从民族市场发展的两个阶段可以看出,市场发展的动力首先来自生产、生活社会化的不断增强,个体以及家庭自给自足的生活被打破。分工的出现,交换的需要,都使得市场的发展获得了原动力。另一方面,稳定的市场体系,独立的市场主体和发展空间的保护和建构,也同样是国家整合民族地区乡村社会的需要,国家的需要促成了民族市场的发展与完善。

再次,民族地区市场的发展,在场域上来说,往往是集市场中心、文化中心、政治中心于一体。这说明,民族地区目前市场的发展与政府对市场的维护是相伴而行的。② 也可以说,市场活动作为公共活动的一种表现,也是建构公共活动的一种方式和途径。所以,在地广人稀的边远乡村,政治中心和经济、文化中心的重合,也是实现公共活动规模化和相互建构的需要。而在经济发达的地方,则出现了经济中心、政治中心、文化中心相对独立发展的情形。这也可能是构造国家与社会关系的另一种情形。

从理论上讲,充分竞争的市场能够实现区域范围内物价基本相当。但是,在藏县的历史上和现实中都存在物价的不均衡现象。所以,由于物价的不均衡,催生了对政府调控的需求,保障、建立国内相对均衡的市场也是政府作用于社会的有效空间。如表7-2所示,藏县本身不产水果,市场上有了大量水果,说明基本物资实现了全国市场供应。但是水果在藏县的价格同比高于西宁,而餐饮的价格相当。藏县的这一市场特性在回县和壮市没有如此明显的呈现。在藏县调研期间,店铺老板反映水果价高原因中最多的是:上述水果都要到西宁进货,"路途遥远,路况不好,运费太高,且路上损耗严重……需要政府开道修路……"③

---

① 慕良泽:《下"田"入"市"的政治与政治学研究》,《中国农村研究》2009年下卷,中国社会科学出版社2010年版,第304页。
② 参阅慕良泽《景乡集市:政治与市场的微观博弈——基于实地调研基础上的一项分析框架的陈述》,《经济问题》2007年第12期。
③ 访谈记录ZX2010071301。

第七章 民族地区秩序建构中的国家与社会

表7-2 个别商品价目表①

品名	价格(元/斤) 藏县	价格(元/斤) 西宁市	品名	价格(元/碗) 藏县	价格(元/碗) 西宁市
西瓜	1	0.6	羊肉面片	10	10
桃子	3—4	1—2	干拌面	8	9
梨子	3—4	1—2	牛肉面	6	6
香蕉	4	2—3	炒面	9	10
生羊肉	17.5	18—20	烩面	7	8

在藏县,绝大多数普通农牧民没有市场意识,在市场中,这些农牧民的市场行为可以概括为"市场冲击型"和"简单适应型":市场冲击着农牧民的生活,在市场中,农牧民出现了一定的分层和不同的市场行为。②

市场剪辑一: 在藏村,民族服饰的穿戴可以分为这样几种类型:其一,赤贫且封闭的家庭成员,仍然穿戴民族服饰,久经年月,破旧不堪。其二,在大众市场的供给中,部分牧民改穿大众服饰。调查期间,笔者了解到,穿着大众服饰的民族成员越来越多,大众服饰一方面来自外界的捐赠;另一方面,由于大众市场比民族市场更广阔,竞争更充分,并且有许多大众服饰属于积压货,所以,大众服饰比民族服饰价位更低,买大众服饰比较合算。其三,在外打工的年轻人,一身流行着装,这样可以融入大众世界,降低"被关注度"。其四,在诵经大会上,"大户人家"的"贵妇人",一身标准的、高贵的民族服饰。据诵经大会现场的一位藏族青年介绍:一身高贵的民族服饰,衣服布料和做工的成本大约500—800元(人民币);头饰、耳环、项链、腰带等全身饰品上镶嵌的藏银和玛瑙珠宝价值15000—20000元(人民币)。③ 其五,穿着大众内衣和外套,外披一件藏袍,这样坐在草原上,臀部不受冷。随坐随躺也很方便。其六,在藏村,在大部分老人看来,一辈子习惯于穿着民族服饰,不管外界多么变化,就是喜欢自己做,自己穿(民族服饰)。

---

① 这里的"价目"是笔者2010年7月19日在藏县、2010年7月24日在西宁走访市场时所记录。并且这里的价格均指中等水平的店面里的商品的价格。
② 农民与市场的关系分析可参阅潘维《农民与市场:中国基层政权与乡镇企业》,商务印书馆2005年版。
③ 访谈记录ZX2010071504。

其七,学生群体,学校统一要求穿校服。当然,校服都是大众服饰,没有包含民族元素。

从"市场剪辑一"中可以看出,货币的逻辑、民族的逻辑和社会化的逻辑在藏村的市场上交织在一起,在不同的群体里产生了不同的效应。特别是货币压力与民族特性之间的矛盾表现出不同的维度。本书第一章已经谈到,贫穷落后是原始民族性的重要内容。但是,在当下的"民族"市场上,贫穷既构成去民族元素的因素,也可能继续成为民族性的表征。富裕也产生同样的市场效应:既有作为"高档消费群体"标识的民族服饰,也有作为"去民族特性"的高档大众物品的供给产生的需求。另一方面,市场需要经营和营销,"简单适应型"的市场及其主体特征正如"市场剪辑二"所呈现的,是缺乏社会服务和社会保障跟进的市场类型,其市场主体只懂得简单消费,不懂得理性消费。这种市场类型在藏县具有很大代表性。从"市场剪辑三"中又可以看到"流行"的巨大威力,藏县的"'中国城'还没有健全,'韩国城'已经提前进入",并且获得同样发展。[①]

  市场剪辑二:藏县一牧业联户(兄弟三家组成一大户,分工、轮换经营)共有20口人。2010年虫草收入15万元,预计牛羊收入10万元。总计25万的收入,一年下来,基本花完。多年以来,不了解市场行情,"感觉虫草、牛羊价格差不多就卖了"。家里有电视,但信号不好,除了能看懂西藏台的节目之外,其他都看不懂、听不懂。自家2006年购置皮卡车一辆,但是没有驾照,每年驾车到县城3—4次,购置面粉、衣物等生活用品,其余时间上寺、放牧。[②]

  市场剪辑三:藏县政府大楼对面、也是在藏县县城的正街上,有藏县县城唯一一家以外国国名命名的铺面,叫"韩国城"。此铺面主要经销流行服饰,经营者是从西宁来的一位回族女性,30岁左右。此铺面的命名是模仿一位亲戚在西宁所开的店铺名称(见图7-3)。[③]

[①] 访谈记录 ZX2010071304。
[②] 访谈记录 ZX2010071504。
[③] 访谈记录 ZX2010071303。

图 7-3　韩国城服装店(笔者拍摄于 2010 年 7 月)

在藏县县城涌动的人群中,大多数藏族、回族和汉族从相貌和穿着打扮中就可以识别出来。就藏县的市场分布来看,肉食品市场主要由藏族经营,每天一大早,藏族商人就拉着几汽车全羊、全牛到肉市场来出售。藏县的牛羊肉市场生意红火。而服装市场主要由回族经营,因为绝大多数服装市场的经营者都穿着回族服饰。日用百货市场主要由汉族经营,最具代表性的是"江南小百货"等铺面。就铺面数量来看,百货类的铺面数量在藏县最多,大多数店主是非藏县籍的汉族人。打字、复印、电脑、数码、家电等相关产品和服务业的经营者多是汉族人,也以外地人为主。在藏县,一位店主告诉笔者:回族是很擅长经商的,但是,藏族和回族之间很少做生意,牛羊、皮毛、冬虫夏草这样的东西,基本的经营流程是藏族先卖给汉族,汉族再倒手给回族。①

在藏县,毕竟藏族占人口的绝大多数,所以,藏县县城的建筑,特别是政府机关的建筑,都带有藏族建筑的文化特色,这是藏族文化的显性市场。在藏县新华书店、文化用品市场、音像产品市场,藏族和藏文化的特色鲜明。再将视野转移到西宁,在西宁的市场上,做虫草生意的大多是回族成员,其他店铺也是回民店主居多。尤其是清真餐饮占据西宁餐饮业的一大半。在政府工作人员中,则是汉族居多,藏族其次,回族人数占比居于藏族之后。在西宁大街上,藏族、回族和汉族的人群有明显的外貌区分,但是西宁市的建筑以大众化的建筑为主。

与藏县比,回县和壮市的农民主动走向市场,借助市场获得发展,可以概括为"主动适应型"(参考"市场剪辑四")。在回县,清真餐厅有其特殊

---

① 访谈记录 ZX2010071304。

的门面符号,所以清真餐厅和大众餐厅很好辨认。但是在回县县城的大街上,很少看到大众餐厅,究其原因,一方面,回族擅长餐饮,特别是牛羊肉做得好吃。另一方面,其他民族成员均可在清真餐厅就餐。这样的餐饮行业分布,大大减少了回县的大肉(猪肉)市场,久而久之,正如一位汉族人员所言:"汉族也好像不爱吃大肉了,不吃大肉成为习惯了,偶尔吃一点还不习惯。"①在回县县城的大街上,绝大多数回族都穿戴赫佳帛。回县县城的建筑也以阿拉伯风格居多。而在银川,大街上很少看到穿戴赫佳帛的回族成员,但是银川的建筑中,阿拉伯风格的也居多,银川的餐饮业中,也是清真餐饮占多数。

  市场剪辑四:回村的小海,在山东烟台做服装生意已经6年了,每年暑假回家探亲。回到回县,都会到回县清真大寺去做几次礼拜。他认为,在条件允许的情况下还是要坚持礼拜。在烟台,只有一座清真寺,清真餐厅也比较少,所以,他在烟台几乎不做礼拜,"信仰留在自己心里"。他也很少在外面餐厅吃饭,都是在自己家里做。他认为:"吃清真餐是个底线,从来不能马虎。"并且强调:在当下,做生意赚钱是自己最主要的任务,作为回族,在外面跑生意是有一些不方便,但是他现在已经习惯了。"民族要灵活看待,不可一根筋!"②

  在壮市城区,除了挑担卖茶叶、卖一些民族乐器等行商和专门出售民族用品商行、以"民族特色餐饮"为招牌的餐厅的服务员穿戴民族服饰之外,其他市场主体,从外在打扮上分不出民族成份。在壮市,各民族之间在相貌上也没有明显差异,民族与市场行为也没有必然的关联。壮市的建筑也全是大众风格。

  从三地市场的分层与分布中可以看出,首先,因各地自然禀赋有差异,经济、社会、政治、文化等有差异,所以藏县、回县和壮市的市场发展水平也有较大差异。藏县现代市场还有很大的发展空间,其决定因素是牧业经济的片面性。其次,不同民族在不同市场中的分布是不均衡的,同一区域或者不同区域层级的市场中的"民族性"有差别化的呈现。但是,在市场规则的调解中,各民族自愿选择或者接受这种秩序状态,这说明了市场在基

---

  ① 访谈记录 HX2010082401。
  ② 访谈记录 HX2010082306。

层治理中的巨大作用,同时,市场也折射出不同民族的特性。另一方面,作为社会化途径的市场交换,通过对市场需求的满足和现代市场的完善,促进了民族地区与内地的交流和民族之间的交流,推动了民族地区的社会整合。在这一过程中,市场既是一种秩序调控机制,也是一种展现民族性的渠道和方式。① 最后要指出的是,在藏县调研期间,笔者明显感受到政府相关部门人员少,规模小;县城街道的商铺多,餐馆多,人气旺。在与政府部门的对比中,可以看到市场具有巨大的自我拓展性和自我建构性,当然,政府需要确立市场运行的体制机制。②

三、政府与公共秩序

在藏县和回县,宗教型塑了宁静的内心秩序,强化了信众的内心自律。在藏县、回县和壮市,市场机制的建立和发展,也带给了乡村社会平等、自由交换的基础秩序。但是,在世俗社会中,宗教和市场还不能实现秩序的自足,国家对宗教的管理、对市场的调控也是民族地区基层治理中的必要因素和秩序建构的重要环节。

首先来分析政府管理民族宗教事务。

按照2017年修订实行的《宗教事务条例》的相关规定,寺院"符合法人条件的,经所在地宗教团体同意,并报县级人民政府宗教事务部门审查同意后,可以到民政部门办理法人登记"③。但是,与清真寺相比,佛教的寺院开展了许多类似事业单位的工作:佛学教育、藏文化的传播、常住僧侣的成长、生活和管理等等。出于对公民的生活保障,藏县也不断拨款到寺院,帮助寺院改善僧侣日常生活。2010年,藏县共投资260万元,改造完成各藏传佛教寺院危房100户,其中,省财政配套补助160万元,县财政补助32万元,奖励性住房补助25万元,户主个人备料、投工折合人民币53万元。④

在僧侣的日常管理中,佛教寺院常住僧人的户口,2008年之前是落在出生的村庄里,跟家人的户口在一起。在藏区,寺院相对较少,到大的寺院修行的僧侣有时候离家很远,且佛教僧侣很少回家探亲。所以,这样的户

---

① 尼尔·弗雷格斯坦:《市场的结构——21世纪资本主义社会的经济社会学》,上海人民出版社2008年版。
② 王希恩:《我国民族事务治理体系的基本构成及完善》,《西南民族大学学报》(人文社科版)2020年第6期。
③ 《宗教事务条例》,中国法制出版社2017年版,第8页。
④ 佛教在线网,查询时间2011年1月9日。

籍管理状况给僧侣的出行、管理也造成许多不方便。据藏镇的一位干部介绍：2010年在户籍管理上，藏县正在尝试类似事业单位的集体户口管理僧侣户口。① 截至2018年7月，藏县管辖的寺院中，40%—50%的僧人完成了户口转移，这部分人员的户籍在藏县。其余人员大多是跨省、跨县人员，户籍转接有难度。原因在于低保、医保、养老保险等社会保障事宜难以跨县、跨省协调。据藏县民族宗教事务局干部介绍：按照集体户口来管理的寺院，相当于一个行政村。寺院原有草场补贴、社会保障事宜的开展、公益设施建设和民生项目的申报等，都按照一个行政村来对待。集体户口管理僧侣的弊端也在于民生事业跨省、跨县协调难度大。②

国家对寺院的管理实行"以寺养寺"政策。藏县1994年分配草场时，给学校和寺院均分了草场。有些寺院和学校将草场转包给牧民，也有寺院安排本寺僧人放牧和种地。当询问驻寺干部"寺院教学对于当地人的作用"时，该干部表示"进入寺院学习没有弊端"，寺院主要以传播宗教文化为主，藏传佛教主要是培养人的"德性"、修养和习性。进入寺院，主要是为了学习宗教文化。但是，寺院传承宗教文化现在遇到了最大的困难，就是僧人的减少，寺院发展面临"后继无人"的问题，僧侣担心藏族文化失传。③

一位有15年乡镇工作经历的干部介绍："我在乡镇党委书记的岗位上，每年都要深入寺院座谈四五次，并且经常看望寺院的高僧，问寒问暖，比如藏县民政局将36位贫困僧人纳入民政低保。这样就很好，真正做到了政教和谐。懂得这一点，是我们民族地区基层干部最重要的执政能力！"④根据笔者调查，藏区的干部都是通过学习汉文和通过汉文考试选拔

---

① 访谈记录ZX2010071505。
② 访谈记录ZX2018080804。
③ 访谈记录ZX2018080607。
④ 访谈记录ZX2010071506。本节的标题也直接来源于这位干部的经典概括和经典语录。关于"执政"与"宗教"的关系，毛泽东曾经希望共产党人中能够有人多做些宗教研究，他说："世界上有那么多的人信教，我们不懂得宗教。我赞成有一些共产主义者研究各种宗教的经典，研究佛教、伊斯兰教、耶稣教等等的经典。因为这是个群众问题，群众中有那样多人信教，我们要做群众工作，我们却不懂得宗教，只红不专，是不行的"(参见毛泽东《同班禅额尔德尼的谈话》，载于中共中央文献研究室、中共西藏自治区委员会编《西藏工作文献选编》，中央文献出版社2005年版，第249页)。时任国家宗教局局长叶小文2004年在《执政能力与"懂得宗教"、研究宗教——世界宗教研究所成立四十周年感言》中，将"懂得宗教"与执政能力相结合来谈(参见叶小文《执政能力与"懂得宗教"、研究宗教——世界宗教研究所成立四十周年感言》，《中国宗教》2004年第10期)。时任云南红河州人大常委会主任陈霖在2008年的工作论文，首次以《懂得宗教也是执政能力》为题目，从美国的经验、苏联的教训和中国的历史与现实中论述了了解、研究宗教对党的执政能力建设的重要意义(参见陈霖《懂得宗教也是执政能力——在宗教与构建和谐社会座谈会上的讲话》，内部文稿)。

上来的,这是国家政权建设和国家整合的需要。与此同时,新近来藏县工作的人员,大多是通过汉语考试选拔上来的外地人员。① 但是在藏区开展工作,必须了解藏文化和宗教。从现在的藏文化的传播和学习来看,寺院是传播藏文化的主要场所,所以,基层干部要了解藏文化必须和寺院保持联系。寺院成了基层干部联系民众的中介和中介性的影响因素。反之,"对于不懂得民族与宗教的人来说,宗教发展为邪教或者以宗教为借口,煽动其他活动的情况,也无法了解、认知和判别,更无从谈起处理民族地区'事件'的能力,以及处理的有效性和正确性问题。"②

2018年8月8日下午,笔者参观了藏县县城附近的一个佛教寺院。寺院有50多位僧人,其中,暑期来寺院学习的小孩大约有20位。寺院类似学校,分班级,有老师,有食堂,有作息时间(见表7-3)。老师二人间,学生(弟子)多人间,共居一个小院,十多个小院连成一排。小院里有独立的卫生间,有抽水马桶和洗澡间,有独立的烧燃气的厨房。寺院日常念经中包括音乐、运动、辩论等多个环节和多种方式,经文的内容设计天文地理、人生修行和藏医藏药等诸多方面。寺院也有汉语老师,每年累计有两个月时间学习汉语。相连成排的小院中,有一个小院设有驻寺干部办公室。驻寺干部在政府与寺院之间起协调和沟通的作用。驻寺干部"坚持党管寺院,不但要管理,也要服务"。③ 管理主要体现在把寺院列为地方一级组织单位,像村庄一样纳入基层行政管理系统,让寺院赢得平等和信任。派干部进驻寺院,宣传党的大政方针政策,监督僧人依法依规从事宗教活动。服务主要表现在要解决寺院的基础设施建设和僧人的社会保障问题,"将寺院也要列入地方发展规划"。④ 在确立惠农惠牧政策的同时,也要建立惠僧人、惠寺院的政策,满足僧舍、寺院维护与修整。⑤ 政府还通过举办活佛培训班,让活佛知晓政策法规,宣传政策法规,让懂得政策法规的活佛在寺院直接从事管理和教化工作。截至2018年7月,藏县境内寺院共有32个活佛。对活佛的培养和管理也是政府间接治理宗教的有效方式。

---

① 访谈记录 ZX2018080804。
② 访谈记录 ZX2010071506。
③ 访谈记录 ZX2018080607。
④ 访谈记录 ZX2018080607。
⑤ 访谈记录 ZX2018080607。

表 7-3 寺院日常作息时间表

时刻	主要事项
05:30	起床洗漱
05:50—07:40	念经
07:40—08:00	在食堂吃早饭
08:00—10:00	休息
10:00—12:00	在各自住宿小院内学习、讲经、法师辅导
12:00—12:30	在食堂吃午饭
12:30—14:30	午休
14:30—16:00	在大经堂念经
16:00—18:00	在各自住宿小院内念经、学习
18:00—19:20	晚饭、休息
19:20—20:30	在寺院里的大道上念经、辩经
20:30	休息

除了政府工作人员直接介入寺院开展工作之外,政府还帮助建立宗教协会,通过管理宗教协会间接管理宗教和寺院。藏县佛教协会成立于1990年,协会主要负责人由民族宗教事务局的干部兼任。在县委和县政府的领导下,协助政府管理佛教内部事务,协调解决各种矛盾纠纷,维护社会稳定。藏县佛教协会的主要职责如下:[①]

1. 协助管理寺院内部事务,指导佛教寺院的教务工作和其他佛事活动。
2. 向政府相关部门反映教职人员和信众的愿望和要求,可以提出意见、建议。
3. 组织相关僧侣开展佛学培训、佛经答辩、佛学论坛等活动。
4. 协调处理寺院及教职人员中发生的矛盾和纠纷。
5. 指导佛教寺院管理人员的推荐、选举。
6. 开展佛教文化研究,协助寺院保护文物古迹。
7. 协助寺院兴办社会公益事业。
8. 协助开展佛教界对外友好交往活动以及人员的选拔。

---

① 访谈记录 ZX2010071506。

回县伊斯兰教协会(简称"回县伊协")成立于 1982 年 10 月。自成立以来,组织选举协会委员会及主任、副主任、秘书长。在县委统战部指导下,在民族宗教事务局领导下,回县伊协依据党和政府的宗教政策,办好教务,开展对伊斯兰教界人士的爱国主义和社会主义教育,同时组织指导复习小组,考核开学阿訇,指导清真寺教务工作。①

  2008 年,回县回镇一个清真寺因内部矛盾纠纷导致该寺没有聘任阿訇长达半年,给寺坊信众的宗教活动带来了许多不便。在县委统战部和民族宗教事务局的支持下,回县伊协深入到该寺坊信众和涉及的重点人员家中了解情况后,进行了耐心细致的说服工作,并采取相应举措,平息了矛盾,处理了相关纠纷,正常的宗教活动得以恢复。首先是大力推行民主化管理。由伊协组织全体上寺信众,对现任寺管会班子进行民主测评,重新组建寺管会。以此获得信众的充分支持和理解。其次,由寺管会组织信众对伊协考核、推荐的 4 名阿訇候选人投票,选出新任阿訇。再经县伊协对任学的阿訇颁发聘书,正式上任、执教开学。三是伊协不断组织相关人员与该寺坊信众沟通、交流,逐渐化解信众之间的矛盾。②

在通过宗教协会进行间接管理的基础上,政府不断改造寺院中的传统组织,嫁接新的功能,来实现对寺院的管理。近年来,随着经济社会的不断发展,新时期农牧区群众内部矛盾呈现多元化、复杂化的特点,处在维护稳定工作前线的宗教活动场所的矛盾纠纷也呈上升趋势,并成为当前影响社会稳定的一个重要因素。为及时妥善解决纠纷,有效化解矛盾,促进社会和谐稳定,藏县各级政府决定,将建立多年的人民调解制度搬进寺院,于 2009 年在 S 寺院成立全县首家宗教活动场所调委会——"S 寺人民调解委员会"。调委会由寺院活佛、寺管会成员组成。"调解委员会的主要职责是:一、受理调解本寺范围内的内部矛盾纠纷,防止纠纷激化。二、通过调解工作宣传法律、法规和有关政策,教育广大僧侣遵纪守法,预防矛盾纠纷激化。三、在调解未成的情况下,有义务告知双方当事人通过仲裁或起诉

---

① 回县地方志编纂委员会:《回县志》,宁夏人民出版社 1995 年版,第 146 页。
② 访谈记录 HX2010082601。

来解决纠纷。"①调委会的建立搭建了解决宗教活动场所纠纷的新平台，加大了宗教活动场所纠纷解决力度，为宗教活动场所乃至牧区的和谐稳定提供了一个组织平台。其实，活佛、寺管会来调解寺院纠纷的机制早已有之，这也是活佛和寺管会的基本职责，只是在调委会中新增了"上诉"机制，并且"调委会更多的是带着法律进寺院"。②

另外，不同国家（或地区）对待宗教的政策和管理也存在一个相互学习、相互参照和相互交流的渠道，那就是宗教交流和宗教外交。基督教、伊斯兰教和佛教是世界性的三大宗教，有多个国家共同信仰某一宗教，世界上也有因宗教信仰的不同致使一个国家分裂为多个国家的情况；也有因为相同的宗教信仰而相互交流、相互照应的国家。中国的佛教、基督教和伊斯兰教既是外来宗教，又是世界性宗教，与其他信奉佛教、基督教和伊斯兰教的国家或地区有着天然的联系。特别是伊斯兰教，信众有一项"功课"即为前往麦加朝觐。所以，中国的穆斯林每年到麦加朝觐，就涉及宗教外交的问题。藏县的佛教也有国际交流、宗教外交，还有朝拜周围寺院的习俗，但是没有被作为一项"功课"来安排。宗教的世界主义联络机制让信众以认识他国或者其他地区宗教的方式间接了解其他国家的政教关系，本国政府对于宗教事宜的公共服务也作为一张名片带在信众的身上。所以，从这一层面来讲，宗教外交也是反映政治发展的一个重要视角。特别是改革开放以来，宗教对外交流和宗教外交也如同市场经济一样，获得了快速的发展。如今，回县每年大约有200—400人去麦加朝觐。③ 共同的宗教带动了回县与国外的交流：

  据《回县志》记载，1985年4月13日，应世界伊斯兰联盟秘书长的邀请，回县县长启程参加宁夏穆斯林友好访问团赴巴基斯坦、埃及、也门、科威特等国进行友好考察访问，并到麦加朝觐（副朝）。1985年7月19日，中华回教博爱社主席、香港至诚服务有限公司主席兼董事长来回县考察访问。与县城回族群众一同聚礼"主麻拜"，并给清真大寺捐港币2000元。1985年9月17日，伊斯兰世界联盟亚洲部秘书长、巴基斯坦驻中国大使馆一等秘书一行来回县参观考察，在县城清

---

① 藏县人民政府网，查询时间2010年11月6日。
② 访谈记录 ZX2010071801。
③ 访谈记录 HX2010082801。

第七章 民族地区秩序建构中的国家与社会

真大寺礼"晌时"拜。1986年2月25日,世界伊斯兰教发展银行工程师来回县考察阿语学校建校项目,决定投资71.9万美元建校。1987年3月19日,沙特阿拉伯王国朝觐部中国哈吉接待办公室主任来县访问,参观回县清真大寺和阿语学校。3月,回县首次输送有建筑技术的农民95人,赴埃及、科威特等国承包建筑住宅楼。1990年11月25日,回县阿拉伯语学校举行新校舍大楼落成典礼,世界伊斯兰发展银行执行委员一行前来祝贺。①

上述交流的案例说明,共同的宗教可能引致共同的关注和共同的发展,宗教交流也带来了资金和项目。

如上所述,尽管民族与宗教是民族地区最大的特性与象征体系,懂得宗教也是民族地区干部执政能力的重要部分。但是,在藏县、回县,民族宗教问题是比较敏感的问题。② 调研期间,对于民族宗教问题,笔者坚持较多实地观摩,较少探讨交流,以解读和理解为主。特别是在藏县、回县,只能了解到"面上"的常规工作,其他内容属于"回避"的对象。正如民族与宗教事务局的一位干部所言:"宗教不容讨论……只能做,不能说,或者多做少说……即便说,也说不清楚。"③相比"宗教不容讨论",在藏县和回县调研期间,藏族民众和回族民众也对笔者发问:"你们没有宗教信仰是不能理解的……"④这两方面表现的结合,也为懂得宗教、了解宗教和民族交流带来了一定的困难和障碍。在这样的情形中,如何实现"对宗教信仰宽容"和"对宗教活动有效管理"两者的结合,还需进一步调查、研究。⑤

其次分析政府调控市场秩序。

中国民族地区地域广阔,人口较少,拥有丰富的自然资源。中国民族地区的总面积613.33万平方千米,占全国总面积的63.89%;牧区、半农半牧区、草原面积达3亿公顷,占全国总量的75%;森林面积5648万公顷,占全国21.81%;林木蓄积量52.49亿立方米,占全国46.57%;水利资源蕴藏

---

① 回县地方志编纂委员会:《回县志》,宁夏人民出版社1995年版,第38—45页。
② 参阅徐祗朋《当代民族主义与边疆安全》,民族出版社2009年版,第234—234页。
③ 访谈记录 HX2010082304。
④ 访谈记录 ZX2010071804;访谈记录 HX2010082501。
⑤ 张践、齐经轩:《中国历代民族宗教政策》,中国社会科学出版社2007年版,第342—343页。

量4.46亿千瓦,占全国65.93%。① 总体来看,民族地区水土光热资源很丰富,发展农业、畜牧业、林业的潜力很大,有自己独特的优势。但是资源的优势并不一定表现为发展上的优势。从表7-4中可以看出,中国民族自治地方"棉花""成品糖""原煤""原油""发电量"5个指标所占比重逐年增长,并且"棉花""大牲畜年末头数""羊年末只数"占到全国近一半。与自然资源贡献量上的优势相比较,社会发展指标之一的"教育"类指标在将近20年之间,没有明显变化。从藏县、回县、壮市三地来看,中国民族地区社会发展的基础1990年以前也非常薄弱,离全国平均水平有很大差距。在现代化过程中,民族地区的资源优势如何助推发展上的优势;在市场竞争中,如何实现资源优势、经济发展、利益分配与社会发展等方面相协调,是笔者在藏县、回县、壮市调查期间关注的问题之一。

表7-4 个别年份民族自治地方国民经济与社会发展主要指标占全国的比重(%)②

指标		1990年	1995年	2000年	2005年	2007年
年底总人口		13.38	13.25	13.27	13.36	13.58
主要农牧产品	粮食	12.00	12.43	15.75	14.85	14.60
	棉花	10.40	19.84	33.11	32.89	39.63
大牲畜年末头数		40.60	35.40	36.74	39.09	46.67
羊年末只数		54.10	43.00	45.04	43.98	53.55
主要工业产品	成品糖	38.25	42.84	71.17	75.09	79.08
	原煤	11.20	12.20	14.65	17.37	20.19
	原油	9.10	10.70	14.06	15.66	16.28
	发电量	11.90	11.80	12.63	12.33	14.94
教育	在校学生 普通高等学校	6.59	6.40	6.15	6.40	6.55
	在校学生 普通中学	13.29	11.76	11.85	14.88	13.15
	在校学生 普通小学	15.14	14.32	14.49	15.35	15.58
	专任教师 普通高等学校	7.09	9.23	7.86	6.48	6.60
	专任教师 普通中学	13.68	12.44	11.96	12.82	12.98
	专任教师 普通小学	15.19	15.15	15.35	15.75	15.88

① 国家民族事务委员会经济发展司、国家统计局国民经济综合统计司:《中国民族统计年鉴2008》,民族出版社2009年版,第273页。
② 中华人民共和国国家民族事务委员会网站,查询时间2011年1月10日。

第七章　民族地区秩序建构中的国家与社会　205

从民族三地来看,藏县是以牧业为主的少数民族地区。全县有天然草场3401平方千米,占县域面积的71.48%,饲草产品和畜牧产品发展和开发潜力大。与此同时,藏县茫茫的草山下面深埋着丰富的矿产资源,已探明的矿藏有汞、金、钨、锑、鸡血石等14种,在青海矿业中占有重要位置。在茫茫的草山之巅,生长有冬虫夏草、大黄、雪莲等10余种药材,其中虫草年产量约3000斤,2010年虫草的价格是每斤3万左右。① 在藏县牧民的经济收入构成中,主要的两大来源是放牧牛羊和挖虫草。

2010年,藏县围绕草原生态保护、牧民收入保障和秩序维护,在虫草收获季节开展了以下专项工作:其一,县委、县政府提前召开虫草采挖工作会议,部署虫草采挖期间社会治安、生态保护、市场维护等重点工作。县、乡、村三级均成立虫草采挖期间社会稳定工作领导小组。乡、村联合成立草山治安义务巡逻队伍73个共365人,各巡逻队伍坚持一天一巡逻、两天一登记制度,严格落实责任制,确保全县虫草采挖期间社会纠纷矛盾及时排查和社会治安稳定。其二,加大宣传。在全县交通道口张贴《关于禁止外来人员到藏县境内盗采虫草的通告》,向隔壁县(市)政府发送《关于劝阻贵县群众不要进入藏县境内采挖虫草的函》,向农牧民印发关于生态保护和虫草资源保护的宣传资料。其三,县、乡、村三级开展重点人员排查和行业部门排查。重点排查虫草采挖期间来藏县的流动人员、刑满释放人员和"历年来需要重点管理人员"。行业排查重点排查食品、药品作坊和出租房屋,谨防制假售假和假冒伪劣虫草冲击市场。其四,加强虫草采挖期间政府部门的信息报送、信息共享和综合研判,做好预警预案工作。其五,及时发布虫草市场信息,引导牧民将收获的虫草有序进入市场,维护市场交易秩序。县政府网站及时推出、宣传本县虫草产量和采集情况,开辟销售市场。在虫草销售旺季,各级政府工商部门组织市场检查队伍,加大市场巡逻,防止市场投机倒把行为,检查市场上的量器,确保市场公平、透明,维护广大农牧民的收益。②

另据藏镇派出所干部特别强调:每年公安部门的工作主要集中在两个事项和时段上:一是虫草采集期间;二是密集举办诵经大会期间。③ 从上述列举的5项工作中可以看出,为维护藏县的虫草市场,各级政府采取了诸多措施,也取得了良好成效。同时,令基层干部更满意的是通过虫草市

① 藏县人民政府网,查询时间2011年1月14日。
② 根据访谈记录(ZX2010071603)和政府工作文件整理。
③ 访谈记录ZX20100711706。

场,政府的合法性也获得了巨大的提升。①

与藏县丰富的草场和虫草资源相比,壮市最丰富的自然资源当属森林资源。全市土地总面积519.89万亩,其中有林面积124万亩,宜林荒地66万亩,封山育林地15万亩。② 在林木经济迅速升温、林业市场混乱、集体林地管理低效和收益低下的背景下,从2009年开始,壮市计划用4年左右的时间,在林业"三定"的基础上,基本完成全市271.98万亩集体林地"明晰产权、放活经营权、落实处置权、确保收益权"的改革任务。这次林权改革,目的是进一步解放和发展林业生产力,使之成为促进农民增收致富、农村经济加快发展的新动力。林权改革被看成是完善农村经营制度的又一次重大改革。这是壮村一位山林承包商对壮市林改政策的精准描述。③ 在壮村村民看来,"过去只是砍树烧柴,近几年树木可以卖钱了,但是市场很乱,并且树木归属不清楚。林改之后,谁家的归谁,大家心里就有底了。"④

与藏县和壮市向自然资源要效益不同,相对贫瘠的回县则努力吸引外商投资,以市场发展带动地方发展。回县是宁夏传统的商贸城和中南部重要的经济中心。改革开放以来,特别是近年来,回县商贸中心的作用不断加强,已经成为宁夏回族自治区南北物资交流的重要枢纽和商品集散地。回县不但占据强大的国内市场,在国际市场上也占有一定份额。回县是全国最大的羊绒散集地和加工基地之一,年经销原绒约占全国产绒量的二分之一,约占世界产绒量的三分之一。全县有羊绒经营企业100多家,有进出口经营权的企业27家,年经销原绒5000吨以上。产品销往美国、日本、韩国、澳大利亚、英国、德国、意大利、荷兰、瑞士、西班牙等11个国家和地区及全国各省区,对外贸易额达到4亿元,出口创汇达到1800多万美元,荣获"中国回县国际山羊绒散集城"称号。羊绒产业一方面带动了农民搞养殖,另一方面吸引了更多外商来回县投资。回县已建设养殖示范村73个,培育养殖大户4725户。2008年,牛饲养量达17.5万头,羊饲养量达120万只,肉类总产量2.75万吨,实现畜牧业产值3.19亿元,占农业总产值的45%。

回县羊绒工业园区也是以羊绒资源为依托,以羊绒加工企业为基础,

---

① 访谈记录 ZX2010071603。
② 壮市党政网,查询时间2011年1月14日。
③ 访谈记录 ZS2010073107。
④ 访谈记录 ZS2010080601。

是为提高产业集聚效益、优化投资环境、扩大对外开放、推动县域经济快速、健康发展而建立的。园区规划占地面积2200亩,一期工程于2003年5月开工建设,固定资产投资超过亿元,其中投资2200多万元用于给排水、道路、供电、供热、通信等基础设施建设。园区为全县招商引资搭建了一个良好的平台,成为羊绒产业发展的主要载体,被确定为省级工业园区。园区实行封闭式管理、开放式经营、市场化运作、园林化建设和社会化服务的运行机制,实施羊绒收购奖励和招商引资优惠政策。回县政府下一步将在园区规划建设信息中心、交易中心、中心监管库等公共服务平台,为企业提供及时高效的服务(参见《回县关于进一步加强招商引资工作的若干政策规定》)。①

回县关于进一步加强招商引资工作的若干政策规定(节选)②

第三条 外来客商来我县投资兴业,优先办理入户,在子女入学、入托和升学时,均视同本县居民对待;在创办企业所需用水、用电、用气,享受本地企业同等待遇。对投资规模大、财政贡献大、综合素质高、遵纪守法的企业法人代表,可推荐为县人大代表、县政协委员人选,投资和贡献特别巨大的,可推荐为上级人大代表或政协委员人选。

第四条 税收和土地等收费优惠政策:

……

2. 投资企业的各类建设项目,在办理相关手续时,涉及的行政事业性收费和经营性收费均按规定的下限执行,县域内不增加任何收费项目。

3. 对高新技术项目、农业产业化龙头企业项目和财政贡献率高的项目,县人民政府积极帮助企业向国家、省市争取各项政策扶持,并积极协调金融部门为企业贷款。对新办固定资产投资500万元以上的生产加工型企业,3年内免收行政性收费县属部分;经营性收费按最低标准收取;在县广播电视台申请做广告,累计30日内免收广告费。

第五条 对投资数额较大,且对全县财源建设有较大影响,对当

---

① 回县党政信息网,查询时间2011年1月14日。
② 2010年8月26日走访回县工业园区收集到的资料。

地经济发展具有较强拉动作用的项目,涉及的有关用地、财政扶持等政策,实行一事一议。为保持政策的连续性、稳定性,对给予企业的优惠政策以政府常务会议或县长办公会议纪要形式确定下来,下发给企业。

第七条 简化办事程序,规范政务服务行为。全面推行招商引资项目全程代理制。为保证企业在筹建、建设和生产过程中各项工作都能够顺利进行,对固定资产投资 500 万元以上的重点项目,确定一名县级领导并组织服务小组为项目实行全程服务,一般项目由项目责任部门服务并派驻专人作为联络员为企业服务。

第八条 动员和鼓励广大干部和群众参与招商。对引进投资 100 万元以上的生产加工型项目,由县政府对引荐人按形成固定资产的千分之五进行奖励。

第九条 为保证企业正常的建设、生产和经营不受任何影响,未经县招商引资工作领导小组领导的签批,任何单位、部门(消防、安全除外)不得进入企业检查、收费。县监察局行使行政效能监察职能和接受外商投诉,对行政单位和执法人员的不规范行为,做到有报必查,有查必果。同时,对招商引资环境建立民主测评制度,自觉接受群众监督,进一步规范行政执法部门和政法部门的执法行为,优化经济环境。

剖析上述民族三地的市场建设可以看出,政府积极保护产权、维护秩序、招商引资和优化市场环境,同样是民族地区市场自我发展的亲密伴侣。在这一过程中,民族地区基层政府坚持的是经济发展的取向,主要源于经济发展的诱因而开发自然资源,保持市场繁荣和稳定。[①] 与自然资源相对匮乏的非民族地区相比,在政府的引导下,民族地区能否走出以自然资源换取市场发展的老路,有待进一步调查研究。[②] 张维迎认为:人们追求幸福的方式有两类,一是通过让别人不幸福而获得幸福,这包括偷盗、抢劫等。其中最主要的一种方式是战争,使民众不幸福而让自己幸福。另外一种方式,就是通过让别人幸福而使自己获得幸福:先为别人创造价值,然后自己才可以获得成功。他认为这种方式就是市场的逻辑。但是市场运作

---

① 参阅罗康隆、黄贻修《发展与代价:中国少数民族发展问题研究》,民族出版社 2006 年版,第四章。
② 参阅张植荣《中国边疆与民族问题——当代中国的挑战及其历史由来》,北京大学出版社 2005 年版,第 60—61 页。

有一个前提,就是自有、私有财产的权利。① 事实上,通过民族地区市场发展的案例可见,当市场的逻辑带来的残酷性呈现在民众面前时,是否是因为政府未能保护财产?这一问题的复杂性往往使得市场与政府在经济与社会发展中相伴而行。政府对产权的保护是一个动态的过程,所以市场逻辑的"前提"也是一个动态的过程。② 在此,通过理论和现实的对话可以看出:在民族地区市场中,政府还有很充分的作为空间。

到此,以秩序建构为焦点,宗教、市场与政府共同型塑的民族地区乡村治理的三维空间已经呈现完毕。在乡村治理的场景中,既有国家追求的"秩序化"目标的达成,也有在秩序化的目标中,社会有机体的分化与分层。在这里,乡村治理场景的丰富呈现,也使得"民族地区乡土社会"与"现代国家"的关系有了多维度的充分展示。

---

① 张维迎:《市场的逻辑》,上海人民出版社2010年版。
② 克劳斯·科赫:《市场的贪欲——国家在世界经济竞争中的无奈》,社会科学文献出版社2002年版。

第八章 "民族再造"与乡土自觉

对于每个民族来讲,其民族身份来源于两方面,即对民族血缘、地域、语言文化、行为举止、生产生活方式等因素的"自我认同"和"他者认同"。不同民族的个体和群体,因"自我认同"和"他者认同"的成分占比、融汇方式、接纳方式等方面的差异,而呈现不同的民族特性。① 大众社会一方面带来了人群共同体行为方式的趋同性,另一方面,在大众社会中生活,也要寻找自我存在,而只有特色才能标识和证明自我存在。在大众社会中,一方面是民族性迁就大众生活,另一方面,大众生活又需要民族色彩,在这一发展的过程中,某些民族性被扬弃,某些民族性被重新塑造。在权利的温床上,在民族地区的社会发展中,在与外界力量的不断碰撞中,民族性出现了一个自我创造的过程。本章将这些案例和情节称为"民族再造"。当然,"民族再造"是一个渐进的过程,强调在继承民族性"存量"的同时,创造民族性的"增量"。

一、民族身份与身份认同

民族身份与身份认同包含两个方面,一是民族之间的身份划分和身份认同,特别是汉族与少数民族之间;二是同一民族内部的身份划分和身份认同。

在藏县、回县调研期间,笔者经常会听到这样的说法:"我藏族……""我们穆斯林……""你们汉人……"与此相对应,笔者调查期间不得不调整自己提问的表述方式:"咱们这里……""我们西北人……""我们地处西部……"等。其实,笔者内心深处是想得到有关"藏族""回族""壮族"特性的回答和答案。调研发现,在民族特性越鲜明的区域和特征越鲜明的民

---

① 参见关凯《族群政治》,中央民族大学出版社2007年版,第59页。这一思想也类似美国社会学家查尔斯·霍顿·库利在他的1909年出版的《社会组织》一书中提出的"镜中我理论"。他认为,人的行为很大程度上取决于对自我的认识,而这种认识主要是通过与他人的社会互动形成。他人对自己的评价、态度等等,是反映自我的一面"镜子",个人通过这面"镜子"认识和把握自己。个人和他人的这种联系包括三个方面:1.关于他人如何"认识"自己的想象;2.关于别人如何"评价"自己的想象;3.自己对他人的这些"认识"或"评价"的情感。

族,这种思维越固化为民族地区民众的基本思维方式,影响到社会生活的方方面面,一有"问题"产生,这种思维首先浮现在头脑里,首先被派上用场。这是在藏县和回县调查期间,干部和群众反映最强烈的问题,也是民族地区民众惯用的思维方式。本书将这种现象概括为"民族标签主义"。就目前掌握的资料来分析,民族标签主义有两个方面的呈现,分属于权力机构和普通民众。此外,身份认同也有两个维度,即共同性认同和差异性认同。比如藏县干部介绍:新中国成立初期,汉族干部来藏县,学习藏语,接纳藏文化,领着牧民一起干,干得好,各族人民都拥戴其为"英雄"。大家都有共同性认同,即对英雄人物的认同。差异性认同的异化就是狭隘的民族主义,简单贴标签,即民族标签主义。

在历史发展中,每当政权更替之时,就有拿"民族"作为政治动员的工具的场合出现。藏县、回县民族更替占据就说明了这一点,在这一过程中,有的民族衰落下去,有的民族强大起来,还有民族改名换姓,浴火重生。

在藏县,1958年6月,极少数反动民族宗教上层分子,为反抗社会主义改造,维护旧有地位和势力,推翻新生的政权,有组织、有预谋地掀起了一场武装叛乱。这次叛乱当时就打着"为民族、保宗教"的旗号。1958年5月,藏县一部落有3人,在州府学习期间逃学回到本县,聚众煽动说"共产党的政策变了,牲畜要没收,宗教不自由,省上州上开始斗活佛,共产党快垮台了,所以又收枪、又抓人,还要杀人;共产党没根子,我们反起来有美国、印度支持,现在把藏县打下来,只要坚持15天,达赖就会派藏军到来"等,进行宣传和动员。① 从6月上旬,头人纠集周围的信众500余人,与隔壁地区的一批叛乱人员纠合在一起,公开宣称不要共产党领导,率先举起叛旗。此次叛乱由于发动了基层群众,所以,到平定叛乱历时2年10个月。②

在回县,1936年,西征红军到达回县县城后,国民党反动派也到处散布谣言"共产党杀回灭教""共产党共产共妻",致使大批群众(特别是回族群众)逃离县境。西征红军为了粉碎谣言,遵照总政治部《关于回民工作的指示》,刷写标语、印发传单、张贴布告,召开军民联欢会,广泛宣传中国共产党的抗日主张和民族统战政策,逃离县境的群众纷纷返回家乡。③ 共产党进入回县,1936年10月,A县(原来属于回县)回民自治政府成立以

---

① 藏县地方志编纂委员会:《藏县志》,民族出版社1999年版,第379页。
② 藏县地方志编纂委员会:《藏县志》,民族出版社1999年版,第357页。
③ 回县地方志编纂委员会:《回县志》,宁夏人民出版社1995年版,第122页。

后,建立县回族解放会。设会长1人,副会长1人,组织1人,宣传1人,交际1人。各区、乡、村分设基层分会,各设分会长1人。回族解放会成立后,在西征红军帮助下,争取民族独立,民族解放,宣传抗日救国主张,反对苛捐杂税、派款派粮抓壮丁,得到群众拥护。11月,红军东撤后,回族解放会活动停止。①

回族解放会章程②

1. 二三个村可以组织分会,推会长1人。除反动自治分子外,不分男女、宗教,只要赞助本会者,均可入会。

2. 有三个或四个分会,可成立一个乡解放会。推正、副会长各1人,组织1人,宣传1人,交际1人,3人都是委员。

3. 本会任务

(一)宣传红军抗日主张。

(二)反对苛捐什(杂)税与派粮派款派抓壮丁等。

(三)组织回民自己的游击队,武装保卫自己,为民族解放独立而斗争。

在政权更替时期,"民族"往往是政治动员和民族仇杀的措辞,在和平发展时期,"民族"也可以成为某些政治行为的措辞。从政治现实出发,"稳定"在国家的民族区域政策中有着特殊的意义,维稳也是民族地区最大的政治任务。③ 在中央政府和民族地区地方政府之间就存在许多张力。在"维稳第一"的执政原则下,民族地区基层政府往往以此为"依据",掩盖某些政策执行上的失误。在这里,笔者将这一现象概括为"民族地区公共行政的政治化"。④ 透过上述现象可见,在民族地区,某些行政行为也贴上了"民族政治"的标签。

在壮市调查期间,笔者专门问到了有关"壮族问题",在壮村村民的回

---

① 回县地方志编纂委员会:《回县志》,宁夏人民出版社1995年版,第144页。
② 回县地方志编纂委员会:《回县志》,宁夏人民出版社1995年版,第144页。
③ 参见本研究第七章第三节的相关内容。
④ 这一概括主要想总结说明:在民族地区,代表公权力的政府在行政过程中,某些行为被上升到"政治正确"的高度,同时也包括以"民族政治"为"高度"来贯彻行政工作。在这里,笔者受申恒胜博士提出的"政治问题行政化"的启发。参阅申恒胜、王玲《政治问题的行政化:基层改革的逻辑——对四川省L县T镇人大代表专职化改革的实证观察》,《理论与改革》2010年第6期。

答中,"壮族"没有什么"问题"。在开展问卷调查期间,仅仅在"民族成份"一栏中要登记为壮族而已。15户的深入访谈中,仅此一户提到了"壮族问题":

> 户主55岁,壮族,中共党员。家庭其他成员为妻子、儿子、儿媳、孙女、孙子,共6口人。儿子、儿媳带着孙子、孙女,1990年就外出广州打工,在广州做废旧物品回收的生意。家里现在只有其妻子一个人的田地,靠倒贩蚕茧接济他和老伴的空巢生活。
>
> 户主1975年离开壮村,到海南当兵6年,1981年回到壮村。壮村1979年分田到户,他没有赶上这个时间点,所以没有田地,对国家"三农"政策有些怨气,认为国家需要关照壮族民众生产生活。……"①

在壮市,在民族权利的分享上,"壮族"是存在的。壮村有一位壮族学生,2010年参加高考,享受民族照顾后,被中南民族大学法学本科班录取。这位学生告诉笔者,在班上的少数民族学生中,壮族占比最大。对比可见,在"壮族"可以发挥效用的场合,比如升学、就业,"壮族"的标签还是被牢牢贴上。②

这里也展示了民族标签的"对外性"。在民族村庄内部,生活的群体具有共同的"民族",所以,在只有单一民族存在的场合,就不存在贴民族标签。在村庄生活层面,民众遵循的是生活的逻辑、本土自由主义的逻辑,而不是"民族"的逻辑。③ 从三个民族村庄的发展来看,农牧民还有向自然要发展的空间,劳作于自然的农牧民,关心生产、生活,不太关心"民族",并且绝大多数农牧民崇尚"纳完粮,自在王"的生活。对比经济发达的南方地区农村来看,当经济发展受到政治分配机制的约束时,当经济发展的空间消失殆尽的时候,农民也会倾向于通过政治活动重新获得利益或者调整利益分配格局。④ 这说明,在不同的发展阶段,民众所关注的焦点有所差别。在笔者调查中,回村一位村民认为:"老百姓有时间就种庄稼,到地里干活,养家糊口,挣钱,不想政治,更不可能像拉萨、乌鲁木齐那地方出现

---

① 访谈记录 ZS2010072903。
② 详述见本章第三节的论述。
③ "本土自由主义"是徐勇教授对中国自由主义的经典概括。
④ 访谈记录 ZS2010080801。

那样的事情……玩政治的,闹政治的都是个别有政治预谋的人,煽动的!"①这位村民告诉笔者:不同的人群也有不同的关注焦点。另外,贴民族签的,起码要关注"民族","知道讲民族管用"。

上述案例说明,民族成员内部也存在身份认同的划分。在民族特性比较鲜明的藏县和回县,民族成员内部身份和地位由高到低依此是:宗教精英权威人士、在体制内有工作者、懂民族文化和民族语言者、不懂民族文化和民族语言者。

上述案例也反映出民族标签主义有三个方面的特性:其一是民族标签主义使得许多非民族的因素卷入民族问题,被"民族化"。其二,民族标签主义有一种正强化的效果和趋势,民族标签主义使"民族问题"可以不断地放大其范围、扩大其程度、增强其效应。其三,民族标签主义产生的条件是存在两个有差异的民族系统,民族标签主义是发生在民族之间的事,你我的区分和矛盾对立强化了民族标签主义。为此可以说,"民族问题"是"民族间问题"。

通过上述案例,可以简单分析民族标签主义产生的原因。首先,之所以贴民族标签,是因为"民族"可以有所图,有所承载,民族身份具有很大的遗传决定性,且后天更改的空间非常小,如此的规定也适合承载特殊的权利。② 在民族身份这一稳定的象征体系中,民族成员和非民族成员都拿"民族"说事,"民族附加"太多,说到底还是人们看到的民族之间的不同待遇。原本操持不同语言、内含不同文化的人群,产生差异是自然而然的情景。但是,当将"民族"作为动员的工具,以"民族"为口号发生的"事件"为"民族"不断增加动力的时候,掌握了民族,有了民族差异,就掌握了巨大的资源。新中国成立以来给"民族"赋予了一些特殊的权利,这些特殊权利的意识自觉的副产品就是以"民族"作为标签来获取支持和力量。其次,民族标签主义之所以产生,还有一个重要原因就是可选择的"标签"太少。藏县地区社会发展相对落后,人们身份单一,身份交叉和身份综合的场合比较少,摩擦和矛盾发生之后只能推到"民族"身上。③ 按照阿玛蒂亚·森的观点,在一个社会中,个体如果仅仅按照民族或者宗教一种身份来相互认知的话,人类就被严重地压缩并置于设定好的"小盒"之中;个体如果

---

① 访谈记录 HX2010082404。
② 详见本章第二节节选的《关于中国公民确定民族成份的规定》。
③ 访谈记录 HX2010082404。

有多重身份的话,就可以分解某一单一身份的压力,促进人群交流和融合。① 另外,在不断跨越民族边界的时代,"我国更加应该从区域分化、社会分化和少数人的角度,强化边疆区域、弱势群体和少数群体的权利保障,以达到不谈民族权利特殊化保障而实现民族权利特殊化保障之目的"②。当然,如上所述,在单一民族聚居的村庄内部,也不存在贴民族签。

这里还值得探讨的是民族标签主义与民族主义的关系。民族标签主义其实是民族主义的一种发展,民族标签主义可以发挥正反两方面的作用。适当的民族标签可以达到对民族自觉和民族启蒙的引导,民族主义的过火则可以引致民族矛盾,甚至上升为民族之间的争斗。民族标签主义抓住了"他者的眼光",以他者的存在来自我命名,获得权力和保护。

二、民族成员的扩充

本书第二章已经论述到,新中国在大规模的"民族识别"之后,局部地区仍然存在需要"民族识别"的人群。但是,关于公民个体民族成份的确定和更改,是目前民族地区民族事务部门的常规工作之一。2010年在藏县、回县、壮市调研期间,各地民族事务部门告诉笔者,现在的民族成份的确定以国家民委1990年发第217号文件为准。

关于中国公民确定民族成份的规定③

民委(政)字〔1990〕217号

为了正确贯彻执行党和国家的民族政策,保障我国公民正确表达民族成份的权利,做好民族成份的填报工作,现对公民确定民族成份问题作如下规定:

一、确定公民的民族成份必须以国家正式认定的民族族称为准,任何人不得以国家未确认的族称作为自己的民族成份。

---

① 按照阿马蒂亚·森的这一观点,在调查过程中,本人也尝试运用多重身份与民族地区民族成员交流,明显改善了交流的效果,比如对"我们……""咱们西北……""我们这地方……"这些表述方式的运用。参阅阿马蒂亚·森《身份与暴力——命运的幻象》,中国人民大学出版社2009年版。
② 朱碧波:《论我国民族事务治理中的身份固化与边界跨越——兼论少数民族权利保护的思路转换》,《中南大学学报》(社会科学版)2017年第6期。
③ 犍为县人民政府网,查询时间2010年12月25日。

二、个人的民族成份,只能依据父或母的民族成份确定。

三、不同民族的公民结婚所生子女,或收养其他民族的幼儿(经公证部门公证确认收养关系的),其民族成份在满十八周岁以前由父母或养父母商定,满十八周岁者由本人决定,年满二十周岁者不再更改民族成份。

四、不同民族的公民再婚,双方原来的子女如系幼儿,其民族成份在十八周岁以前由母亲和继父、或父亲和继母商定;双方原来的子女已满十八周岁的,不改变原来的民族成份。

五、不同民族的成年人之间发生的收养关系,婚姻关系,不改变各自的民族成份。

六、原来已确定为某一少数民族成份的,不得随意变更为其他民族成份。

七、凡依照本规定申请变更民族成份的,须经本人所在单位人事部门或居住地区的街道办事处、乡镇人民政府调查核实,报经县级以上民族工作部门审批后,方可到户籍管理部门办理手续。

……

九、凡采取搞假报告、假证明和其他不正当手段骗取准许更改民族成份的,一经发现应立即纠正。因骗改民族成份而享受招干、招工、升学以及其他优惠待遇的,应予以取消。

从上述规定的第二至四条可以看出,按照政策,中国民族成份主要由遗传决定,这种情况可以概括为生物决定论。当然也包括非遗传因素决定的民族成份,这主要是指在后天的成长中社会对其民族性的塑造,这一种情况可以概括为文化决定论。从本书前面章节的论述中可以看到,民族包含生物决定论的成份,但是主要是文化决定论的成份。正如关凯所言:"你属于什么'民族',不仅在于祖先在你的身体里留下了多少'民族'的基因,而且在于你自己怎么想,怎么看待这件事。"①

这里可以大胆设想一下,由纯文化决定论来确定民族成份的一种思路:某一社会成员,在某一民族区域生活达到一定时限,学习某一民族文化(包括语言、文字,等等)达到某一水平,可否确定为某一民族成份?根据人的社会属性,从理论上来讲,是可以的,但是从上述规定和藏县、回县、壮

---

① 关凯:《族群政治》,中央民族大学出版社2007年版,第16页。

第八章 "民族再造"与乡土自觉　　217

市三地目前的实践来看,是行不通的。①

根据笔者在三地调研所掌握的情况,民族身份的更改在藏县和回县比较少。这是因为,一方面,汉族与藏族、汉族与回族之间通婚比较少,由遗传决定的民族成份很好确定,基本不存在确定民族成份的情况。而在城市里,汉族与藏族、汉族与回族通婚的比较常见。民族成份的更改在壮市比较多,更改民族身份需要经过个人申报—县民族事务局审核—市民族事务局审批—省民族事务局备案的程序,每年大约有20例。② 壮市民族事务局专门有一本登记民族身份更改的登记簿。壮市主要有这样几种情况:其一,壮族和瑶族结婚的,先登记为壮族的,再改为瑶族,其原因在于,随着社会发展,国家对瑶族的照顾更多,比如高考加分,在壮市,瑶族比壮族多加10分。民族成份变更的一般趋势是将自己的民族成份变为能享受更多权利和照顾的民族成员。③

表8-1　壮市民族成份更改登记表(节选)④

姓名	年龄	更改时间	更改原因	备注
覃某某	19	2010.5.3	父亲为壮族,母亲为瑶族,本人由壮族改为瑶族	材料齐全
蓝某某	18	2010.6.15	父亲为汉族,母亲为壮族,本人由汉族改为壮族	材料齐全

但从理论上来思考,越是民族发展差异小的地方,应该越不在乎民族身份,越是民族发展差异大的地方,应该越在乎民族身份,其实不然。在壮市,民族差异很小,但是更改的人多,因为更改民族之间没有多大的内在差异和隔阂,更改民族身份的最大目的就是为了享受国家政策照顾。而在藏县,让汉族改成藏族,在享受特殊权利面前,他很乐意,真正要改成藏族,好多汉民不会付诸行动,因为在藏县,特别是外地来的汉民,自认为与藏民有

---

① 在这里呈现的理论与实践中我们可以看出,有关于民族成份的确定的多重矛盾充分地表现出了紧张的状态:其一,作为人类社会性的体现的国家政策,初衷是引导民族社会文化的发展和弘扬,却踏入了民族自然性和遗传性的窠臼。其二,更改民族成份是民族文化自觉的表现,但是却要紧扣民族出身做依据。其三,怀揣着争取更多民族特殊权利的目的,却要以民族遗传为凭借,但是制度又规定不能持有享受民族特殊待遇的目的等。

② 访谈记录 ZS2018102902。

③ 更改民族身份这样的事例其实在历史上也有发生。据费孝通论述:在汉代,就有关于"胡人改汉姓"的记载。到了统一华北的北魏还发生了改复姓为单姓的诏命,也就是要胡人改从汉姓。有人统计《魏书》"官氏表"中126个胡姓中已有60个不见于官书。这些做法促进了民族融合与汉族人口的增加。参见费孝通《中华民族的多元一体格局》,《北京大学学报》(哲学社会科学版)1989年第4期。

④ 2010年8月2日调研收集到的资料。

区别,"改为藏民很多方面说不过去!"①

涉及"民族"成员的第二种表现就是族际通婚后小孩的民族成份的确定。族际通婚是考量不同民族之间文化认同的一个重要指标,可以考察不同民族对于自我民族的认识,以及对其他民族的认识。在彼此认同的基础上组成家庭,生儿育女,是人类的一种社会、文化行为。在中国,由于有了汉族和少数民族之间的权利差异,以及不同区域的少数民族之间在权利上也有差异。所以,通婚之后的生育政策、小孩的民族身份就可以根据政策待遇来安排。政策偏好影响了族际通婚这种社会行为,并且享受了这种政策待遇的结果也强化了政策的路径依赖。②

根据在藏县、回县和壮市的调查,笔者发现,汉族与藏族、汉族与回族之间还有明显的民族差异,壮族和汉族之间几乎没有差异。但是,汉族与藏族、汉族与回族、汉族与壮族之间通婚,小孩全部注册为少数民族,在这一问题上,不同的民族最终达成了一致的结果。这说明,在民族通婚之后后代的民族归属问题上,民族本身有差异性要求,但外力的引导是影响其最终结果的主要变量和共同变量。③

更改民族成份和族际通婚之后小孩民族成份的确定,这两项工作中带来的民族成员的扩充,笔者将其概括为民族成员的"人为"扩充。与民族成员的"人为"扩充对应的是民族成员的自然扩充:④2010 年在民族三地调查时了解到,少数民族计划生育政策比汉族宽松,藏县牧户为藏族的可以生三胎,为汉族的生两胎;夫妻双方均为城镇户口是藏族的可以生两胎,是汉族的生一胎;夫妻双方是汉族与藏族的,生育政策按照对藏族的规定执行。回县的回族成员,不管是城镇户口还是农村户口,均可以比汉族家庭多生一胎;回民与汉民结婚之后,生育政策按照回民执行,但是回村有些年轻村民不愿意生育第二胎。在回县,虽然有国家政策的准许,但是在对待生育文化的认识上,回汉可以达成一致:都有生一胎的年轻夫妇存在。壮市的壮族的生育政策和汉族一样:夫妻双方均为城镇户口的只能生一胎;夫妻双方为农村户口的可以生两胎,但是绝大多数年轻夫妇都选择生

---

① 此观点来源于笔者 2010 年 7 月 15 日和藏县四位汉民出租车司机的访谈。
② 参阅马戎《民族社会学——社会学的族群关系研究》,北京大学出版社 2004 年版。
③ 郭志刚、李睿通过对 2000 年人口普查 1‰样本数据的深度开发,针对族际婚姻的有关方面及其子女在民族身份的选择状况等问题上的定量分析,也得出相似的结论。参阅郭志刚、李睿《从人口普查数据看族际通婚夫妇的婚龄、生育数及其子女的民族选择》,《社会学研究》2008 年第 5 期。
④ 当然,这一"自然扩充"的过程中也有国家对民族生育政策上的照顾。

一胎。在壮市,可以比壮族和汉族多生一胎的是瑶族、水族等其他少数民族。在藏县、回县、壮市,夫妻一方为城镇户口、一方为农村户口者,生育政策均按照夫妻双方都为农村户口执行。总体而言,国家在民族地区执行的生育政策,使得民族地区的民族成员比汉族成员在人口增长上要快。

与民族成员的自然扩充相比,民族成员的"人为"扩充带有很大的社会目的。《关于中国公民确定民族成份的规定》第九条规定:"凡采取搞假报告、假证明和其他不正当手段骗取准许更改民族成份的,一经发现应立即纠正。因骗改民族成份而享受招干、招工、升学以及其他优惠待遇的,应予以取消。"根据笔者调查,民族成员的"人为"扩充的内在原因主要是为了享受更充分的民族照顾和民族优待。

三、民族特色的打造与重塑

正如回县回镇的一位干部所言:"在外人看来,民族地区最大的地方特色就是民族了!"①所以,民族地区在挖掘、探寻自身发展特色的时候就想到"民族性"这一点。② "中国回民之乡""中国民族区域自治制度发祥地"成为回县的名片;努力打造民族特色鲜明的县域发展是回县提出的发展口号。《回县县委2010年工作要点》也指出:

> 充分发挥回县清真品牌优势,重点抓好清真牛羊肉、清真食品、穆斯林用品等批发市场和乡镇集贸市场建设,全力培育具有市场竞争力的清真食品加工业,不断改善交易环境,力争把回县建设成具有一定集聚效应的清真食品和民族用品集散城。建设建材生产园区和专业批发市场。全力推进全民创业,落实小额担保贷款、税费减免等优惠政策,积极引导支持城乡群众全民动员、人人参与,力所能及地做小买卖、当小老板、建小工厂,切实形成一种人人创市场、事事促经济的浓厚氛围。③

---

① 访谈记录 HX2010082306。
② 正如本书第二章所论述的,中国处理民族问题坚持两项原则:民族取向和区域取向。不能单一坚持民族取向的原因在于民族地区还有其他民族成员,区域取向就可以兼顾其他民族成员。如果说"贴民族标签"和"做民族人员"主要侧重于民族取向的话,打"民族"牌主要是民族区域发展的取向。对这两项原则的理解和反思可参见本研究第四章第三节对"属人""属地""属物"取向的相关分析和论述。
③ 回县党政信息网,查询时间2010年12月19日。

回县依靠回族民众经商的传统，发展起了羊绒产业，现在的羊绒产业，也成为回县回族民众经商成功的一个案例。在回县对外招商的宣传中，是这样介绍回县的："回县是全国最大的羊绒散集地和加工基地之一，也是宁夏羊绒产业核心区。拥有世界上最庞大最优秀的羊绒购销队伍1万余人。年经销原绒约占全国产绒量的二分之一，约占世界产绒量的三分之一。全县有羊绒经营企业100多家，有进出口经营权的企业27家，年经销原绒5000吨以上。产品销往美国、日本、韩国、澳大利亚、英国、德国、意大利、荷兰、瑞士、西班牙等11个国家和地区及全国各省区，对外贸易额达到4亿元，出口创汇达到1800多万美元，回县荣获'中国回县国际山羊绒散集城'称号。"回县的旅游业的发展也跟民族有渊源：始建于明代的回县清真大寺是全国十大古清真寺之一，1988年被国务院列为重点文物保护单位，1936年中国工农红军西征时在这里建立了中国历史上第一个回民自治政府——陕甘宁省A县回民自治政府。以清真大寺为中心，以红军西征纪念园为重点的回县西征红军纪念地"红色旅游"项目已被列入国家100个"红色旅游"精品景点之一。①

回县的上述发展思路和发展方向重新包装了"回族"：灿烂的经商文明、"红色"的政治历史、久远的宗教文化，并且新生的民族性既可以被大众社会所接纳，也延续了自身的民族传统。与回县主动重塑"回乡"特性、面向大众社会、走向大众社会相比，藏县藏族的发展则略显被动和不自觉，也有很大的自然性。笔者2010年在藏县调查期间，恰逢内地群众赴青海避暑的高峰期。进入藏县县城之后，发现藏县宾馆住宿大多已经满员，经过询问，才找到了一间刚退房的床位。宾馆老板告诉笔者：自己已经在藏县开宾馆8年了，总体而言，藏县的客房并没有多大的增加，但是每年来藏县的外地人不断增加，尤其是夏天来藏县游玩和采风的人逐渐增多。② 据藏县官网介绍，藏县有3处黄河大峡谷，有3处天然林区，有历史久远的氐族古墓葬群和佛教寺院，每年夏季举办赛马、射击、摔跤、诵经大会等民族特色活动。这些自然景观和人文景观吸引了越来越多的外地游客。③ 调查期间，笔者与该宾馆的几位客人有了几次简单的交流。客人谈话的主要内容如下：

---

① 回县党政信息网，查询时间2010年12月19日。
② 访谈记录ZX2010071906。
③ 藏县人民政府网，查询时间2020年9月23日。

客人 A：来自北京，汉族。从网上了解到藏县有三大宗教寺院，并且有宗日文化遗址，所以想来看看。经过几天的游玩，觉得本地藏族很神秘，其生产、生活各方面都值得研究，也很感兴趣。不明白的地方就是藏县这么美的草原，这么好的旅游资源，为什么没有好好开发。原本想看看藏族的锅庄舞，但是只能在县城的职工家属楼前看到那么很少几个人的休闲性表演。外出如果准备不充分，离开县城之后出了问题都没办法解决。一家三口都来了，总体感觉挺好，避免了大地方大批的人流，玩得比较自然、开心、随便。①

客人 B：来自河南，汉族。听说藏县今年虫草（注：虫草就是冬虫夏草）长得很好，来看看有没有商机。如果不是外界人来炒作的话，虫草的价格应该没有现在这么贵。各地转悠了几天，发现农牧民还是比较实在的，对虫草的具体价格心中也没底，就是听周围的人说的。②

客人 C：来自青海互助县，回族。想在藏县倒腾牛羊生意。藏族跟回族不一样，不会说汉语，想找个能和自己交流，一起做生意的藏族都很难。③

从上述三个案例中可以看出，藏县的民族性是一个被"外人"界定的过程：草原、放牧、佛教、藏语等因素让外人将自身与藏族相区分，在外人看来，由于这些因素的存在，"外人"更显得"外人"。但是，有外人不断进入藏县，藏族也逐渐获得了他们的自我认知。正如费孝通所言："生活在一个共同社区之内的人，如果不和外界接触，不会自觉地认同。民族是一个具有共同生活方式的人们共同体，必须和'非我族类'的外人接触才发生民族的认同。"④另外，2010 年 7 月，笔者入住的宾馆里的电视电台较齐全，中央 1、2、3、5、7 频道都有，这也为藏县藏族的社会化提供了基础。2018 年笔者再次深入藏县，调研发现：在牧区放牧和在农地耕作的农牧民，已经不穿藏服；定居点游玩的小孩全部穿戴大众服饰。只是在县城街道上和文化广场上经常看见穿着新净、漂亮的藏族服饰的民众和孩童。⑤ 藏族服饰逐渐

---

① 访谈记录 ZX2010071907。
② 访谈记录 ZX2010071805。
③ 访谈记录 ZX2010072003。
④ 费孝通：《中华民族的多元一体格局》，《北京大学学报》（哲学社会科学版）1989 年第 4 期。
⑤ 访谈记录 ZX2018080703。

变成了一套外出的行头，这就是民族向外展示的符号和价值。

与地处西北的藏县和回县相比，壮市的壮族已经较早进入改革开放的前沿阵地——广东一带。迫于破解农业的"过密化"，壮村村民几乎每一户都有去广东务工的劳力。① 到广东去的壮村人，如果不被追问"民族"成份，基本没有什么外在特征表现为"壮族"。② 那么什么可以塑造"壮族"的存在呢？根据笔者调研，主要有两个方面。

其一是山歌。在壮村调研期间，村民认为自身作为壮族，主要能够证明自身民族性的地方就是唱山歌。尊贵的朋友到访，他们都会表演山歌，以示热忱欢迎。壮村有3个彩调队。壮村上片（笔者注：壮村由上片、中片和下片三块组成，上片是指居住相对集中的4个自然屯）彩调队表演的曲目为《十月花》和《五月花》，③其唱词如下：

十月花

1. 正月里来正月花，红灯涤彩挂满家；龙灯狮子齐欢舞，街头巷尾闹喧喧。

2. 二月里来二月花，二月阳雀叫喧喧；一来叫得阳春早，二来催开满园花。

3. 三月里来三月花，三月竹笋才发芽；十八姑娘来扯笋，罗裙抱笋转回家。

4. 四月里来四月花，家家户户把田耙；耙田耙出千条路，妹妹唱歌把秧插。

5. 五月里来五月花，端阳龙船水上划；二十四把花摇桨，中间打鼓两边划。

6. 六月里来六月花，满塘莲叶满塘花；荷花满水结莲子，妹妹采莲笑哈哈。

7. 七月里来七月花，百鸟搭桥叫喧喧；牛郎织女得相会，有情哥妹成了家。

8. 八月里来八月花，中秋月圆照桂花；妹妹双双来赏月，月光彩下思娘家。

---

① 参阅黄宗智《长江三角洲小农家庭与乡村发展》，中华书局2000年版，第一章。
② 访谈记录 ZS2010080307。
③ 唱词来自笔者2010年7月29日在壮村调查期间收集到的原始资料。

9. 九月里来九月花,重阳登高上山爬;摘朵菊花头上戴,唱罢山歌转回家。

10. 十月里来十月花,十个妹妹回娘家;欢欢喜喜把歌唱,歌唱妹妹团圆花。

五月花

1. 正月里来是新年,唐僧出来李连天;无敌将军来比武,二人比武管金花。

2. 二月里来龙抬头,千金小姐抛绣球;王孙公子千万有,绣球单打宾快头。

3. 三月里来三月三,灶君娘娘下火房;回头不见卯元帅,手拿琵琶马上弹。

4. 四月里来四月八,唐僧出来李连霸;高家装身猪八戒,流沙河里找八精。

5. 五月里来连花红,唐僧出来想出笼;有缘千里来相会,无缘对面不相逢。

从目前演唱的唱词来看,壮族的文化里已经吸收了汉族的文化成分,比如中秋、重阳等节日,《西游记》中的人物和故事的嫁接,等等。另一方面,唱词包含了壮族浓厚的民俗、节庆文化。① 另外,如果说彩调演唱是壮族的文化特质之一的话,彩调的记词采用了汉字、汉语的句式,这也说明彩调为了易于大众接受、传播,采取了大众化的表现方式。另外,壮村表演彩调的村民没有一个认识壮文的。与壮市民族事务局一位干部的座谈也证明了笔者的看法:"真正流传下来的刘三姐山歌都是汉语歌,是汉语传播。现在的刘三姐山歌基本没有壮语歌……话说回来,如果以壮语传承山歌的话,可能现在都没有山歌了。"② 就村民们表演彩调所穿服饰来说,彩调队长告诉笔者,他们的服饰是购买的,以搭配合适,穿着漂亮为原则,至于民族服饰特色,并不是考虑的重点。③ 参与壮村的彩调表演者,都是本村的

---

① 其实,壮市有悠久的彩调演唱历史。据地方志记载,清嘉庆年间(约 1810 年前后),民间有业余调子组织"喜乐堂"演出调子戏(后名"彩调")。1956 年,原克强中学校长根据民间传说,写成彩调剧本《刘三姐》。1957 年 5 月,壮县桂剧团首次演出自编的五场桂剧《刘三姐》。参见壮市地方志编纂委员会《壮市志》,广西人民出版社 1998 年版,第 9—16 页。

② 访谈记录 ZS2010080201。

③ 访谈记录 ZS2010072908。

村民。二胡、锣鼓、电子琴也是本村村民自己演奏。① 壮市每年组织村里的彩调队在城里集体会演。随着时代的发展,山歌也变成了一种文艺体裁,有民间艺人注入了与时俱进的新内容,比如为建党95周年创作山歌(见图8-1),为村里橱窗宣传创作的科普山歌(见附录九),等等。

图8-1 《拙笔赞美我党成立95周年纪念日山歌》(笔者拍摄于2018年10月)

2010年,壮市民族事务局正在着力开展的民族工作有三项:其一,民族文化联系点的建设,主要是成立民族文艺队。文艺队的服饰、道具、演员的生活补助等都从民族事务专项支持经费中支出。如壮市民族事务局一位干部所言民族服饰和道具是个象征,都没有经过考证。② 其二,挖掘民族体育项目和体育人才,参加每年的广西少数民族传统体育运动会。其

---

① 2010年7月在壮村调研期间,恰逢河池学院3位实习大学生"村官"在壮村实习、锻炼。为了迎接"村民自治庆典"的到来,3位大学生为壮村的村民编排舞蹈,教学唱歌。笔者在上片调研的当晚,3位大学生的练唱教学激起了村民的兴致,在晚上12点左右,上片彩调队成员分别搬来了各自的乐器:二胡、锣鼓、电子琴等。在彩调队表演组成员穿着演出服装的同时,乐器手则为大家表演了各自的手艺。所有道具齐备之后,彩调队表演了本书所收录的这两个曲目。演出之后,大家激情未了,纷纷穿着演出服装,合影留念。整个演出活动持续到一点半。演出完毕,彩调队成员放下手中的乐器,首先骑着摩托车,把我们5人送回村两委办公室住所。值得一提的几个细节为:其一,表演地点在一位村民的一间大房子里。其二,参与演出者,最大年龄58岁;观看者,最大年龄78岁。其三,所有演出者都没与经过培训,而是从老人那里继承而来。所有这些细节都有助于对壮族特性的理解。

② 访谈记录 ZS2010080201。

三,建设民族特色山寨。壮市水族的建筑很有风格,壮市民族事务局2009年拨款30万,2010年拨款27万建设水族传统山寨。①

其实,从更大的范围来看,广西壮族的山歌表演已经走上了文化产业化的发展道路。《印象刘三姐》在广西阳朔的火爆演出,为外界了解壮族提供了窗口,给每一位到桂林旅游的游客留下了深刻的印象。这也成为广西壮族文化、地方文化打造和宣传的一个典型案例。另外,壮族的山歌古来有之,过去没有被重视,现在的发展过程是民族文化复兴的过程,也是在现代大众社会中寻找自我和自我定位与标示的一个过程。

其二是在喀斯特地貌中生活,在相对较小的生活交往圈中形成的浓厚的邻里文化和乡贤文化。壮村通婚圈较小,生活在一个自然屯里的人,非亲即故,长期以来,酝酿并沉积了相互照应、相互支持的邻里文化和乡贤文化。在现代社会发展中,又通过一系列的公共事务的自治和运营以及公共活动的举办,进一步凝练和提升了这种村落文化。具体而言,壮村12个自然屯,每年都举办重阳节活动,每家每户的成年人均应屯干部的倡议而捐款(见图8-2),多者三五百元,少者二三十元。汇集起来的捐款购买食材、餐具、鞭炮等活动用品,重阳节当天,每户出劳力,共同做饭,在屯内宽敞的场地上或者闲置的房屋内为村内老人过节。所有捐款和花费明细均会张榜公布。由若干个自然屯连成的片区,片区内的居民也会在片区党小组和党群理事会的号召下,捐款修路、搞村庄亮化、清洁化等公共事务,所有捐款和款项花费明细也会在各个屯里的公开栏里张榜公布。壮村每年也会举办"三月三"山歌节,全村民众均会参与,也会捐款。② 从策划活动到发出倡议,到举办活动,到最后的活动总结和张榜公示,都有民众积极、热心地参与。以良好的邻里文化和乡贤文化为主要特征的村落文化,涵育并助推了村、片、屯三级村民自治在壮村的良好运行。反过来,国家层面不断完善的村民自治制度及其运行机制也引导甚至匡正了壮村村民自治的深入发展。

---

① 访谈记录 ZS2010080201。民族事务局的项目经费和工作经费都是国家民委专门划拨。
② 每到三月三时节,壮族青年男女聚集街头欢歌、汇聚江边饮宴。在壮族传说中,三月三是壮族始祖布洛陀诞辰日。农历三月三,不仅仅是单纯的壮族传统踏青歌节,也是壮族祭祖、祭拜盘古、布洛陀始祖的重要日子。现作为广西壮族自治区法定传统公众假日,该自治区内全体公民放假两天。歌节不仅是弘扬民族文化的盛会,亦是民族经济交流的盛会。据记载,歌节已有上千年历史。壮族山歌的发展尤为突出,歌会十分盛行,在古代男女青年聚集街头或江边饮宴欢歌。到了清代,形成了数百人以致数千人聚唱的大规模"歌圩"。

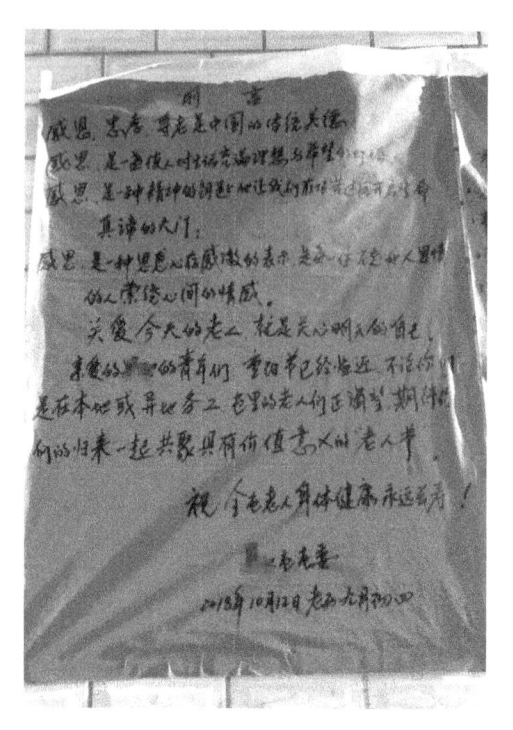

图 8-2 壮村某屯重阳节倡议书"前言"（笔者拍摄于 2018 年 10 月）

上述壮村两个方面的案例，使笔者更多感受到了民族在文化层面所展示的魅力。同时，基层政府在文化传承与保护方面也发挥了重要的作用。至此看到：以"民族性"为焦点，民族地区乡土社会经历了一个"原始民族性"到国家建构的"民族性"、再到国家与社会互动情境中的"民族再造"这一发展过程。

第九章　治理现代化背景下民族地区乡土社会与现代国家

　　民族地区乡土社会与现代国家是不断演变的,由社会与国家共同型塑的民族地区乡村治理也是一个动态展现过程。本研究主体部分共八章的论述所呈现的只是这一演进过程中的某些镜头。至于这些镜像的呈现是否充分与逼真,只能先告一段落。在此,笔者想探讨的是:在国家治理现代化的背景下,在本研究所展现的治理图景中,民族地区乡土社会与现代国家呈现怎样的发展脉络与特性;民族地区乡土社会与现代国家如何在互动和互构中塑造民族地区秩序;对这段历史和现实的分析与反思,对于推进中国民族区域治理和民族事务治理现代化有哪些启发。

一、国家治理现代化：目标与诉求

　　"治理理论"在中国学界已有20多年的研究历程和逻辑演绎。随着理论和研究的发展,"治理国家"和"国家治理"进入中国共产党第十八次全国代表大会报告,有"党领导人民治理国家""党领导人民有效治理国家""发挥法治在国家治理和社会管理中的重要作用"等多处具体阐释。[①] 党的十八届三中全会进一步明确:"全面深化改革的总目标是完善和发展中国特色社会主义制度,推进国家治理体系和治理能力现代化。"[②]"国家治理体系和治理能力现代化"的提出,标志着"治理理论"被正式、全面确立为治国理政的新理念。在这一总目标和新理念的引领下,党的十九届四中全会审议通过了《中共中央关于坚持和完善中国特色社会主义制度　推进国家治理体系和治理能力现代化若干重大问题的决定》,进一步强调:要"把我国制度优势更好转化为国家治理效能,为实现'两个一百年'奋斗目

[①]　胡锦涛:《坚定不移沿着中国特色社会主义道路前进　为全面建成小康社会而奋斗——在中国共产党第十八次全国代表大会上的报告》,《人民日报》2012年11月18日第1—5版。
[②]　《中共中央关于全面深化改革若干重大问题的决定(二〇一三年十一月十二日中共共产党第十八届中央委员会第三次全体会议通过)》,《人民日报》2013年11月16日第1版。

标、实现中华民族伟大复兴的中国梦提供有力保证"①。首次提出的"国家治理效能"可理解为是进一步考察国家治理体系和治理能力现代化的一个具体化、综合化的指标,是考察国家治理目标、治理效率和治理评价的一个指标体系。②党的十九届五中全会将"十四五"时期"提升国家治理效能"进一步具体化为:"社会主义民主法治更加健全,社会公平正义进一步彰显,国家行政体系更加完善,政府作用更好发挥,行政效率和公信力显著提升,社会治理特别是基层治理水平明显提高,防范化解重大风险体制机制不断健全,突发公共事件应急能力显著增强,自然灾害防御水平明显提升,发展安全保障更加有力,国防和军队现代化迈出重大步伐。"③上述有关"国家治理""国家治理体系和治理能力现代化"以及"治理效能"等方面的深入论述和逐步聚焦,为新时期民族区域治理和民族事务治理指明了方向。在此,与本书前述章节的研究相关,"国家治理现代化"有以下核心问题需要进一步探讨,也需要在民族区域治理和民族事务治理的实践中进一步展开。

其一,是国家治理现代化的主体及其现代化。

中华人民共和国是"统一的多民族国家",这是中国国家治理的基本国情,"统一的多民族"是国家治理的主体。④ 在多民族国家,国家成员有两种身份,即民族身份和公民身份。如前文所述,少数民族具有差异较大的"原始民族性",经历了政治社会化之后,其结果也有很大差异,这是民族身份的差异。而公民身份为每一个公民提供相对均衡的政治社会化的环境和机会,使其能在政治生活中超越民族身份,以公民身份参与国家治理。"一个承认自己拥有不同民族群体的多民族国家,只有同时培育一种各民族群体的成员都拥护并且认同的超民族认同时,它才可能是稳定的"⑤。所以,把多民族国家的成员和民众凝聚为有效的现代国家治理主体,关键在于公民身份建构。公民身份是一种政治身份和政治社会化的渠道,是政治主体现代性的表达路径和政治主体现代化的成长路径;公民身份也是一种法律身份和法制化的渠道,是以权利和义务表达的法律地位与

---

① 《中共十九届四中全会在京举行》,《人民日报》2019年11月1日第1版。
② 王增智:《理解国家治理效能三维度:目标、效率、评价》,《中国社会科学报》2020年4月8日第2版。
③ 《中共十九届五中全会在京举行》,《人民日报》2020年10月30日第1版。
④ 《中央民族工作会议暨国务院第六次全国民族团结进步表彰大会在北京举行》,《人民日报》2014年9月30日第1版。
⑤ 威尔·金里卡:《多民族国家中的认同政治》,《马克思主义与现实》2010年第2期。

权益资格。公民身份把不同民族身份的地域、血缘、文化关系和政治法律关系联系起来,在包容与超越具有多样性与差异性的民族身份的基础上,树立起对现代国家的认同。① 当然,不管是天然的、自发的民族身份,还是被社会性和社会化建构起来的民族身份的自觉,还是被国家性和国家化建构起来的公民身份,都是一个阶段性推进和逐步确立的过程。所以,国家治理现代化的主体是一个不断建构的过程,前述章节所研究的结构性整合、程序性整合、价值性整合和保障性整合都将长期存在,全面建构国家治理的主体性并将呈现相互作用的阶段性特征。

其二,国家治理的客体及其重心。

社会和个人既是多元共治的主体,又是国家治理的客体,也是国家治理的主要场域。新中国成立以来,伴随国家与社会关系的演进,民族地区乡土社会也经历了"改造社会""政治统领社会""社会发展""社会建设""社会管理""社会治理"等发展阶段。特别是党的十六大以来,中国"把社会建设纳入中国特色社会主义建设总体布局,把社会管理放在社会建设突出重要的位置上","社会管理"被界定为:"以维系社会秩序为核心,通过政府主导、多方参与,规范社会行为、协调社会关系、促进社会认同、秉持社会公正、解决社会问题、化解社会矛盾、维护社会治安、应对社会风险,为人类社会生存和发展创造既有秩序又有活力的基础运行条件和社会环境、促进社会和谐的活动。"② 由此可见,21世纪以来,中国社会管理突破了以政府管理为主的单一管理模式,走向了"政府主导、多方参与"的复合管理模式。2014年3月5日,习近平在参加十二届全国人大二次会议上海代表团审议时强调:"治理和管理一字之差,体现的是系统治理、依法治理、源头治理、综合施策",同时指出:"社会治理是一门科学",需要"科学态度""先进理念"和"专业知识"。③ 此后,"社会治理"建立在社会管理之上,更强调多元主体参与、平等协商治理和共建共享成果。在民族地区,作为社会治理中的社会有机构成,特别关注民族传统权威人士、民族宗教人士和行业协会组织,关注他们参与社会治理的渠道和路径。另一方面,国家治理主要是对社会公共事务的治理。在民族地区,民族事务由改革开放前主要围

---

① 蔡文成:《多民族国家的国家认同:危机与重构——以国家治理为视角》,《理论探索》2015年第5期。

② 马凯:《努力加强和创新社会管理》,《求是》2010年第20期。

③ 《推进中国上海自由贸易试验区建设 加强和创新特大城市社会治理》,《光明日报》2014年3月6日第1版。

绕民族国家建构和民族大政方针的确立,变为改革开放后主要围绕具体民族政策的基层贯彻和落实,民族事务逐渐"重心下移";民族事务由改革开放前的"政治性强""宏观性强"变为改革开放后的"经济社会性强""微观性强",民族事务属性有变化。[1] 为此,在民族地区,国家治理的重心也要实现下移,在对民族地区经济社会性事务的治理中理顺现代国家与民族性乡土社会的关系,进一步创新社会治理。

其三,国家治理的方式方法,即"硬治理"和"软治理"。

2019年9月,全国民族团结进步表彰大会明确指出:回顾历史,全国各族人民共同开拓辽阔的疆域,共同书写悠久的历史,共同创造灿烂的文化,共同培育伟大的精神。中华民族多元一体格局是祖先留下的丰厚遗产,也是中国发展的巨大优势。凝聚各民族、发展各民族、繁荣各民族是民族政策的重要原则,也是民族区域治理现代化的重要目标。[2] 发挥优势、实现目标主要依赖制度、体制和机制保障,主要体现在"硬治理"和"软治理"两个方面。

现代国家的"硬治理"主要是法治。在民族区域,"硬治理"可分为三个层次。第一个层次是要坚持党的领导、人民当家作主和依法治国的统一,这也是国家治理的统领性原则。第二个层次是"坚持统一和自治相结合、民族因素和区域因素相结合"[3],继续贯彻落实好民族区域自治制度。作为中国四大基本政治制度之一的民族区域自治制度是民族工作的顶层设计,其愿景是实现民族平等和区域发展,路径是贯彻民族区域自治。第三个层次是民族工作体制机制的建立、完善和创新。在2014年召开的民族工作会议上,习近平着重强调的民族工作体制机制主要包括:深化投资体制改革,通过市场机制与沿海地区连接起来;"发挥好中央、发达地区、民族地区三个积极性,对边疆地区、贫困地区、生态保护区实行差别化的区域政策,优化转移支付和对口支援体制机制"[4]。

---

[1] 严庆、张莉莉:《部门化与多元化:中国民族事务治理主体建设研究》,《兰州学刊》2015年第12期。

[2] 《坚持共同团结奋斗共同繁荣发展 各民族共建美好家园共创美好未来》,《光明日报》2019年9月28日第1版。

[3] 《中央民族工作会议暨国务院第六次全国民族团结进步表彰大会在北京举行》,《人民日报》2014年9月30日第1版。

[4] 《中央民族工作会议暨国务院第六次全国民族团结进步表彰大会在北京举行》,《人民日报》2014年9月30日第1版。

"文化认同是最深层的认同。"①现代国家的"软治理"主要是指通过文化认同,凝心聚力,提升国家软实力。2014年召开的民族工作会议上同样强调三个层面。国家层面,要建设各民族共有精神家园,积极培养中华民族共同体意识,要把建设各民族共有精神家园作为战略任务来抓。就民族层面,"各民族要相互了解、相互尊重、相互包容、相互欣赏、相互学习、相互帮助,像石榴籽那样紧紧抱在一起。"②要弘扬和保护各民族传统文化,努力实现创造性转化和创新性发展。就个体层面,要求"全社会一起做交流、培养、融洽感情的工作;加强各民族交往交流交融,尊重差异、包容多样,让各民族在中华民族大家庭中手足相亲、守望相助;创新载体和方式,引导各族群众牢固树立正确的祖国观、历史观、民族观"③。2019年10月中办、国办印发的《关于全面深入持久开展民族团结进步创建工作 铸牢中华民族共同体意识的意见》中要求,要秉持"重在平时、重在交心、重在行动、重在基层"理念,按照人文化、实体化、大众化总要求,开展民族团结进步创建工作。④

其四,民族事务治理体系和治理能力建设,即按照国家治理体系和治理能力现代化的总目标,"提升民族事务治理现代化水平"⑤。

按照结构功能主义的理论,"国家治理体系"和"治理能力"是一体两面的关系:"国家有着完整的治理体系并具备治理国家的能力。国家依靠一定的治理体系将一定地域上的人口联结起来,并形成处理各种事务的能力。国家通过各种机构形成的治理体系对各方面的事务进行治理,使国家得以持续地运转。"⑥如前所述,民族事务治理是多民族国家治理的重要组成部分,由协调民族关系、促进民族区域发展、建构国家认同等多项职责构成。伴随现代国家建构和乡土社会发展,民族事务治理由单一治理、精英

---

① 《坚持共同团结奋斗共同繁荣发展 各民族共建美好家园共创美好未来》,《光明日报》2019年9月28日第1版。
② 《习近平在第二次中央新疆工作座谈会上强调,坚持依法治疆、团结稳疆、长期建疆,团结各族人民建设社会主义新疆》,《人民日报》2014年5月30日第1版。
③ 《中央民族工作会议暨国务院第六次全国民族团结进步表彰大会在北京举行》,《人民日报》2014年9月30日第1版。
④ 《中办国办印发〈关于全面深入持久开展民族团结进步创建工作 铸牢中华民族共同体意识的意见〉》,《人民日报》2019年10月24日第1版。
⑤ 《中办国办印发〈关于全面深入持久开展民族团结进步创建工作 铸牢中华民族共同体意识的意见〉》,《人民日报》2019年10月24日第1版。
⑥ 徐勇:《国家化、民族性与区域治理——基于历史中国经验的分析框架》,《广西大学学报》(哲学社会科学版)2020年第4期。

治理、人治等方式逐步向复合治理、多主体治理、法治等方式转变。当代中国民族事务治理应当具有"治理主体多元性、治理功能互补性、权力运行多向性、利益取向公共性等特点"①。与上述内涵和特征相适应,民族事务治理体系和治理能力建设主要涉及三个方面。

首先是加强党的领导。在中国这样一个后发现代化国家,中国共产党在"民族概念的再造、民族的组织化、国家建设、政治训练与舆论动员等"政治现代化进程中所发挥的重要作用是有目共睹的。② 百年建党历程充分说明,中国共产党以现代民族国家的整体性建构为目标,以现代国家的核心能动者的身份和角色,③以更高更具普遍价值的共产主义信仰、"使命型政党"和"动员型政治"将低组织化的中华民族重新进行组织和动员,在对内求统一和对外求独立的斗争中,超越国内各民族的利益诉求,统摄、规划和引领民众的观念和行为规范,创建并长期执掌中华人民共和国的政权。④ 为此,在现代民族事务治理中,中国共产党要继续"坚持从政治上把握民族关系、看待民族问题"⑤,需要继续加强思想引领、理论指导、方针制定、系统部署、健全体制等方面的工作。⑥

其次是推进民族事务治理社会化进程。所谓"民族事务治理社会化"是指,"民族事务涉及方方面面,方方面面都有民族工作",⑦为此,全社会都要参与民族事务治理。目前来看,民族事务治理社会化主要有三种模式,即民族工作领导小组模式、民委委员制和县乡村三级民族事务治理网络制度。⑧ 民族工作领导小组模式有利于民族事务治理高位推动,协商落实,协同共治。民委委员制就是在既定的民委制度框架内,充分吸纳其他单位作为民委委员,共同推进民族事务治理。民委委员制是有中国特色的

---

① 李迎生:《社会政策在民族事务治理中的担当》,《中共中央党校(国家行政学院)学报》2020年第2期。
② 陈明明:《共和国制度成长的政治基础》,上海人民出版社2009年版,第192—194页。
③ 贺东航:《新中国现代国家构建的经验、特征与核心动能》,《南京大学学报》(哲学·人文科学·社会科学)2019年第4期。
④ 周光俊、郭永园:《中华民族命运共同体与新时代的中国民族事务治理:历史方位、理论方法与概念议题》,《社会主义研究》2020年第1期。
⑤ 《中央民族工作会议暨国务院第六次全国民族团结进步表彰大会在北京举行》,《人民日报》2014年9月30日第1版。
⑥ 刘宝明:《从民族工作制度看民族事务治理的"中国经验"》,《中南民族大学学报》(人文社会科学版)2020年第4期。
⑦ 转引自郝时远《习近平民族工作思想述论》,《中国民族报》2017年7月7日第5版。
⑧ 陈乐齐、王旭东:《民族工作社会化的几种有效做法》,《民族论坛》2005年第8期。

民族事务治理模式,必须"坚持好、健全好民委委员制度"①。当然,并不是把所有政府部门都纳入民委委员制度框架内,而是在"坚持好、健全好民委委员制度"的同时,政府所有部门都要懂民族事务,参与民族事务治理。县乡村三级民族事务治理网络制度重在克服民族事务机构的"高层化",实现民族事务治理"重在平时、重在交心、重在行动、重在基层"的工作部署。② 当然,在具体的民族事务治理中,各地也有三种模式的组合创新和综合运用。

最后是实现民族事务治理体系的"贯通"和治理能力的"交融"。前述研究表明,民族地区大多属于后发地区,既有后发优势,也有后发劣势。在发展中表现出来的问题之一就是民族地区存在"上层""中层"和基层对民族事务的认知差异和代际差异。民族地区的跨越式发展和追赶式发展,本身也存在发展的断层和片面性。另外,民族地区人文环境和自然环境复杂、多样。为此,需要增强民族事务治理体系的贯通性和交融性,增强治理民族事务的综合适应能力和特殊应对能力。

其五,国家治理的基础,即乡村治理与乡村振兴,在民族地区即为民族地区乡村治理与乡村振兴。

基础不牢,地动山摇。总体来看,中华人民共和国政权建设走的是农村包围城市的道路,在民族地区,走的是"榕树式成长"的路径。③ 中国的改革开放也是从农村突破,与家庭联产承包制的发展相伴随,村民自治也实现了基层民主政治建设的"绿色崛起"。④ 进入21世纪以来,中央连续出台助推"三农"发展的中央一号文件,文件中提出或关涉120多项惠农政策,建构了以福利型、公益型、保障型、保险型和培育型惠农政策为主要类型的支农强农惠农政策体系,推动了乡村发展,改善了乡村环境,提升了农民生活水平。⑤ 党的十八大以来,党和国家在乡村重点部署和推进的精准扶贫、土地制度改革、农村"三资"改革、探索集体经济和村民自治的有效

---

① 《中央民族工作会议暨国务院第六次全国民族团结进步表彰大会在北京举行》,《人民日报》2014年9月30日第1版。
② 《中办国办印发〈关于全面深入持久开展民族团结进步创建工作 铸牢中华民族共同体意识的意见〉》,《人民日报》2019年10月24日第2版。
③ 参阅第三章的详细论述和分析。
④ 徐勇:《"绿色崛起"与"都市突破"——中国城市社区自治与农村村民自治比较》,《学习与探索》2002年第4期。
⑤ 慕良泽、王晓琨:《乡村发展:从"政策惠农"到"战略部署"》,《中国行政管理》2019年第2期。

实现形式等重点工作,是从改革和健全体制机制方面确立农村发展道路,也以健全农村发展的体制机制来保障农村发展,实现乡村全面振兴。为此,正在全面推进的乡村振兴战略是以激活乡村内生动力为基础,以改革和健全乡村发展的体制机制为保障,以建成全面小康社会和社会主义现代化强国为最终目标,为系统解决"三农"问题、化解"三农"领域的突出矛盾创设了基本的战略框架和制度背景。目前来看,通过规划先行、体制创新、系统推进、分步实现的乡村振兴战略的转化和落地,正在带来中国乡村翻天覆地的重大变革和历史进步。按照战略部署,乡村振兴的全面实现将预示着"三农"与其他领域相比,是一种差别性的存在;民族地区与非民族地区相比,也是一种差别性的存在。同时,差距性的存在将逐步消失,即"三农"问题得到彻底解决,"三农"领域充满发展活力和竞争力。① 针对民族地区而言,乡村振兴的主旋律仍然是"把加快少数民族和民族地区发展摆到更加突出的战略位置",推进基本公共服务均等化和均衡发展,着力改善和保障民生,即推进民生—国家建设。②

二、乡村治理中的民族与国家:总结与回应

将民族、区域和乡村治理诸要素置于中国现代国家建设的大背景和大趋势中研究发现,总体而言,民族区域之间、民族区域与非民族区域之间交往、交流、交融是主要面向和必然现象,存在张力和矛盾是次要面向和偶然现象。③ 就研究的具体细节而言,通过对藏县、回县、壮市三地乡土社会发展过程的考察可以看到,在民族区域,民族性经历了"原始民族性"到"政治民族性"再到民族自觉和"民族再造"这样一个发展过程。在笔者看来,藏县藏族的牧业经济及其文化、回县的经商传统及其文化、壮市的农业经济及其文化是"原始民族性"的典型元素。这里之所以用"原始"一词来概括,主要想说明人类文明发端于人类群体在生产、生活中与自然的交换,游牧与农耕是中华大地的两大生产方式。这其中就包含了不同民族的自然性,即民族的个性和原初状态;并且由于山河阻隔,区域交流较少,所以,不

---

① 慕良泽、赵勇:《中国共产党"三农"战略:百年回溯与展望》,未刊稿。
② 《中办国办印发〈关于全面深入持久开展民族团结进步创建工作 铸牢中华民族共同体意识的意见〉》,《人民日报》2019年10月24日第1版。
③ 鱼宏亮:《跨越地理环境之路——明清时期北方地区的游牧社会与农商社会》,《文史哲》2020年第3期。

同的民族群体处于自在的状态,社会性比较缺乏。与非民族地区相比,藏县、回县、壮市总体的特征都可以概括为:地理偏远,发展落后。"原始民族性"是民族发展的起点,也是逻辑分析的起点。新中国建立之前,藏县、回县、壮市虽然也有政权更替的历史,但是,作为政权构成部分的藏县、回县和壮市,还没有与中央政权建立密切的联系。新中国成立之后,随着政治的嵌入,通过广义的"民族识别"(包括区域识别),与全国其他地区采取的政治行为同步,国家在对民族区域的有效治理中,在对民族成员的有效吸纳中,赋予了民族区域特殊的权利,建立了上下畅通的联系机制,并且将民族区域有效整合为中华人民共和国统一体的一部分。原始民族性获得了特殊的政治待遇,即笔者所谓"政治民族性"附加于民族之中,也是"政治"创造"民族"的过程。① 在"原始民族性"的基础上,有"政治"的引导和特殊待遇,在社会化的大背景下,在民族地区政治发展的大环境中,在权益追求、文化复兴、价值维护等目标导向中,民族性获得了巨大的发展,即笔者所概括的"民族再造"。当然,"民族再造"也有"原始民族性"的基础,再造的"民族"成为一个自然性、社会性、政治性等特性相结合的复合体。这是民族在纵向发展过程中所呈现的共同特征。② 在这一过程中存在和产生的"民族问题",比如"老、少、边、穷"问题,笔者将其概括为"绝对民族问题"。

在看到民族地区共同特征的同时,民族的上述特性,在村(社区)、乡(镇)、县(县级市)甚至省会城市,也有不同的表现和不同的意识。本书所论述的藏县的藏村、回县的回村都是纯民族村庄:藏村全是藏族人员,回村全是回族人员,壮村95.3%的人口是壮族人员。在民族村庄,在村里生活的民族成员具有很大的同质性,社会化程度低,群体分别和群体认同的标准单一,即笔者所概括的:"大家都是藏族,也就没有藏族差异了;大家都是回族,也就没有回族差异了。"所以,没有所谓"问题"。到了县市一级,在市场上,在政府机关,汉族等其他民族的出现,使生活场域由单一民族变成了多民族,"多数"与"少数"在权力和权利上的不同,使民族的社会性凸现出来,所以,根据本书的论述,藏县、回县县域是"问题"产生的始发点。同时,延伸来看,在西宁、银川则又达到了民族的和谐相处,多元的身份分别和认同稀释了作为群体认同标准的"民族",或者分解了民族身份的多重

---

① 关凯:《族群政治》,中央民族大学出版社2007年版,第61—63页。
② 参阅王希恩《民族过程与国家》,甘肃人民出版社1998年版。

寄托。① 从民族特性的这一视域来看,在不同的场域,民族特性的表现方式不同;在不同的场域,构成民族性的自然、社会、文化、政治、经济等成分的分属和组合也不同;在不同的场域,民族特性表现的程度也不同;并且民族内部和民族之间也存在上述差异。其主要原因是民族特性的参照系因时间、场合不同而发生变化。从这里可以看出,民族性的实质是"民族间性",民族问题更多是"相对民族问题"。

这里所谓"民族问题"是"相对民族问题",即民族问题的产生有一定的针对性。在这种针对性中,"民族"除了发挥了民族的实质性内涵之外,"贴民族签""做民族人""打民族牌"均是在"民族"的实质性内涵的基础上,发挥了一定的"民族"的工具性内涵,在一定的社会情境中,民族的内涵构成可以相辅相成和相互转化。所以,"民族问题"是在一定程度上包含民族的实质性内涵的问题。民族问题还包含"三农"问题(或者"三牧"问题),城乡问题,政治、经济、文化诸问题。② 这里也可以看到民族问题的复杂性和动态性。在此,笔者也间接地回答了"导论"中所提到的"民族问题"的产生。

对民族地区乡土社会的论述和总结说明,民族是标示人类群体不同生产、生活和存在方式的重要体系。不同民族在诸多元素构成的不同民族文化的对比中,确立了自身民族的意义和价值,也成为其进一步团结和凝聚的重要象征体系。这其中,区分和排斥其他民族的标示体系也是这样一个确立过程。这是民族地区乡土社会自身演绎和发展的逻辑。相比之下,藏县、回县、壮市的政权建设的过程则充满着现代国家浓厚的建构理想。总体来看,民族地区政权建设以"政党下乡"为起点,通过对传统政权的全面改造,实现了全国基层政权结构的同构。这其中,由于民族地区乡土社会的起点不一,所以,与非民族地区相比、民族地区之间相比,民族地区政权机构建设表现出许多特色。其中特色之一就是,民族地区"上层"和基层,由于对"民族"的看法不一和"民族"元素本身的介入,各个层次对国家整合有不同表现和反应。民族地区政权序列也存在代际差异。所以,在政治体系二分的基础上,民族地区政权序列内部也存在不同层面的张力,构成了民族地区国家整合的复杂性,进而影响政治沟通和国家整合的效力。

---

① 参阅阿马蒂亚·森《身份与暴力——命运的幻象》,中国人民大学出版社2009年版。
② "三牧"问题即牧民问题、牧业问题、牧场问题。参见徐勇《多层次把握"三农问题"及其特点》,《中国社会科学报》2009年10月15日。

与结构性整合过程同步,民族地区基层政权的民主化建设也表现出相近的特征。在民族区域,"多数"与"少数"之间、作为自然力的权力延伸与作为国家保障的权利伸张之间的关系、民族融合与民族拒斥等问题,在一定的场域中均有发生。这些问题一方面展现国家权利保障和民主建设的成效,另一方面也构成民族发展的张力。就既能体现民族地区政权结构,又能体现民族地区政权功能的民族区域自治来看,现代国家政权建设的"清晰化"和"简单化"目标推动了民族地区政权结构设置同构化的过程。同时,同构化的政权机构也影响"自治"功能的发挥。但是,从民族三地政权建设的历史来看,作为政权过渡形式的民族区域自治,在政权的结构、程序上与非民族区域的政权有一些差异。在当下,随着政权建设的深入,全国政权的结构和功能逐渐趋同。如果说新中国建立之初的政权建设包含着"民族区域自治"在政权的结构和功能建设上的"过渡性"的话,①目前的"民族区域自治"则具有价值性整合的意义。对此,还需要更深入地调查研究。

如果说国家政权建设中的结构性整合和程序性整合在非民族地区也存在的话,作为价值性整合主要方面的民族宗教问题在少数民族地区,特别是藏县和回县,算是国家整合的特殊领域。在中国,绝大多数民众没有宗教信仰、共产党员没有宗教信仰,个别民族,如藏族、回族有宗教信仰。在宗教信仰问题上,也构成了"多数"与"少数"的关系。从新中国成立前后的对比中可以看出,新政权的价值性整合,使民族宗教实现了新中国成立前的"政教合一"向新中国成立后的"政教和谐"的转变。在这一过程中,宗教对民众的影响由强变弱,由显性变为隐性。新中国成立前后党在民族宗教问题上的差异说明,民族宗教在民族地区群众的生活中具有重要地位,构成了影响国家整合与认同的主要因素。

如果说,结构性整合、程序性整合和价值性整合侧重于政权体系内部的"形式性"变化和要素整合的话,以惠及民族区域并给民族区域带来生产发展、生活富裕和生态改善的惠农政策为主要整合方式的保障性整合,则实现了国家认同的实质性强化。通过对定牧、定居、流动等民生领域的研究发现,乡村社会中的农牧民是很看重经济实惠的群体,也是很讲求实惠的群体。由于"老少边穷"、发展落后、地理阻隔等"原始民族性"大量存

---

① 这一观点益于云南大学周平教授的启发,在此表示感谢。2010年9月27日,周平教授在华中师范大学做了题为《民族国家的性质和特点》的学术报告。在学术报告的互动环节谈到了这一观点。

在,近年来,在民族区域广泛开展的民生建设,获得了广泛的民生—国家认同。

回头评估藏县、回县、壮市的国家整合与国家认同的过程与成效可见,国家整合与认同既是民族地区基层政权建设的转型和塑造,也是铸就和打造中国民族—国家一体化的过程。首先,历史上的中国是一个文化国家的角色,素以教化而不是征服面对天下,这是各民族多元统一的历史起点。文化国家与政治含义浓厚的现代民族—国家的产生过程的思路是大不一样的,[1]中国历史决定了中国国家整合和认同中的矛盾和张力。

其次,结构性整合具有很大的外在性,是国家有机统一的整体行为。程序性整合和保障性整合具有巨大的内在性和情境性,是民族地区基层政权组织依据民族地区政治社会发展特点自我完善和自我转型的结果。对于中国共产党而言,宗教改革更是一项新事物,所以,国家的价值性整合总体表现为探索性的工作,在实践中讲求充分尊重民族地区宗教自身的发展逻辑。因此,国家整合遵循这样的逻辑:从外在的政权组织的建立再到政权组织内在程序和功能的逐渐完善;先外在的政治建设,尔后开展对内在的宗教等精神世界的逐步引导和民生事业的逐步完善。伴随这一过程,国家整合的内部机理也由管制型向发展型和服务型转变。

再次,从国家与社会关系的发展态势来看,国家与社会处于相互影响和相互建构之中。以新中国成立为起点,民族地区的国家与社会在起点上各自呈现过渡性形态和离散性状态,彼此之间无联系,或者保持松散的关系。随着政权建设和政权的深入,经过国家整合的民族地区乡土社会,经历了"自在的民族社会"到"国家建构的民族社会",再到"民族社会与国家双向建构"这样三个阶段,这也是民族地区乡土社会的自然性减弱,社会性增强的过程。在藏县、回县和壮市,在国家建构民族社会的初始阶段,国家表现出巨大的超前性,目标鲜明,意向清晰。相比之下,民族地区乡土社会则表现出很大的被动性,处于被改造的地位。而在民族社会以快速的步伐进入新的社会形态之后,被建构起来的民族意识和乡土意识的自觉,又与国家建构处于互动的过程中,是国家整合与社会内生的结合。至此,国家与民族地区社会实现了有机衔接与良性互动。所以,国家整合与国家认同的成效取决于国家整合与国家认同的有效互动。回到"导论"可以说明:民族问题的演变并非国家单向度掌握风向标,某些情境下,始终保持同质

---

[1] 关凯:《族群政治》,中央民族大学出版社2007年版,第14—15页。

性、统一性的国家化的逻辑还受到民族性、地方性的挑战。

最后要指出的是,在国家整合与国家认同中,速度和力度也构成了一对矛盾。各民族地区在进入新中国政权序列之前,各地的发展呈现巨大的差异,即在新中国的政权序列中,民族地区发展的起点是不同的。与"中心"地相比,民族地区政权基础薄弱,基础条件差。但是,从目前政权建设的成效来看,边疆与内地的政权设置基本一致。特别是在政治动员的年代,未能充分注意到民族地区生产、生活的特殊性,边缘地区的发展模式几乎是中心地区发展模式的嫁接。这样就出现了速度太快,欲速不达的现象。这一方面说明,新政权具有巨大的政治动员和社会改造的动力。在政治主导的社会内部,社会发展的差异性很小,并且社会成员相对固定,流动性弱,"边缘"与"中心"没有彼此的认知,也就没有落差感。同时,新政权的政治动员和政治扩张也为政治动员消解之后,政治边疆稳定之后,区域发展差距的再次浮现埋下了伏笔。国家"优先发展战略"的实施和资源的规模聚集,使得区域差距进一步拉大,也就带来了民族发展和区域发展的不平衡,这种"不平衡"就是新时期国家整合与认同所面临要完成主要任务。

在本书中,笔者通过对民族三地的宗教塑造的心灵秩序、市场塑造的基础秩序和政府保障的公共秩序的论述,试图透视民族地区乡村治理中国家与社会的互动关系(参见图9-1)。在藏县和回县,宗教集会为信众提供了一个公共活动的平台,是凝聚信众的一个有效载体。在宗教活动中,宗教权威通过一系列的宗教仪式深入信众的内心,并延续在日常的宗教生活中,对信众的言行举止产生了潜移默化的作用,这就是宗教的"隐秘机制"。同时,作为社会组织的寺院的运行对这一地区的其他社会组织的发展也具有借鉴意义。在作为公共活动的宗教事宜中,政府这一角色必不可少。在对信众和寺院的管理和服务中,政府和宗教建立了一系列联系机制,既发挥了宗教对秩序的型塑功能,也有利于政府与民众之间的沟通。市场作为人类社会化的一个标志和产物,在人际调节中的巨大魅力已无须赘述和一般描述。在藏县、回县和壮市,通过市场分布,也看到了民族性的发展和分布。市场作为一个公共平台,折射出了民族之间的差异,并且这种差异是基于自我选择的结果。当然,在民族市场的自由交换中可见其背后的角色:国家对这种基础秩序的保障,即交换秩序的维护和产权的保护。同时,国家也将市场作为一种秩序建构的手段,与国家的一体化类似,民族市场也是国内市场共同体的构成部分。在民族地区,公共秩序的保障除了保障宗教自由、市场自由之外,本书还论述了围绕农村(牧区)社区建设,民族三地的其他方面的公共保障。从公共秩序保障中可见,在民族地区的发展中,国家占主导地位,并且发挥了主导作用。公共秩序的建构,是国家整合的主要方式,也是国家政权获取合法性的主要渠道。

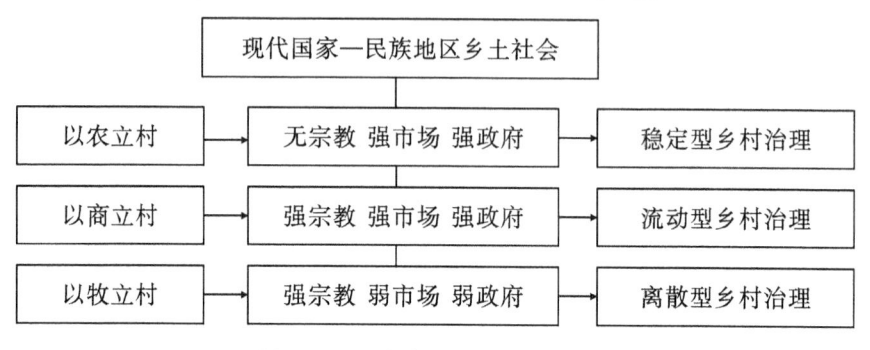

```
                    现代国家—民族地区乡土社会
                              │
        ┌─────────────────────┼─────────────────────┐
    以农立村 ──→  无宗教 强市场 强政府  ──→  稳定型乡村治理
    以商立村 ──→  强宗教 强市场 强政府  ──→  流动型乡村治理
    以牧立村 ──→  强宗教 弱市场 弱政府  ──→  离散型乡村治理
```

图9-1 民族地区乡村治理类型图

从民族三地的乡村治理来看,权威和自由不是相互排斥的,是可以兼容的。权威和自由各有分属领域,不同秩序分属体现的自由和权威的原则不同。宗教与心灵秩序体现的是自我约束的原则;市场秩序体现的是自由交换的原则;政治秩序体现的是公共保障的原则。如果要分类分层次的话,内心秩序是第一层次,市场秩序是第二层次,政治秩序是第三层次,但是政治秩序是心灵秩序和市场秩序的后勤保障。自上而下的秩序建构与自下而上的内生秩序共同构筑乡村治理的状态。与藏县和回县相比,在壮市,壮族没有宗教传统。当然,壮市也存在其他秩序调节机制,在此不做赘述。至于有无宗教是否造成回县、藏县与壮市在秩序上的差异,以及宗教在秩序型塑中所占的分量等问题,也有待进一步做细致研究和专题研究。

根据宗教之于心灵秩序、市场之于基础秩序、政府之于公共秩序的型塑的强弱,基于不同的历史起点,民族三村的乡村治理可以概括为稳定型乡村治理、流动型乡村治理、离散型乡村治理三种状态,也是现代国家与民族地区乡土社会互动的场景剪辑。在"以农立村"的壮市,没有宗教传统,有健全的市场体系,有健全的政府职能,这三种因素组合,壮市的乡村治理呈现为稳定型的乡村治理。在"以商立村"的回县,有完整的伊斯兰教信仰体系,有浓厚的经商传统和政府推动建立并服务于其中的市场体系,回县的乡村治理表现为流动型乡村治理。在"以牧立村"的藏县,有深厚的佛教文化,市场体系相对简单、初级,广袤的草原也稀释了政府的"印记",乡村治理还有很大的完善空间,所以,与壮市相对应,笔者将藏县的乡村治理概括为离散型乡村治理。相比较对国家与社会关系简单的强弱组合研究,通过对宗教、市场、政府三因素型塑的乡村治理状态的分析,对民族地区国家与社会关系的认识便更丰富、更清晰。此外,三种乡村治理状态之间的互动也是国家整合的内容之一。从宗教、市场和政府三因素的产生以及乡村治理的发展来看,在藏县和回县,宗教与自发的市场均可以包含在笔者所谓"原始民族性"之中;在壮市,自发的市场交换也具有"原始民族性"的意义。而新政权建构的市场和新政权一起,几乎同步进入藏县、回县和壮市。这也是导致民族三地乡村治理差异的一个原因。并且从乡村治理的现实来看,市场机制是民众生产、生活的主要调控机制。来源于社会化的风险、市场化的压力和世俗化的冲击构成民族地区社会发展中的主要问题,这些问题也需要通过国家整合来实现。

三、民族地区乡土社会与现代国家:张力及其调适

新中国成立以来,参与民族工作和从事民族研究的费孝通,从人类学、考古学、语言学、历史学等方面对中华民族形成的历史过程,做了一项综合性研究,提出了"中华民族多元一体格局"的思想,成为民族研究的里程碑。正如笔者在导论中所述,费孝通提出的"多元一体格局"思想,是本研究的"大视野",但是,本书所涉及的"大视野"之下的微观案例研究,也能为"多元一体格局"理论在国家与社会关系的分析框架中,提供反思与脚注。在此,笔者将着重就"多元一体格局"的内在张力、发展动力和发展方式展开分析和讨论。

在费孝通看来,在历史上的经济、文化交往中所形成的多个民族族体,共同构成了"中华民族"的自在存在。而中华民族由自在的民族实体走向自觉的民族实体是发生在近代与列强的对抗中。"中华民族"这一称谓出现在近代,这一历史的关节点与中国现代国家建构的起点基本契合。作为"国族"实体出现的"中华民族"的称谓,主要包含政治性的内涵,是一个被政治动员起来、凝聚而成的共同体。[①] 而这一政治性内涵与自在的中华民族的文化性内涵有较大差异,是否可以建立"自在"走向"自觉"的关系,还缺乏逻辑上的关联。[②] 所以,如何将历史上文化性浓厚的"中华民族"与近

---

① 马戎:《民族与社会发展》,民族出版社2001年版,第8—9页。
② 参阅周星《关于"中华民族多元一体格局"的学术评论》,《北京大学学报》(哲学社会科学版)1990年第4期。

代以来充满政治性的"中华民族"之间的历史关节打通,还需要更深入的研究。就本书的研究来看,新中国成立之后,"中华民族"作为"国族"在民族地区的确立和建设,是国家整合的另一种表达方式,而作为"多元"的藏族、回族和壮族,无论在文化意义上,还是政治意义上,都受到国家的着力塑造。但是,经国家塑造的"多元",更多关注和追求自身的发展,而国家所代表的"一体"在推动"多元"发展的基础上,首要目标是稳定的达成。所以,理论逻辑上的"多元一体"在现实发展中也存在许多张力。在历史的起承转合点上和民族区域的地方发展中,"多元"与"一体"既有独立存在的场合,也有相互型塑的机会。[①] 其次,无论在横向上还是纵向上比较,藏县的藏族、回县的回族、壮市的壮族均存在巨大的差异,非均衡的"多元"大大消解了"多元一体"理论的解释力,"多元一体"理论也遮蔽了"多元"发展的丰富性和动态呈现。最后要指出的是,从"民族再造"和民族融合的研究中可以看出,"多元"之间存在互动和互构发展的态势,而作为中华民族的现代国家形态——中国,是在现代国家体系中、在世界体系中参照发展,这也是"多元一体"格局的内在张力。

费孝通论述的"多元一体"是经济、社会文化的自在的多元一体,虽然王朝更替过程中也有政治上"一体"的努力,但真正的政治上的"多元一体"发生在近代。并且新中国成立之后的政治整合,与之前的政治整合,其内涵又有所不同。正如马戎所指出的:"新中国的统一与封建王朝制度下的统一有质的不同,是在民族平等基础上和社会主义制度下的统一;而旧中国的统一是在民族压迫制度下的统一,统一的趋势往往伴随着压迫和反抗。"[②]这里马戎也指出了传统社会中,"多元一体"格局形成的动力,即"汉化"理论、"胡化"理论。传统社会中所谓"南蛮北夷""西戎东狄"的称谓和研究也包含这些理论的色彩:即冲击—回应说、压迫—反抗说、汉化—抵制汉化说等。[③] 费孝通在展望中国民族发展的未来时也提出了"少数民族的现代化是否意味着更大程度的汉化"的问题。[④] 通过民族三地的研究可

[①] 周平:《中华民族:一体化还是多元化?》,《政治学研究》2016年第6期。
[②] 马戎:《重建中华民族多元一体格局的新的历史条件》,《北京大学学报》(哲学社会科学版)1989年第4期。
[③] 费孝通研究指出:早在春秋战国时代,作为汉族前身的华夏族,其势力已经东到海滨,南及长江中下游,西抵黄土高原。这个核心的扩展到周围的其他民族,即当时所谓"蛮夷戎狄",采取了两种策:一是包括来,"以夏变夷";一是逐出去,赶到更远的地方。参阅费孝通《中华民族的多元一体格局》,《北京大学学报》(哲学社会科学版)1989年第4期。
[④] 费孝通:《中华民族的多元一体格局》,《北京大学学报》(哲学社会科学版)1989年第4期。

以看到,由于游牧、经商、农耕三种生产方式各自的片面性,所以,社会交往在不同的民族和地区之间有着悠久的历史。新中国成立以来的民族发展,受到快速的社会化的影响,宗教的世俗化倾向、信息的无限传播与共享、市场机制的建立、政府公共服务的提供、国内国际的流动等因素都是社会化的充分表现。当下,工业化大潮将每个民族推向同质化、一体化的社会生活平台中,每个民族在社会化的大舞台中都会拥有自我展现的机会和方式。藏族、回族和壮族均在社会化的过程中发展了民族特性。与此同时,社会化中也达成了国家与社会的良性互动。所以,用"社会化"这一语词概括民族发展的动力,既是社会发展的现实,也是理论概括的要义,更应成为民族政策和"民族间"话语体系的新词。

在民族社会化和民族地区社会化的过程中,现代国家是社会化的巨大引擎。但是与市场有一个自我调节机制不同,国家缺乏有力的自我约束。所以,在国家推动民族地区社会化的过程中,出现了所谓"泛政治化"的现象与"二元结构"。[1] 针对"泛政治化",马戎提出了"去政治化"的思路。而周平认为:"去政治化"本身就是政治行为,"淡政治化"是其自然逻辑。[2] 从民族三地的研究可见,政府提供的公共保障是民族区域基层治理中必需的元素,"政治"还有很大的作为空间。从民族三地的发展可以看出:国家的归国家,社会的归社会。在国家与社会互动互构中,民族地区的政权建设和社会发展走出了"斯科特困境"。[3]

徐杰舜将费孝通的民族研究理论概括为"结构论",将自己的民族研究的理论概括为"过程论",并且认为"过程论"是对"结构论"的补充和说

---

[1] 这里的"二元结构"与"多元一体格局"也有许多张力。"二元结构"参阅马戎《中国社会的另一类"二元结构"》,《北京大学学报》(哲学社会科学版)2010年第3期。

[2] 2010年9月27日,周平教授在华中师范大学做了题为《民族国家的性质和特点》的学术报告。在学术报告的互动环节谈到了这一问题。在笔者看来,新中国赋予"民族"特殊的权利,特殊的权利形成了特殊的利益。而权利就像福利一样,具有刚性,只能增加,不能削减。权利发展的逻辑是一步一步维护权利,使其逐步实现。所以"淡政治化"不符合"权利"的逻辑。

[3] 如果将中国的民族地区国家政权建设看成是斯科特所谓的"改善人类状况的项目"的话,我们可以看到,其在一定程度上破解了"斯科特困境"。究其原因,主要有两点:其一,中国民族政策的时点选在政权过渡的"关节点"上,并且注重对传统社会遗留下来的因子的合理、有效利用。其二,新政权从农牧民生产转型和生活救助开始做起,"深得人心"。其三,国家与民众之间共同作用,相互参照,创造性转化和利用,共同推动了项目政策的实施和调适。这一点是"国家的视角"和"弱者的武器""作为武器的弱者身份"三种视角的结合。详细参阅詹姆斯·C. 斯科特《国家的视角:那些试图改善人类状况的项目是如何失败的》,社会科学文献出版社2004年版。詹姆斯·C. 斯科特《弱者的武器》,译林出版社2007年版。董海军《"作为武器的弱者身份":农民维权抗争的底层政治》,《社会》2008年第4期。

明。① 如果说上述对"多元一体格局"理论的解读侧重于对"结构论"的反思的话,在本研究中,对藏县、回县和壮市的民族地区乡土社会的发展以及民族国家建构历程的论述,也从"过程论"的角度间接与费孝通的"结构论"做了对话。迈克尔·赫克特将社会结构中的中心—边缘互动归结为两种模型。一是国家发展的扩展模型(diffusion model of national development),他认为在这种模型中,处于边缘群体的生产、生活行为将逐渐蜕变,经济和文化上的地区间不平衡将逐渐弥合,共同文化将逐步形成,从而导致共同体的出现。二是内部殖民主义模式(the model of internal colonialism),这种模式是指在发展的过程中,地区间不平衡将持续甚至逐渐加剧,作为对核心地区统制的反抗,边缘群体会努力维护自身存在,国家内部的"中心—边缘"关系类似殖民主义时期宗主国与殖民地之间的关系。② 本书研究认为,新中国成立之初,政权建设沿着扩展模式运行和推进,随着政权建设的深入和民族地区的发展,包括民族地区周边国际环境的变化和民族地区本身地位的转变,国家与民族地区乡土社会呈现互动建构的关系,这种模式可以概括为"榕树式成长"模式。这一动态的发展过程丰富了静态的"多元一体"结构。

同时也要看到,不管是宏观结构论还是互动建构论,均没有涉及政治体系的分层分析。虽然徐勇提出:"自从国家产生以来,政治体系就一分为二:一是来自社会,又凌驾于社会之上,以其强制性的权力控制全社会的国家权力体系;一是在国家权力的统辖之下,与社会紧密联系在一起并深深渗透在日常社会生活之中的基础性政治社会。"③但是,其政治体系的二分法未能很好实现对政治体系的"中层"和"夹心层"的研究。从民族地区乡土社会与现代国家的互动关系来看,和谐关系是主要关系和关系的主要面向。所以,现实中发生的民族问题和民族矛盾,是否源于政治体系的"中层"和"夹心层",还有待于进一步调查和研究。基于本研究的结论可以推论,国家加强对民族地区乡土社会的整合力度,巩固已有的国家认同成果,从政治体系的两端包夹"中层"和"夹心层",是加强民族区域治理,实现国家治理体系和治理能力现代化的路径之一。

---

① 参见徐杰舜《从多元走向一体:中华民族论》,广西师范大学出版社2008年版。
② Hechter, Michael. *Internal Colonialism: The Celtic Fringe in British National Development, 1536—1966*. London: Routledge and Kegan Paul, 1975.
③ 徐勇:《非均衡的中国政治:城市与乡村比较》,中国广播电视出版社1992年版,第3页。

参考文献

一、专著

1.《马克思恩格斯选集》(1—4卷),人民出版社1995年版。
2.《列宁选集》(1—4卷),人民出版社1995年版。
3.《毛泽东选集》(1—4卷),人民出版社1991年版。
4.《邓小平文选》(1—3卷),人民出版社1994年版。
5.《江泽民文选》(1—3卷),人民出版社2006年版。
6.《胡锦涛文选》(1—3卷),人民出版社2016年版。
7.《习近平谈治国理政》,外文出版社2014年版。
8.《习近平谈治国理政》(第2卷),外文出版社2017年版。
9.《习近平谈治国理政》(第3卷),外文出版社2020年版。
10.《李维汉选集》,人民出版社1987年版。
11. 中共中央文献研究室、中共西藏自治区委员会编:《西藏工作文献选编》,中央文献出版社2005年版。
12. 中共中央统战部编:《民族问题文献汇编》(一九二七年七月——一九四九年九月),中共中央党校出版社1991年版。
13. 国家民族事务委员会、中共中央文献研究室编:《民族工作文献选编》(1990—2002),中央文献出版社2003年版。
14. 国家民族事务委员会、中共中央文献研究室编:《民族工作文献选编》(2003—2009),中央文献出版社2010年版。
15. 薄一波:《若干重大决策与事件的回顾》(上、下卷),中共中央党校出版社1993年版。
16. 曹征海:《和合加速论——当代民族经济发展战略研究》,民族出版社2005年版。
17. 陈吉元、胡必亮主编:《当代中国的村庄经济与村落文化》,山西经济出版社1996年版。
18. 陈明:《家户主义的行为逻辑及其公共治理》,中国社会科学出版社 2018 年版。

19. 陈衍德:《对抗、适应与融合——东南亚的民族主义与族际关系》,岳麓书社 2004 年版。

20. 陈云生:《中国民族区域自治制度》,经济管理出版社 2001 年版。

21. 程同顺:《当代中国农村政治发展研究》,天津人民出版社 2000 年版。

22. 戴小明:《中央与地方关系:民族自治地方财政自治研究》,中国民主法制出版社 1999 年版。

23. 杜润生:《杜润生自述:中国农村体制变革重大决策纪实》,人民出版社 2005 年版。

24. 方盛举:《中国民族自治地方政府发展论纲》,人民出版社 2007 年版。

25. 费孝通:《乡土中国　生育制度》,北京大学出版社 1998 年版。

26. 费孝通:《中华民族多元一体格局》(修订本),中央民族大学出版社 1999 年版。

27. 费孝通:《江村经济——中国农民的生活》,商务印书馆 2001 年版。

28. 冯钢:《转型社会及其治理问题》,社会科学文献出版社 2010 年版。

29. 付春:《民族权利与国家整合——以中国西南少数民族社会形态变迁为研究对象》,天津人民出版社 2007 年版。

30. 葛剑雄:《统一与分裂——中国历史的启示》(增订版),中华书局 2008 年版。

31. 龚学增主编:《中国特色的民族问题理论》,中共中央党校出版社 1996 年版。

32. 龚学增:《社会主义与宗教》,宗教文化出版社 2003 年版。

33. 关凯:《族群政治》,中央民族大学出版社 2007 年版。

34. 郝时远:《中国的民族与民族问题——论中国共产党解决民族问题的理论与实践》,江西人民出版社 1996 年版。

35. 何琼:《西部民族文化研究》,民族出版社 2004 年版。

36. 胡鞍钢、王绍光、周建明主编:《第二次转型　国家制度建设》,清华大学出版社 2003 年版。

37. 胡绍华:《中国南方民族发展史》,民族出版社 2004 年版。

38. 黄振华:《家户变迁与政府治理:基于农户的政治人类学考察》,北京大学出版社 2020 年版。

39. 金炳镐:《民族理论通论》,中央民族大学出版社1994年版。

40. 金宜久主编:《当代伊斯兰教》,东方出版社1995年版。

41. 雷振扬、朴永日主编:《中国民族自治地方发展评估报告》,民族出版社2006年版。

42. 雷振扬主编:《中国特色民族政策的完善与创新研究》,民族出版社2009年版。

43. 李济:《中国民族的形成》,江苏教育出版社2005年版。

44. 李向平:《信仰、革命与权力秩序——中国宗教社会学研究》,上海人民出版社2006年版。

45. 李毅臻主编:《统一之路与分裂之痛——二战后分裂国家统一的启示与统一国家分裂的教训》,中国广播电视出版社2007年版。

46. 李迎生等:《中国社会政策的改革与创新》,中国人民大学出版社2015年版。

47. 梁漱溟:《中国文化的命运》,中信出版社2010年版。

48. 梁漱溟:《乡村建设理论》,上海人民出版社2011年版。

49. 廖杨:《民族关系与宗教问题的多维透视——以广西为考察中心》,民族出版社2009年版。

50. 林尚立:《当代中国政治形态研究》,天津人民出版社2000年版。

51. 刘锷、何润:《民族理论和民族政策纲要》,中央民族大学出版社1993年版。

52. 刘小枫:《现代性社会理论绪论——现代性与现代中国》,上海三联书店1998年版。

53. 卢春龙、严挺:《中国农民政治信任的来源:文化、制度与传播》,社会科学文献出版社2016年版。

54. 卢勋等著:《中华民族凝聚力的形成与发展》,民族出版社2000年版。

55. 黄贻修:《发展与代价——中国少数民族发展问题研究》,民族出版社2006年版。

56. 吕大吉:《宗教学通论新编》,中国社会科学出版社1998年版。

57. 马大正主编:《中国边疆经略史》,中州古籍出版社2000年版。

58. 马大正:《国家利益高于一切——新疆稳定问题的观察与思考》,新疆人民出版社2002年版。

59. 马俊毅:《多民族国家民族事务治理现代化》,社会科学文献出版社 2017 年版。

60. 马戎:《民族与社会发展》,民族出版社 2001 年版。

61. 马戎编著:《民族社会学——社会学的族群关系研究》,北京大学出版社 2004 年版。

62. 马戎:《民族社会学导论》,北京大学出版社 2005 年版。

63. 马啸原主编:《边疆少数民族地区政治发展与政治稳定》,云南大学出版社 2000 年版。

64. 娜拉:《多维视角下的族际问题探索》,民族出版社 2006 年版。

65. 宁骚:《民族与国家:民族关系与民族政策的国际比较》,北京大学出版社 1995 年版。

66. 潘维:《农民与市场——中国基层政权与乡镇企业》,商务印书馆 2003 年版。

67. 彭建英:《中国古代羁縻政策的演变》,中国社会科学出版社 2004 年版。

68. 钱乘旦、杨豫、陈晓律:《世界现代化进程》,南京大学出版社 1997 版。

69. 沈远新:《中国转型期的政治治理若干问题与趋势》,中央编译出版社 2007 年版。

70. 施正一主编:《中国西部民族地区经济开发研究》,民族出版社 1988 年版。

71. 时和兴:《关系、限度、制度:政治发展过程中的国家与社会》,北京大学出版社 1996 年版。

72. 宋蜀华、白振声主编:《民族学理论与方法》,中央民族大学出版社 1998 年版。

73. 孙秋云:《核心与边缘:十八世纪汉苗文明的传播与碰撞》,人民出版社 2007 年版。

74. 唐鸣:《社会主义初级阶段的民族矛盾研究》,中国社会科学出版社 2002 年版。

75. 图道多吉主编:《中国民族理论与实践》,山西教育出版社 2005 年版。

76. 万明钢主编:《多元文化视野:价值观与民族认同研究》,民族出版社 2006 年版。

77. 王沪宁:《当代中国村落家族文化:对中国社会现代化的一项探

索》,上海人民出版社1991年版。

78. 王建娥、陈建樾等:《族际政治与现代民族国家》,社会科学文献出版社2004年版。

79. 王剑峰:《多维视野中的族群冲突》,民族出版社2005年版。

80. 王联主编:《世界民族主义论》,北京大学出版社2002年版。

81. 王明珂:《游牧者的抉择:面对汉帝国的北亚游牧部族》,广西师范大学出版社2008年版。

82. 王绍光:《安邦之道:国家转型的目标与途径》,生活·读书·新知三联书店2007年版。

83. 王铁志、沙伯力主编:《国际视野中的民族区域自治》,民族出版社2002年版。

84. 王希恩:《民族过程与国家》,甘肃人民出版社1998年版。

85. 王希恩主编:《当代中国民族问题解析》,民族出版社2002年版。

86. 王希恩:《全球化中的民族过程》,社会科学文献出版社2009年版。

87. 王英津:《国家统一模式研究》,九州出版社2008年版。

88. 王勇:《草权政治:划界定牧与国家建构》,中国社会科学出版社2017年版。

89. 王长文等:《西部开发中民族利益关系协调机制研究》,中央民族大学出版社2007年版。

90. 王宗礼、刘建兰、贾应生:《中国西北农牧民政治行为研究》,甘肃人民出版社1995年版。

91. 王作安:《中国的宗教问题和宗教政策》,宗教文化出版社2002年版。

92. 温春来:《从"异域"到"旧疆":宋至清贵州西北部地区的制度、开发与认同》,生活·读书·新知三联书店2008年版。

93. 吴楚克:《民族主义幽灵与苏联裂变》,中国人民大学出版社2002年版。

94. 吴建国、马勇、肖琼:《西部大开发与兴边富民行动》,民族出版社2001年版。

95. 吴仕民:《西部大开发与民族问题》,民族出版社2001年版。

96. 吴永章:《中国土司制度渊源与发展史》,四川民族出版社1988年版。

97. 伍精华:《我们是这样走过来的:凉山的变迁》,民族出版社2002

年版。

98. 项继权:《集体经济背景下的乡村治理——南街、向高和方家泉村村治实证研究》,华中师范大学出版社2002年版。

99. 辛向阳:《大国诸侯:中国中央与地方关系之结》,中国社会出版社1995年版。

100. 马德普主编:《西方政治思想史》(第5卷),天津人民出版社2005年版。

101. 许纪霖:《家国天下——现代中国的个人、国家与世界认同》,上海人民出版社2017年版。

102. 徐杰舜主编:《族群与族群文化》,黑龙江人民出版社2006年版。

103. 徐杰舜:《从多元走向一体:中华民族论》,广西师范大学出版社2008年版。

104. 徐平:《羌村社会——一个古老民族的文化和变迁》,中国社会科学出版社1993年版。

105. 徐晓萍、金鑫:《中国民族问题报告》,中国社会科学出版社2008年版。

106. 徐迅:《民族主义》,中国社会科学出版社2005年版。

107. 徐勇:《非均衡的中国政治——城市与乡村比较》,中国广播电视出版社1992年版。

108. 徐勇:《中国农村村民自治》,华中师范大学出版社1997年版。

109. 徐勇:《乡村治理与中国政治》,中国社会科学出版社2003年版。

110. 徐勇:《现代国家、乡土社会与制度建构》,中国物资出版社2009年版。

111. 徐勇:《田野与政治——徐勇学术杂论集》,中国社会科学出版社2009年版。

112. 徐勇:《关系中的国家》(第1卷),社会科学文献出版社2019年版。

113. 徐勇:《关系中的国家》(第2卷),社会科学文献出版社2020年版。

114. 徐祗朋:《当代民族主义与边疆安全》,民族出版社2009年版。

115. 鄢一龙、白钢、章永乐、欧树军、何建宇:《大道之行:中国共产党与中国社会主义》,中国人民大学出版社2015年版。

116. 杨聪、林克等:《区域优势整合——论西部经济的统筹发展》,民族出版社 2004 年版。

117. 杨光斌:《制度变迁与国家治理——中国政治发展研究》,人民出版社 2006 年版。

118. 杨建新:《中国西北少数民族史》,民族出版社 2003 年版。

119. 杨龙主编:《中国区域经济发展的政治分析》,黑龙江人民出版社 2004 年版。

120. 杨雪冬:《市场发育、社会生长和公共权力构建——以县为微观分析单位》,河南人民出版社 2002 年版。

121. 尹冬华选编:《从管理到治理——中国地方治理现状》,中央编译出版社 2006 年版。

122. 詹真荣:《继承与创新:马克思主义民族理论在中国的运用和发展》,民族出版社 2001 年版。

123. 张和清:《国家、民族与中国农村基层政治——蚌岚河槽 60 年》,社会科学文献出版社 2010 年版。

124. 张践、齐经轩:《中国历代民族宗教政策》,中国社会科学出版社 2007 年版。

125. 张静:《基层政权:乡村制度诸问题》(增订本),上海人民出版社 2007 年版。

126. 张维迎:《市场的逻辑》,上海人民出版社 2010 年版。

127. 张跃主编:《中国民族村寨研究》,云南大学出版社 2004 年版。

128. 张植荣:《中国边疆与民族问题——当代中国的挑战及其历史由来》,北京大学出版社 2005 年版。

129. 赵杰:《民族和谐与民族发展》,民族出版社 2007 年版。

130. 郑长德:《世界不发达地区开发史鉴》,民族出版社 2001 年版。

131. 周平、方盛举、夏维勇:《中国民族自治地方政府》,人民出版社 2007 年版。

132. 周平:《民族政治学》,高等教育出版社 2003 年版。

133. 周平:《中国少数民族政治分析》,云南大学出版社 2007 年版。

134. [法]阿里亚娜·舍贝尔·达波洛尼亚:《种族主义的边界——身份认同、族群性与公民权》,钟震宇译,社会科学文献出版社 2015 年版。

135. [印]阿马蒂亚·森:《身份与暴力——命运的幻象》,李风华、陈昌升、袁德良译,中国人民大学出版社 2009 年版。

136. [英]埃里·凯杜里:《民族主义》,张明明译,中央编译出版社

2002年版。

137.［英］埃里克·霍布斯鲍姆:《民族与民族主义》,李金梅译,上海人民出版社2006年版。

138.［美］埃莉诺·奥斯特罗姆:《公共事务的治理之道——集体行动制度的演进》,余逊达、陈旭东译,上海译文出版社2012年版。

139.［美］安德鲁·海伍德:《政治学核心概念》,吴勇译,中国人民大学出版社2014年版。

140.［英］安东尼·吉登斯:《民族-国家与暴力》,胡宗泽、赵力涛译,生活·读书·新知三联书店1998年版。

141.［英］安东尼·吉登斯:《全球时代的民族国家:古登斯讲演录》,江苏人民出版社2010年版。

142.［英］安东尼·史密斯:《民族主义——理论,意识形态,历史》,叶江译,上海人民出版社2006年版。

143.［美］巴林顿·摩尔:《民主与专制的社会起源》,拓夫、张东东、杨念群、刘鸿辉译,华夏出版社1987年版。

144.［美］C. E. 林德布鲁姆:《市场体制的秘密》,江苏人民出版社2002年版。

145.［美］查尔斯·蒂利:《强制、资本和欧洲国家(公元990—1992年)》,魏洪钟译,上海人民出版社2007年版。

146.［法］吉尔·德拉诺瓦:《民族与民族主义:理论基础与历史经验》,郑文彬、洪晖译,生活·读书·新知三联书店2005年版。

147.［美］杜赞奇:《文化、权利与国家——1900—1942年的华北农村》,王福明译,江苏人民出版社1994年版。

148.［英］厄内斯特·盖尔纳:《民族与民族主义》,韩红译,中央编译出版社2002年版。

149.［美］菲利克斯·格罗斯:《公民与国家——民族、部族和族属身份》,王建娥、魏强译,新华出版社2003年版。

150.［德］斐迪南·滕尼斯:《共同体与社会 纯粹社会学的基本概念》,林荣远译,商务印书馆1999年版。

151.［美］弗朗西斯·福山:《国家构建:21世纪的国家治理与世界秩序》,黄胜强、许铭原译,中国社会科学出版社2007年版。

152.［西］胡安·诺格:《民族主义与领土》,徐鹤林、朱伦译,中央民族大学出版社2009年版。

153. [美]加布里埃尔·A.阿尔蒙德、小 G.宾厄姆·鲍威尔:《比较政治学:体系、过程和政策》,曹沛霖、郑世平、公婷、陈峰译,上海译文出版社1987年版。

154. [美]贾恩弗朗哥·波齐:《国家:本质、发展与前景》,陈尧译,上海人民出版社 2019 年版。

155. [英]卡尔·波兰尼:《大转型:我们时代的政治与经济起源》,冯钢、刘阳译,浙江人民出版社 2007 年。

156. [美]科恩:《论民主》,聂崇信、朱秀贤译,商务印书馆 1988 年版。

157. [德]克劳斯·科赫:《市场的贪欲——国家在世界经济竞争中的无奈》,张洪明、王彤译,社会科学文献出版社 2002 年版。

158. [英]A. R. 拉德克利夫·布朗:《原始社会的结构与功能》,潘蛟、王贤海、刘文远、知寒译,中央民族大学出版社 1999 年版。

159. [美]拉铁摩尔:《中国的亚洲内陆边疆》,唐晓峰译,江苏人民出版社 2005 年版。

160. [英]理查德·威尔金森、凯特·皮克特:《不平等的痛苦:收入差距如何导致社会问题》,安鹏译,新华出版社 2010 年版。

161. [德]尼克拉斯·卢曼:《信任:一个社会复杂性的简化机制》,瞿铁鹏、李强译,上海人民出版社 2005 年版。

162. [美]路易斯·亨利·摩尔根:《古代社会》(上、下册),杨东莼、马雍、马巨译,商务印书馆 1997 年版。

163. [美]罗伯特·D. 帕特南:《独自打保龄球:美国社区的衰落与复兴》,刘波、祝乃娟等译,北京大学出版社 2011 年版。

164. [英]罗伯特·D. 帕特南:《使民主运转起来:现代意大利的公民传统》,王列赖、海榕译,中国人民大学出版社 2015 年版。

165. [英]罗伯特·莱顿:《他者的眼光——人类学理论入门》,蒙养山人译,华夏出版社 2005 年版。

166. [澳]罗·霍尔顿:《全球化与民族国家》,倪峰译,世界知识出版社 2006 年版。

167. [德]马克斯·韦伯:《新教伦理与资本主义精神》,于晓、陈维纲译,生活·读书·新知三联书店 1987 年版。

168. [德]马克斯·韦伯:《经济与社会》(上、下卷),林荣远译,商务印书馆 1997 年版。

169. [德]马克斯·韦伯:《儒教与道教》,洪天富译,江苏人民出版社

2005年版。

170. [英]迈克尔·曼:《社会权力的来源》(第1卷),刘北成、李少军译,上海人民出版社2002年版。

171. [英]迈克尔·曼:《社会权力的来源》(第2卷),陈海宏等译,上海人民出版社2007年版。

172. [英]迈克尔·曼:《社会权力的来源》(第3卷),郭台辉、茅根红、余宜斌译,上海人民出版社2015年版。

173. [英]迈克尔·曼:《社会权力的来源》(第4卷),郭忠华、徐法寅、蒋文芳译,上海人民出版社2015年版。

174. [法]莫里斯·迪韦尔热:《政治社会学——政治学要素》,杨祖功、王大东译,华夏出版社1987年版。

175. [美]尼尔·弗雷格斯坦:《市场的结构——21世纪资本主义社会的经济社会学》,甄志宏译,上海人民出版社2008年版。

176. [印]帕萨·查杰特:《被治理者的政治:思索大部分世界的大众政治》,田立年译,广西师范大学出版社2007年版。

177. [法]皮埃尔·罗桑瓦隆:《乌托邦资本主义——市场观念史》,杨祖功、晓宾、杨齐译,社会科学文献出版社2004年版。

178. [美]乔治·霍兰·萨拜因:《政治学说史》,盛葵阳、崔妙因译,商务印书馆1986年版。

179. [美]塞缪尔·P.亨廷顿:《变化社会中的政治秩序》,王冠华译,上海人民出版社2008年版。

180. [美]塞缪尔·P.亨廷顿:《谁是美国人?——美国国民特性面临的挑战》,程克雄译,新华出版社2010年版。

181. [法]皮埃尔-安德烈·塔基耶夫:《种族主义源流》,高凌瀚译,生活·读书·新知三联书店2005年版。

182. [法]托克维尔:《论美国的民主》(上、下册),董果良译,商务印书馆2011年版。

183. [美]西达·斯考切波:《国家与社会革命——对法国、俄国和中国的比较分析》,何俊志、王学东译,上海人民出版社2007年版。

184. [英]休·希顿-沃森:《民族与国家——对民族起源与民族主义政治的探讨》,吴洪英、黄群译,中央民族大学出版社2009年版。

185. [以色列]耶尔·塔米尔:《自由主义的民族主义》,陶东风译,上海社会科学院出版社2017年版。

186. [德]尤尔根·哈贝马斯:《包容他者》,曹卫东译,上海人民出版社 2002 年版。

187. [美]詹姆斯·C. 斯科特:《国家的视角:那些试图改善人类状况的项目是如何失败的》,王晓毅译,社会科学文献出版社 2004 年版。

188. [美]詹姆斯·C. 斯科特:《弱者的武器》,郑广怀、张敏、何江穗译,译林出版社 2007 年版。

189. [美]詹姆斯·M. 布坎南:《自由、市场与国家——80 年代的政治经济学》,平新乔、莫扶民译,生活·读书·新知三联书店上海分店 1989 年版。

190. [美]詹姆斯·R. 汤森、布兰特利·沃马克:《中国政治》,顾速、董方译,江苏人民出版社 2010 年版。

191. Anderson, Benedict, *Imagined Communities: Reflections on the Origins and Spread of Nationalism*, London: Verso Editions and New Left Books, 1982.

192. Bantom M., *Racial and Ethnic Competition*, Cambridge: Cambridge University Press, 1983.

193. Birch A. H., *Nationalism and National Integration*, London: Unuin Hyman. 1989.

194. Charles Tilly, *The Formation of National States in Western Europe*, Princeton: Princeton University Press, 1975.

195. E. J. Hobsbawm, *Nations and Nationalism since 1780*, Cambridge: Cambridge University Press, 1992.

Gellner, Ernest, *Nations and Nationalism*, Oxford: Basil Blackwell, 1995.

196. Hechter, Michael: *Internal Colonialism: The Celtic Fringe in British National Development*, 1536—1966. London: Routledge and Kegan Paul, 1975.

197. Smith A., *The Ethnic Origins of Nations*, New York: Basil Blackwell, 1987.

198. Stein Kuhnle and Derek Urwin, *State Formation, Nation-Building and Mass politics in Europe: The Theory of Stein Rokkan*, Oxford: Oxford University Press, 1999.

199. Walzer M., *The Politics of Ethnicity*, Cambridge: Belknap Press, 1982.

二、论文

1. 安俭:《跨国民族问题与边疆稳定战略研究》,《广西民族学院学报》(哲学社会科学版)2004年第1期。
2. 常士訚:《民主选择的悖论——多民族发展中国家政治整合视角》,《民族研究》2016年第4期。
3. 陈明明:《作为一种政治形态的政党—国家及其对中国国家建设的意义》,《江苏社会科学》2015年第2期。
4. 陈庆德:《试析民族理念的建构》,《民族研究》2006年第2期。
5. 陈晓律:《欧洲民族国际演进的历史趋势》,《江海学刊》2006年第2期。
6. 陈毅:《中国国家政权建设的出路:从"文化国家"到"权利国家"》,《当代中国政治研究报告》2009年第7辑。
7. 陈征平:《西南边疆少数民族地区城市化结构差异与发展抉择》,《经济问题探索》2006年第9期。
8. 邓大才:《社会化小农与乡村治理——小农社会化对乡村治理的冲击与转型》,华中师范大学政治学研究院2009年博士论文。
9. 邓光奇:《论边疆开发中的利益关系及其协调》,《中南民族大学学报》(人文社会科学版)2003年第5期。
10. 丁平:《试论美国边疆开发的模式》,《内蒙古大学学报》(人文社会科学版)2003年第4期。
11. 董海军:《"作为武器的弱者身份":农民维权抗争的底层政治》,《社会》2008年第4期。
12. 段伟菊:《大树底下同乘凉——〈祖荫下〉重访与西镇人族群认同的变迁》,《广西民族学院学报》(哲学社会科学版)2004年第1期。
13. 费孝通:《中华民族的多元一体格局》,《北京大学学报》(哲学社会科学版)1989年第4期。
14. 冯今源:《中国伊斯兰教坊制度初探》,《世界宗教研究》1984年第1期。
15. 高永久、崔晨涛:《中国特色民族事务治理的道路创新与道路自信》,《中南民族大学学报》(人文社会科学版)2020年第1期。
16. 高永久、朱军:《论多民族国家中的民族认同与国家认同》,《民研究》2010 年第 2 期。

17. 郭志刚、李睿:《从人口普查数据看族际通婚夫妇的婚龄、生育数及其子女的民族选择》,《社会学研究》2008 年第 5 期。

18. 韩震:《论国家认同、民族认同及文化认同——一种基于历史哲学的分析与思考》,《北京师范大学学报》(社会科学版)2010 年第 1 期。

19. 郝时远:《坚定不移走中国特色解决民族问题的正确道路——学习中央民族工作会议精神的几点体会》,《民族研究》2014 年第 6 期。

20. 何俊志:《结构、历史与行为——历史制度主义的分析范式》,《国外社会科学》2002 年第 5 期。

21. 何增科:《理解国家治理及现代化》,《马克思主义与现实》2014 年第 1 期。

22. 贺东航、孔繁斌:《公共政策执行的中国经验》,《中国社会科学》2011 年第 5 期。

23. 贺东航、慕良泽:《全球化背景下现代国家构建的检视与反思》,《当代世界与社会主义》2008 年第 1 期。

24. 贺金瑞:《民族发展政治学的理论和方法》,《中央民族大学学报》(哲学社会科学版)2006 年第 6 期。

25. 贺金瑞、燕继荣:《论从民族认同到国家认同》,《中央民族大学学报》2008 年第 3 期。

26. 侯德仁:《百年来的清代西北边疆史地学研究述评》,《西域研究》2007 年第 4 期。

27. 胡鞍钢、胡联合:《第二代民族政策:促进民族交融一体和繁荣一体》,《新疆师范大学学报》(哲学社会科学版)2011 年第 5 期。

28. 胡兆义:《民生视阈下民族地区的国家认同建构》,《西南民族大学学报》(人文社会科学版)2013 年第 5 期。

29. 黄其松:《权利、自治与认同:民族认同的制度逻辑》,《政治学研究》2016 年第 4 期。

30. 黄天华:《国家建构与边疆政治:基于 1917—1918 年康藏纠纷的考察》,《社会科学研究》2007 年第 3 期。

31. 姜晓萍:《国家治理现代化进程中的社会治理体制创新》,《中国行政管理》2014 年第 2 期。

32. 雷明昊:《发展型自治——中国民族区域自治的特色与优势》,《广西民族研究》2018 年第 2 期。

33. 雷振扬、王明龙：《改革开放40年民族区域自治制度的发展与完善》，《中南民族大学学报》（人文社会科学版）2018年第5期。

34. 李国栋、刘佳鹏：《清末民初的民族问题与边疆危机——以蒙古、西藏、新疆地区为例》，《烟台大学学报》（哲学社会科学版）2006年第4期。

35. 李海金：《"符号下乡"：国家整合中的身份建构1946—2006》，华中师范大学2008年博士学位论文。

36. 李怀印：《中国是怎样成为现代国家的？——国家转型的宏观历史解读》，《开放时代》2017年第2期。

37. 李路曲：《"体制内"民主化范式的形成及其类型学意义》，《政治学研究》2017年第1期。

38. 李伟、马玉洁：《习近平治国理政视野下的民族理论新思维》，《民族研究》2017年第1期。

39. 李小文：《边疆族群·国家认同·文化创造——以一个倮兵家族的变迁为例》，《求索》2006年第9期。

40. 李迎生：《社会政策在民族事务治理中的担当》，《中共中央党校（国家行政学院）学报》2020年第2期。

41. 林尚立：《民主与民生：人民民主的中国逻辑》，《北京大学学报》（哲学社会科学版）2012年第1期。

42. 林尚立：《现代国家认同建构的政治逻辑》，《中国社会科学》2013年第8期。

43. 刘俊祥：《民生国家论——中国民生建设的广义政治分析》，《武汉大学学报》（哲学社会科学版）2013年第4期。

44. 刘永刚：《国族、国族建设与中华现代国家》，《新疆大学学报》（哲学·人文社会科学版）2016年第6期。

45. 刘智文：《边疆民族关系范例解读——中国朝鲜族聚居区民族和睦成因探析》，《中国边疆史地研究》2007年第2期。

46. 罗琼芳：《关于边疆民族地区建设社会主义新农村的哲学思考》，《贵州民族研究》2007年第6期。

47. 罗树杰：《民族利益：民族问题产生的根本原因》，《黑龙江民族丛刊》2006年第3期。

48. 吕蕾莉、刘书明：《西北民族地区村庄权力结构下的乡村精英与乡村治理能力研究——对甘青宁三省民族村的考察》，《政治学研究》2017年第3期。

49. 马大正:《深化边疆理论研究与推动中国边疆学的构筑》,《中国边疆史地研究》2007年第1期。

50. 马德普:《跳出西方"民族国家"的话语窠臼》,《政治学研究》2019年第2期。

51. 马戎:《重建中华民族多元一体格局的新的历史条件》,《北京大学学报》(哲学社会科学版)1989年第4期。

52. 马戎:《研究理解民族关系的新思路——少数族群问题的"去政治化"》,《北京大学学报》(哲学社会科学版)2004年第6期。

53. 马戎:《中国的民族问题与20世纪50年代的"民族识别"》,《西北民族研究》2012年第3期。

54. 马戎:《中国社会的另一类"二元结构"》,《北京大学学报》(哲学社会科学版)2010年第3期。

55. 马勇:《浅议边疆地区经济发展模式选择》,《西北民族研究》2003年第2期。

56. 明跃玲:《也论族群认同的现代含义——瓦乡人的民族识别与族群认同的变迁兼与罗树杰同志商榷》,《湖北民族学院学报》(哲学社会科学版)2006年第6期。

57. 慕良泽:《村民自治研究40年:理论视角与发展趋向》,《中国农村观察》2018年第6期。

58. 慕良泽:《民生政治:惠农政策的政治效应分析》,《马克思主义与现实》2018年第1期。

59. 慕良泽、高秉雄:《现代国家构建:多维视角的述评》,《南京社会科学》2007年第1期。

60. 慕良泽、王晓琨:《乡村发展:从"政策惠农"到"战略部署"》,《中国行政管理》2019年第2期。

61. 朴今海:《边疆少数民族地区农村文化建设现状的调查与思考——以延边朝鲜族自治州边境地区朝鲜族村为中心》,《黑龙江民族丛刊》2006年第5期。

62. 祁进玉:《一个华夏边缘的历史人类学研究》,《读书》2004年第6期。

63. 青觉:《当前我国民族关系的主要内涵和发展趋势》,《中南民族大学学报》(人文社会科学版)2005年第5期。

64. 任勇:《公民教育视角下的现代国家与少数民族价值观重塑》,《当代世界与社会主义》2013年第2期。

65. 任勇:《少数民族流动人口的认同序列及其优化:基于两个案例的研究》,《政治学研究》2016 年第 3 期。

66. 沈桂萍:《对多民族国家一体化建构若干问题的思考》,《中央社会主义学院学报》2004 年第 6 期。

67. 时国轻:《广西壮族民族民间信仰的恢复和重建——以田阳县布洛陀信仰研究乃例》,中央民族大学 2006 年博士学位论文。

68. 舒展:《兴边富民行动与边疆民族地区的发展》,《黑龙江民族丛刊》2007 年第 4 期。

69. 宋林飞:《中国社会转型的趋势、代价及其度量》,《江苏社会科学》2002 年第 6 期。

70. 粟岚:《跨越式发展:边疆民族地区全面建设小康社会的模式选择》,《中国特色社会主义研究》2003 年第 4 期。

71. 孙宏开:《中国少数民族语言活力排序研究》,《广西民族大学学报》,2006 年第 5 期。

72. 孙岩:《从民族国家建构到民生国家建设——近代以来中国现代国家建设维度的嬗变》,《湖北社会科学》2011 年第 9 期。

73. 覃乃昌:《从族群认同走向民族认同——20 世纪中后期广西的民族识别研究之三》,《广西民族研究》2009 年第 3 期。

74. 唐勇:《中华民族的政治意义》,《政治学研究》2020 年第 3 期。

75. 王存河:《宗教与西部少数民族现代化》,兰州大学 2008 年博士学位论文。

76. 王鉴:《我国民族教育政策体系探讨》,《民族研究》2003 年第 6 期。

77. 王建娥:《多民族国家包容差异协调分歧的机制设计初探》,《民族研究》2011 年第 1 期。

78. 王浦劬:《以治理民主实现社会民生》,《北京大学学报》(哲学社会科学版)2011 年第 6 期。

79. 王绍光:《大转型:1980 年代以来中国的双向运动》,《中国社会科学》2008 年第 1 期。

80. 王士录:《"和谐边疆"建设的一个成功范例——中缅边民大联欢 50 周年纪念》,《云南社会科学》2007 年第 2 期。

81. 王希:《美国历史上的"国家利益"问题》,《美国研究》2003 年第 2 期。

82. 王希恩:《我国民族事务治理体系的基本构成及完善》,《西南民族大学学报》(人文社科版)2020年第6期。

83. 魏健馨:《从民族认同到国家认同:铸牢中华民族共同体意识的进路》,《中央社会主义学院学报》2021年第1期。

84. 吴承富:《当代中国少数民族村社政治体系变迁——以西南少数民族村社为研究对象》,吉林大学2008年博士学位论文。

85. 吴楚克:《建设当代中国边疆政治学应有的理论思考》,《中央民族大学学报》(哲学社会科学版)2003年第6期。

86. 吴晓林、戴昌桥:《政治整合研究:概念逻辑、问题论域与研究展望》,《社会主义研究》2009年第4期。

87. 徐勇:《"宣传下乡":中国共产党对乡土社会的动员与整合》,《中共党史研究》2010年第10期。

88. 徐勇:《民主:一种利益均衡的机制——深化对民主理念的认识》,《河北学刊》2008年第2期。

89. 徐勇:《农民改变中国:基层社会与创造性政治——对农民政治行为经典模式的超越》,《学术月刊》2009年第5期。

90. 徐勇:《农民理性的扩张:"中国奇迹"的创造主体分析——对既有理论的挑战及新的分析进路的提出》,《中国社会科学》2010年第1期。

91. 徐勇:《现代国家建构中的非均衡性和自主性分析》,《华中师范大学学报》(人文社会科学版)2003年第5期。

92. 徐勇:《中国发展道路:从"以农立国"到"统筹城乡发展"》,《华中师范大学学报》(人文社会科学版)2010年第4期。

93. 严庆:《因应客体需求的民族事务治理能力现代化建设解析》,《西南民族大学学报》(人文社科版)2020年第6期。

94. 杨成:《利益边疆:国家主权的发展性内涵》,《现代国际关系》2003年第11期。

95. 杨虎得:《国家认同与青海藏区社会稳定研究》,华中师范大学2010年博士论文。

96. 杨建新:《关于民族发展和民族关系中的几个问题》,《西北民族研究》2002年第1期。

97. 杨平:《西北民族地区农牧民政治行为研究》,陕西师范大学2009年博士学位论文。

98. 杨庆玲、杨国梁:《边疆民族地区新农村建设与原生态文化保护博弈》,《云南行政学院学报》2007年第4期。

99. 杨圣敏:《对如何处理好当前民族关系问题的一点看法——多年实地调查后的思考》,《社会科学战线》2013年第7期。

100. 杨雨舒:《魏晋南北朝时期"用夏变夷"思想与治理东北边疆》,《社会科学战线》2007年第3期。

101. 叶本乾:《现代国家建构中的均衡性分析:三维视角》,《东南学术》2006年第4期。

102. 叶江:《多民族国家的三种类型及其国家认同建构问题》,《民族研究》2018年第1期。

103. 叶小文:《执政能力与"懂得宗教"、研究宗教——世界宗教研究所成立四十周年感言》,《中国宗教》2004年第10期。

104. 尤琳、陈世伟:《国家治理能力视角下中国乡村治理结构的历史变迁》,《社会主义研究》2014第6期。

105. 袁明旭:《边疆多民族地区利益分化的成因、特点及影响》,《云南行政学院学报》2007年第3期。

106. 张凤阳:《西方民族—国家成长的历史与逻辑》,《中国社会科学》2015年第6期。

107. 张树青、刘光华:《关于民族国家的思考》,《兰州大学学报》(社会科学版)1999年第4期。

108. 张雪雁:《主体性视域下少数民族的国家认同建构逻辑》,《民族研究》2014年第6期。

109. 周传斌:《论民族问题的诸影响因素》,《中南民族学院学报》2001年第2期。

110. 周光辉、李虎:《领土认同:国家认同的基础——构建一种更完备的国家认同理论》,《中国社会科学》2016年第7期。

111. 周光辉、刘向东:《全球化时代发展中国家的国家认同危机及治理》,《中国社会科学》2013年第9期。

112. 周光辉、彭斌:《构建现代国家——以组织化、制度化与民主化为分析视角》,《社会科学战线》2009年第6期。

113. 周光俊、郭永园:《中华民族命运共同体与新时代的中国民族事务治理:历史方位、理论方法与概念议题》,《社会主义研究》2020年第1期。

114. 周竞红:《论中国民族事务行政管理机制的发展和创新》,《民族研究》2004年第3期。

115. 周平:《当代中国族际关系的特点和走向》,《学术界》2015年第

11 期。

116. 周平：《我国的边疆与边疆治理》，《政治学研究》2008 年第 2 期。

117. 周平：《政治学视野下的中国民族和民族问题》，《思想战线》2009 年第 6 期。

118. 周平：《政治学中的民族议题》，《政治学研究》2020 年第 1 期。

119. 周平：《中华民族：一体化还是多元化？》，《政治学研究》2016 年第 6 期。

120. 周平：《中华民族：中华现代国家的基石》，《政治学研究》2015 年第 4 期。

121. 周星：《关于"中华民族多元一体格局"的学术评论》，《北京大学学报》（哲学社会科学版）1990 年第 4 期。

122. 周智生、吴映梅：《近代中国西南边疆民族乡村的农业商品化浪潮——以滇西北为中心的考察》，《西南民族大学学报》（人文社科版）2007 年第 9 期。

123. 朱军：《中国经济社会转型中的民族问题与民族事务治理——以国家治理能力为分析视角》，《民族研究》2015 年第 1 期。

124. 朱伦：《民族共治论——对当代多民族国家族际政治事实的认识》，《中国社会科学》2001 年第 4 期。

125. 朱伦：《关于民族自治的历史考察与理论思考——为促进现代国家和公民社会条件下的民族政治理性化而作》，《民族研究》2009 年第 6 期。

126. ［英］安东尼·吉登斯：《全球时代的民族国家》，《中山大学学报》（社会科学版）2008 年第 1 期。

127. Barber, James, *The Moving Frontier of British Imperialism in the Lake Rudolf Region*: 1890—1919, Ethnohistory, Winter2006, Vol. 53 Issue 1.

128. Chandra, S., *Regional Economy Size and the Growth - Instability Frontier: Evidence from Europe*, Journal of Regional Science, Feb2003, Vol. 43 Issue 1.

129. Katerberg, William H., *Borderland Religion: The Emergence of an English - Canadian Identity*, 1792—1852, American Review of Canadian Studies, Winter2005, Vol. 35 Issue 4.

130. Snyder, Timothy, *A Biography of No Place: From Ethnic Borderland to Soviet Heartland*, Journal of Cold War Studies, Winter2007, Vol. 9 Issue 1.

附 录

附录一

藏县涉及民族工作的重要会议①

1954 年全县区委书记(扩大)会议

1954 年 3 月 5 日至 11 日，县委召开了区委书记(扩大)会议，参加会议人员 24 人。会议传达了《中央关于加强管理干部工作的决定》《全国第三次组织工作会议》精神和上级党委的有关指示。结合县情，制订了组织工作计划。同时，对加强民族团结，搞好民族统一战线和宗教上层人士的团结工作进行了安排。

1955 年全县三级干部会议

1955 年 2 月 18 日至 28 日，召开了县、区、乡三级干部 209 人参加的会议。会议总结了上年的工作，会议认为在牧业区，只有发展畜牧业生产，才能实现过渡时期国家在民族问题方面的总任务。会议提出，将领导重心转到以畜牧业生产为主的各项经济工作方面来。

1957 年全县三级干部会议

1957 年 12 月 19 日至 29 日，召开了全县三级干部会议，参加会议的人员 341 名。会上传达了省委二届四次全委(扩大)会议精神和《关于紧缩机构，下放干部的动员报告》，县委书记做了工作报告。会议对农牧业生产，民族统一战线和整风运动等工作做了安排，特别是对精简机构，下放干部，克服机构臃肿，人浮于事，充实基层，加强生产方面做了安排，会后初步确定，下放 16 名区级干部加强基层工作，占全县区级干部的 21%，下放劳动的一般干部有 48 名，占全县干部的 8.4%。

1958 年全县四级干部会议

1958 年 3 月 21 日至 28 日，县委召开四级干部会议，参加人员 248 人。

---

① 藏县地方志编纂委员会：《藏县志》，民族出版社 1999 年版，第 306—310 页。

这次会议是藏县公社化后第一次会议。会议传达了郑州会议和省六级干部会议精神，总结了公社化以后的各项生产情况，肯定了成绩，检查了存在的问题，讨论确定了公社体制。并做出了在全县开展忆苦思甜活动，进行宗教制度改革，防止反革命武装叛乱，安定社会秩序等决定。

1961年全县三级干部会议

1961年10月13日至23日，召开了全县三级干部会议，参加人员89人。会议学习传达了省委三级干部会议和中央工作会议精神，总结了三年来全县工作中的经验教训，讨论制订了调整社、队体制的初步方案，研究了平调处理问题，做出了退赔计划，安排了当时的工作。会议指出：吸取教训，克服缺点，改正错误，加强团结，迅速扭转被动局面。

1966年全县政治工作会议

1966年4月10日至15日，县委在×乡召开了全县政治工作现场会议。参加人员74人。这次会议是在毛主席关于"政治是统帅，是灵魂，政治工作是一切经济工作的生命线"的思想指导下召开的。会上州委领导讲了话。会议始终以学习毛主席著作"老三篇"，学雷锋、王杰、焦裕禄为内容，突出政治学习，并向全县各族人民提出了"五年建成大寨县"的奋斗目标。

1966年县委扩大会议

1966年5月30日至6月5日，召开县委四届四次全委（扩大）会议。参加人员34名。会议的中心内容为：声讨"S村"反革命集团的罪行，会议传达了中央"五·一六"通告精神，讨论研究了我县如何深入开展社会主义"文化大革命"事宜。会议强调在突出政治，活学活用毛主席著作的前提下，抓好农、牧、副业生产。并做出了具体安排。

1973年全县四级干部会议

1973年10月20日至25日，召开全县四级干部会议，参加会议的有县、公社、大队、生产队干部，以及有关单位的负责人共210人。另外，农牧业学大寨的先进个人和集体代表也参加了会议。会议的主要内容为：继续深入地开展"农牧业学大寨""工业学大庆"的群众运动，更有力地推动农牧业生产和其他各项建设事业的发展。修订了"四五"期间农牧业发展规划和到1980年的远景设想。

1982年县委六届二次全委（扩大）会议

1982年2月19日至26日，召开县委六届二次全委扩大会议，参加会议的人员67名（其中县委委员11名，候补委员3名）。会议认真学习了中央〔1982〕1、2号文件精神，讨论了如何进一步健全和完善农牧业生产承包责任制的问题;研究部署了如何加强对农牧民群众的社会主义教育和加强基层党组织和政权建设,把广大党员和干部群众的思想统一到三中全会的路线上来的方案。

附录二

藏县劳动牧民积极分子委员会组织条例(草案)[1]

第一章 劳动牧民积极分子委员会的性质

劳动牧民中的积极分子委员会是牧业区劳动牧民群众性的政治组织,是牧业区党的基层组织的助手和党在牧业区实现社会主义革命和社会主义建设各项工作的依靠。

第二章 劳动牧民积极分子委员会的任务

一、团结教育劳动牧民,监督他们爱国守法、走社会主义道路。

二、教育、改造非劳动牧民,监督他们爱国守法、走社会主义道路。

三、经常向积极分子,特别是其中的青年人进行阶级和阶段斗争的教育。

四、监督和改造反、坏分子,坚决和他们的破坏活动作斗争。

五、宣传、贯彻执行党的各项方针、政策,反映群众的意见和要求。

六、爱护干部、监督干部按党的政策办事。

第三章 劳动牧民积极分子委员会的组织

一、人民公社成立积极分子委员会,生产队成立积极分子小组。

二、生产队的积极分子小组受公社积极分子委员会的领导。

三、人民公社的积极分子委员会由五人组成,设正、副主任各一人,生产队的积极分子小组设组长一人,任期一年,可以连选连任。

四、积极分子委员会由积极分子民主选举产生。

第四章 劳动牧民积极分子委员会的权利和义务

一、积极分子委员会的委员有权列席公社管理委员会的会议,有权了解管理委员会的工作,有权反映不同的意见,任何人不得阻碍和刁难。

二、积极分子委员会可以协助公社监察委员会进行监察工作。

三、积极分子委员会的正副主任和积极分子小组的组长不脱离生产,

---

[1] 藏县地方志编纂委员会:《藏县志》,民族出版社1999年版,第498—499页。

也不享受任何补贴。

第五章　劳动牧民积极分子条件和生产办法

一、听党的话,坚决走社会主义道路。

二、立场坚定,敢同坏人坏事作斗争。

三、劳动积极,维护集体经济。

四、为人公正,密切联系群众。

积极分子由党支部提名,按照上述积极分子条件在劳动牧民中评选产生。

中共藏县县委
一九六二年五月十五日

附录三

中共藏县县委　藏县人民政府
关于人民公社分设、建立乡政府工作安排意见[①]

根据省、州关于社改乡的安排精神,我县人民公社政社分设、建立乡政府的工作即将开始,为了切实做好这项工作,现提出如下安排意见:

一、组织领导

政社分设,建立乡政府的工作是适应我国农村生产责任制发展的需要,在上层建筑领域内进行的一项改革,是巩固人民民主专政的一项重要措施,是涉及各方面的一项重要工作。所以,必须在各级党委和政府的统一领导下,认真学习,严格按照宪法和中央通知的精神办事,把这项工作提到各级党委和政府的重要议事日程,当作一件大事来抓,为了切实搞好这项工作,县委、县政府已成立了政社分设、社改乡领导小组,从全县各单位共抽调干部180名,组成政社分设、建立乡政府的工作组,下分六个工作小组,组长副组长分别由县级干部和各公社党委书记担任。每个大队配备工作人员二至三人,协同大队党支部做好工作。

二、工作任务

1. 政社分开,建立乡人民政府。乡政权设置的原则是:一要便利群众

---

① 藏县地方志编纂委员会:《藏县志》,民族出版社1999年版,第514—517页。

行使民主权利;二要有利于经济的发展;三要不增加群众的负担和行政编制;四要照顾到群众的居住状况,自然条件和历史习惯。按照这四条要求,全县乡的规模以原有公社的管辖范围为基础,一社一乡。

召开乡人民代表大会,选举乡政府的领导成员,乡人民政府的工作人员必须具备全心全意为人民服务的思想,并接受群众的监督。乡政府的职权,按照地方组织法的规定行使。乡政府设正副乡长和分管生产、文书、民政、司法、文卫、计划生育等干事。乡人民武装部、公安派出所按全国政法会议精神设置。

2. 原公社党委改为乡党委。乡党委的人员编制、机构设置亦本着精简的原则,可设正副书记、秘书、组织、纪检、宣传、共青团、妇女等干事,此方案由党委讨论后,报县委审定。乡党委的职权按党章规定行使。乡共青团、妇女等组织,在建立乡党委的同时,要一并建立健全。

3. 按照有利于群众自治、有利于民族团结、方便群众活动、不增加群众负担的原则,建立村(牧)民委员会。农业区以自然村设立村民委员会,牧业区可按原生产大队设立牧民委员会,村(牧)民委员会一般设支部书记、主任、会计三人。以村或大队联队为范围设置的经济组织,原生产队的资产要立账存档,用好管好,债权债务要妥善处理,不得中调。建立村(牧)民委员会,一定要让全体村(牧)民充分民主协商,提出候选人,然后进行选举,村(牧)民委员会的主任、村民委员会和下属的人选,应是作风民主,同群众有密切的联系,为群众所拥护的人。为减轻群众负担,村(牧)民委员会享受补贴的干部只能有书记、主任、会计三人;民办教师的报酬,村民委员会可经过考核予以补贴;民兵训练按上级规定予以补助。计划生育员、调解员、治保委员可分别从超生罚款、调解的当事人和治安处罚款中提取补贴,团支部书记,妇联主任的误工补贴,可从义务工中适当解决。

三、方法步骤

政社分设,建立乡政府工作六月五日开始,七月底以前全部结束,要做好立乡政府和县乡人民代表的选举工作。以宣传贯彻党中央一九八四年一号文件为中心,以政社分设、选举工作为重点,结合搞好其它各项工作。整个工作大体分四个阶段进行。

(一)培训干部。从六月五日至七日用三天时间,采取以会代训的方法,组织各公社领导和县级各单位下乡干部培训班,从六月十日至十四日用五天时间组织公社全体干部和各大队生产队有宣讲能力的骨干培训班,重点学习宪法有关章节、选举法、地方组织法和国务院《关于实行政社分开，建立乡政府的通知》以及青海省委、省政府《关于实行政社分设、建立乡政府若干问题的通知》，学习党中央一九八四年一号文件中有关经济组织的设置问题等材料，武装头脑，弄清政策，明确政社分设、建立乡政府和选举工作的意义、主要任务、方法和步骤，为搞好工作打下良好基础。

（二）宣传教育，摸清情况，发动群众。从六月十五日至六月二十四日，用十天时间，深入社队，采取各种形式，向基层干部和广大农牧民群众进行宣传教育，进一步提高思想认识，着重讲明，自一九五八年实行政社合一的体制以来，党政不分，政企不分的状况已经二十多年了，加上十年动乱中基层政权工作也遭到了严重破坏，为了拨乱反正，肃清流毒，克服党不管党、政不管政的状况，要发挥基层政权在建设社会主义中的积极作用，就必须政社分开，建立乡政府。要通过各种形式，因地制宜地广泛地进行宣传发动，造成声势，形成强大的社会舆论，使广大人民群众和干部了解这一改革的意义、内容和具体做法，以主人翁的态度积极参加这项改革。在搞好宣传教育的同时，做好调查摸底工作，掌握群众思想动态、意见和要求，摸清本地区行政组织的历史状况，了解党团组织及其干部状况，调查当地经济发展和群众生活水平情况等，做到心中有数，为下一步工作做好准备。

（三）充分发扬民主。开好乡党代会，选举乡党委成员，建立村党支部和村（牧）民委员会。从六月二十五日至七月二十五日，用三十天时间做好选举工作。按照干部"四化"要求，配备乡党委领导班子。选配好乡的领导班子，是政社分设、建立乡政府工作的一个重要环节，应做好代表候选人的提名，确定和公布正式代表候选人，召开党员代表大会，选举乡人民代表和出席县人民代表大会的代表。召开乡的党员代表大会，选举乡党委员和出席县党代会的代表。处理好撤销大队和生产队后的各项具体问题。制定党政组织的工作职责任务、规章、制度，建立岗位责任制，制定乡（村）规民约。

四、从七月二十六日至七月三十日用五天的时间召开乡人民代表大会、选举乡长副乡长、总结工作、搞好下乡人员的鉴定、写出书面报告。

五、几点要求

1. 公社体制改革工作，政策性强，牵涉面广，工作大，因此，必须认真贯彻党的方针、政策和上级党政的有关指示，在发动群众讨研改革方案时，可以敞开思想，大胆设想，但在具体问题的处理上应持慎重态度，权衡利弊，遇到重大问题要及时请示报告。

2. 切实加强思想政治工作,把宣传教育和思想政治工作贯穿到整个工作的始终。要随时了解掌握干部群众的思想动态,及时解决出现的各种思想间接。

3. 撤销生产大队和生产队以后,原来大队的财务由村(牧)民委员会管理,同时要积极做好思想政治工作,教育农牧民提高思想觉悟,正确处理国家、集体和个人关系,妥善处理集体财产,严禁私分和损公肥私,绝不允许侵吞侵占集体财产。处理的财产要经过群众讨论,合理作价,分期分批偿还,合理地处理给本村(牧)民委员会的群众,大体可采取:(1)用于还清集体贷款、入社牲畜折价款,或用于土地、草原和发展"两户"的投资,分户记账;(2)大型农机具不便作价处理的可承包给个人;(3)水利设施由乡或村(牧)民委员会统一管理、实行承包;(4)集体的成片树林应实行专户或联户承包,分散林木可合理作价处理给群众,不准乱砍乱伐;(5)村(牧)民委员会的多余房屋可作价处理给群众使用。总之,要避免损失、杜绝浪费。

4. 参加政社分设,建立乡政府工作的全体干部,要认真学习、勇于负责、遵守纪律、加强团结、专心一致、善始善终地做好工作,要随时反映情况,各公社工作组每半月向县领导小组汇报一次工作进展情况,每阶段工作结束,要写出书面小结,对好的经验、做法,应随时整理上报,县政社分设、社改乡领导小组组织专人巡回检查指导,并要积极整编简报交流经验,使社改乡工作有条不紊,圆满完成任务。

一九八四年五月二十八日

附录四

回县清真寺民主管理制度[①]

为了全面地贯彻执行宗教信仰自由政策,严格遵守自治区伊协制定的《爱国公约》,加强团结,保障正常的宗教生活顺利进行,特制定如下制度:

一、**清真寺民主管理委员会(以下简称寺管会)的性质任务和组织原则**

1. 寺管会是代表穆斯林群众对清真寺实行民主管理的群众性组织,必须在当地政府和县伊协的领导下进行工作。

2. 寺管会任务是:学习宣传贯彻执行党和国家的民族宗教政策。管理好清真寺内部各事务,如经费的收支,阿訇的聘请,清真寺的建筑、维修和财物的保管以及协助阿訇办好教务和对外往来、接待等活动。

3. 寺管会必须按照民主集中制的原则,经本坊群众充分讨论协商提出候选人名单,经村委会同意,由全坊群众选举产生后报乡镇备案(回县清真大寺管委会候选人名单必须由县伊协和群众协商提名交群众选举产生)。各寺管会设主任1人,副主任2人,委员若干人(可担任会计、出纳和保管)。

4. 寺管会成员必须由爱国守法、拥护社会主义、热爱伊斯兰教事业、热心为穆斯林群众服务、联系群众、作风正派、办事民主公道的人担任。

5. 寺管会每届任期两年(一般定为"古尔邦节"过后换届)可连选连任,任期最多不能超过两届(4年)。

6. 寺管会必须按照民主集中制的原则办事,一般工作由主任、副主任研究决定,重大事项(如建寺、大型维修、聘请阿訇)必须召集委员会集体讨论决定,寺管会要接受群众的监督和意见,但群众必须维护寺管会的权威,不搞家族、宗族、宗派活动和闹无原则的纠纷。

二、**阿訇的聘选及其主要责任**

1. 聘请阿訇(即教长),要在群众充分讨论的基础上,由寺管会提名,经过绝大多数群众表决通过后才搬请(回县清真大寺搬请阿訇必须报县伊协批准)。阿訇任期一般定为两年,如果绝大多数群众一定要挽留,最多可

[①] 回县地方志编纂委员会:《回县志》,宁夏人民出版社1995年版,第680—681页。

任四年。

2. 阿訇的主要责任是：主持清真寺的教务活动（一般不能干预寺内的事务工作，但对寺内的工作可以提出意见和建议），阿訇在执教时不能随意招收满拉，选培满拉要坚持少而精的原则，要加强培养教育，千口以上的大坊可招5—7个满拉，五百口以上的坊可招收2—3个满拉，百口以上可招1—2个满拉，除此之外，还可量开学阿訇的水平而定，但只能少，不能多。

3. 对在本坊求学的满拉，未取得"阿訇合格证"者不能举行穿衣仪式（如所培养的满拉已达到穿衣的水平，由坊上填写申请表，经乡镇盖章后于开斋节前报县伊协，古尔邦节之前由县统一考核，领到合格证者可穿衣）。

4. 阿訇在教育活动中必须坚持"各行其事，互相尊重，互不干涉"和"客随主便"的原则，绝不允许利用讲经布道、婚丧大事等讲"瓦而兹"时含沙射影攻击其他教派，不能固执己见。

5. 阿訇在执教时必须参加宗教人士学习组学习，必须参加党政有关部门召开的会议和举办的各种积极有益的社会活动，要积极为两个文明建设贡献力量。

三、经费与财产的管理

1. 清真寺必须设会计、出纳和保管（可由寺管会成员担任），并建立会计、出纳，保管账目。

2. 要坚持民主理财的原则，百元以内寺管会主任审批，百元以上五百元以内由寺委成员会决定，五百元以上可召集群众会讨论决定。每半年必须向群众公布一次收支账目，一年一结算，公布以后，如群众有意见必须由主管人向群众解释、交代清楚。

3. 清真寺内的经费来源必须由群众自愿舍散，不得向群众硬性摊派钱粮，增加群众负担。

4. 坚持勤俭办教的原则，不能利用搬送阿訇、贺学、穿衣过"尔买力"等宗教活动搞铺张浪费。

附录五

A 长官司①

明正统六年(1141),知县与当地土官结谋,奏经朝廷批准,将壮县的三个村寨划归一位土府。当地人不服,率众反对,攻打土司州县。明王朝连年调兵镇压、安抚,最后以"土民皆愿取前地"为由,达成协议,由当时的都御史奏请朝廷"别置长官司以治之"。遂于明弘治五年(1492),划出壮县,设置 A 长官司(明制,长官司为武职衙门,正长官为六品官阶,副长官为从七品官阶)。以祖籍山东兖州的壮县当地人为首任世职长官。

兵制:额定士兵 100 名,兵田 600 亩。

粮赋:实征熟民田 45 顷 55 亩 4 分 8 厘。应征秋粮折色米 185 担 1 斗 8 升 1 合 2 勺,折粮熟银 55 两 5 钱 5 分 4 厘。内存留银 2 千两。起运银 31 两 5 钱 5 分 4 厘,遇润加征银 4 两 2 钱 8 分 3 厘。

清宣统二年(1910),广西全省开办地方自治,撤裁 A 长官司,其辖区划归壮县第十区。A 长官司历时 418 年。

附录六

中共藏县县委历任领导名单②

届次	人物编号	民族	职务	籍贯	任期
中共藏县县委组建至第一次党代会之前	1	苗	书 记	湖南大庸	1950.8—1953.12
	2	汉	书 记	陕西子州	1953.12—1956.2
	3	汉	副书记	陕西临潼	1953.12—1955.5
	4	汉	副书记	陕西临潼	1955.5—1956.2
	5	藏	副书记	青海藏县	1955.5—1956.2

---

① 壮市地方志编纂委员会:《壮市志》,广西人民出版社 1998 年版,第 29—30 页。
② 藏县地方志编纂委员会:《藏县志》,民族出版社 1999 年版,第 298—299 页。

续表

届次	人物编号	民族	职务	籍贯	任期
第一次党代表大会	6	汉	书　记	陕西子州	1956.2—1958.7
	7	汉	副书记	陕西临潼	1956.2—1958.12
	8	藏	副书记	青海藏县	1956.2—1959.1
	9	汉	副书记	陕西泾阳	1956.2—1958.5
第二次党代表大会	10	汉	书　记	陕西米脂	1959.5—1960.1
	11	汉	书　记	陕西岚县	1959.1—1962.9
	12	汉	副书记	山西离石	1959.1—1962.9
	13	汉	副书记	河北丰润	1959.1—1962.9
第三次党代表大会	14	藏	书　记	青海贵德	1962.9—1965.9
	15	汉	副书记	河北丰润	1962.9—1965.9
	16	汉	副书记	河北定县	1964.1—1965.9
	17	藏	副书记	青海藏县	1964.1—1965.9
	18	藏	副书记	青海兴海	1965.5—1965.9
第四次党代表大会	19	藏	书　记	青海兴海	1965.9—1967.10
	20	汉	副书记	河北丰润	1965.9—1967.5
"文革"期间党的核心小组	21	汉	组　长	河北尚义	1968.8—1970.8
	22	汉	组　长	山西兴县	1970.8—1971.5
	23	藏	副组长	青海兴海	1968.8—1970.8
	24	汉	副组长	陕西合阳	1970.8—1971.5
第五次党代表大会	25	汉	书　记	山西兴县	1971.5—1976.10
	26	藏	书　记	青海化隆	1973.8—1976.12
	27	藏	副书记	青海兴海	1967.1—1971.5
	28	汉	副书记	陕西合阳	1971.5—1976.10
	29	汉	副书记	陕西富平	1971.5—1976.10
	30	藏	副书记	青海贵南	1972.6—
	31	汉	副书记	陕西礼泉	1972.6—1976.12
	32	藏	副书记	青海藏县	1973.8—1976.12
	33	汉	副书记	浙江绍兴	1976.12—1977.1
	34	藏	副书记	青海藏县	1976.12—1977.1

续表

届次	人物编号	民族	职务	籍贯	任期
第六次党代表大会	35	藏	书　记	青海乐都	1976.12—1977.11
	36	汉	书　记	陕西富平	1977.12—1979.11
	37	藏	书　记	青海互助	1979.12—1984.10
	38	藏	副书记	青海互助	1976.10—1978.12
	39	藏	副书记	青海藏县	1977.1—1984.10
	40	藏	副书记	青海藏县	1976.12—1980.1
	41	汉	副书记	浙江绍兴	1977.1—1979.11
	42	藏	副书记	青海贵南	1977.1—1979.11
	43	藏	副书记	青海互助	1979.11—1980.10
	44	汉	副书记	青海贵德	1980.12—1984.3
	45	藏	副书记	青海化隆	1980.12—1982.9
第七次党代表大会	46	藏	书　记	青海互助	1984.10—1987.6
	47	汉	副书记	江苏连云港	1984.10—1985.10
	48	藏	副书记	青海藏县	1984.10—1987.6
	49	藏	副书记	青海藏县	1985.10—1987.6
	50	汉	副书记	青海湟源	1985.11—1986.12

附录七

中共回县县委历届正副书记名录[①]

届次	职务	人物编号	民族	籍贯	任期
回县县委（赴回县工作队）	书记 工作队长	1	汉	陕西绥德	1949.9.2—1951.2（其中1949年9月2日至10月26日在赴回县途中，尚未到位）
临时县委	书记	2	汉	—	1949.9—1949.10
中国共产党回县第一次代表大会（1951.2—1954.3）	书记	3	汉	陕西绥德	1951.2—1953.3
	书记	4	汉	河北灵寿	1953.3—1954.3
回县首届党代会（1954.3—1956.4）	书记	5	汉	河北灵寿	1954.3—1955.4
	副书记	6	汉	山西汾阳	1954.9—1955.4
	书记	7	汉	山西汾阳	1955.4—1956.4
	副书记	8	汉	山西孝义	1955.7—1956.4

---

① 回县地方志编纂委员会：《回县志》，宁夏人民出版社1995年版，第114—115页。"回县首届党代会"应是中共回县第二届代表大会，为与原届次称呼保持一致，本表未做改动。

续表

届次	职务	人物编号	民族	箱贯	任期
回县第二届党代会 （1956.4—1963.12）	书　记	9	汉	山西汾阳	1956.4— 1956.10
	副书记	10	汉	山西孝义	1956.4— 1956.11
	第一书记	11	回	宁夏回县	1956.11— 1960.12
	书　记	12	汉	陕西靖边	1956.10— 1960.12
	第二书记	13	汉	河北灵寿	1961— 1963
	书　记	14	汉	河北石家庄	1958.2— 1960.12
	第一书记	15	汉	陕西白水	1961.1— 1963.12
	书　记	16	回	宁夏回县	1958.10— 1963.12
	书　记	17	汉	陕西定边	1960.12— 1963.12
	书　记	18	汉	甘肃宁县	1963.1— 1963.12

续表

届次	职务	人物编号	民族	籍贯	任期
回县第三届党代会 (1963.12—1967.3)	书　记	19	汉	陕西白水	1963.12— 1964.9
	副书记	20	回	宁夏回县	1963.12— 1964.11
	副书记	21	汉	陕西定边	1963.12— 1964.9
	副书记	22	汉	甘肃宁县	1963.12— 1967.3
	书　记	23	汉	山东淄博	1964.9— 1967.3
	书　记	24	汉	陕西白水	1964.9— 1967.3
	副书记	25	回	黑龙江虎林	1964.9— 1967.3
回县党的核心小组组长 (1970.8—1971.7)	组　长	26	汉	河北滦南	1970.8— 1971.7
	副组长	27	汉	河北涞水	1970.8— 1971.7
	副组长	28	回	陕西汉中	1971.5— 1971.7

续表

届次	职务	人物编号	民族	箱贯	任期
回县第四届党代会 (1971.7—1978.6)	书　记	29	汉	河北滦南	1971.7— 1972.5
	副书记	30	回	陕西汉中	1971.7— 1975.4
	副书记	31	汉	甘肃镇原	1972.5— 1973.5
	副书记	32	汉	山东淄博	1971.12— 1972.5
	书　记	33	汉	甘肃镇原	1972.5— 1973.5
	书　记	34	回	宁夏回县	1973.5— 1977.9
	代书记	35	汉	宁夏彭阳	1977.9— 1978.3
	副书记	36	回	宁夏回县	1976.1— 1978.3
	副书记	37	回	宁夏回县	1976.1— 1978.6
	副书记	38	汉	宁夏陶乐	1977.11— 1978.2
	书　记	39	回	宁夏回县	1978.3— 1978.6

续表

届次	职务	人物编号	民族	籍贯	任期
回县第五届党代会（1978.6—1984.12）	书　记	40	回	宁夏回县	1978.6—1983.7
	副书记	41	回	宁夏回县	1978.6—1980.8
	副书记	42	汉	宁夏陶乐	1978.6—1978.8
	副书记	43	汉	甘肃静宁	1978.7—1981.3
	副书记	44	汉	陕西吴旗	1978.6—1981.9
	书　记	45	汉	宁夏回县	1983.7—1984.8
	代书记	46	回	宁夏银川	1984.8—1984.12
回县第六届党代会（1984.12—1988.5）	书　记	47	回	宁夏银川	1984.12—1988.5
	副书记	48	汉	宁夏回县	1984.12—1988.5
	副书记	49	回	宁夏回县	1985.3—1986.3
	副书记	50	回	宁夏回县	1985.5—1988.5
	副书记	51	回	宁夏吴忠	1986.3—1988.5

续表

届次	职务	人物编号	民族	籍贯	任期
回县第七届党代会（1988.5—现任）	书　记	52	回	宁夏银川	1988.5—1989.1
	副书记	53	回	宁夏吴忠	1988.5—1990.3
	副书记	54	汉	宁夏回县	1988.5—1989.1
	副书记	55	回	宁夏回县	1988.5—现任
	书　记	56	汉	宁夏回县	1989.2—现任
	副书记	57	回	宁夏回县	1990.4—现任
	副书记	58	汉	宁夏回县	1990.4—现任

附录八

壮市历任市委书记、副书记名录[①]

人物编号	民族	籍贯	职务	任职时间
1	汉	广东	书　记	1949.12—1950.5
2	汉	河北	书　记	1950.5—1952.2
3	汉	河北	副书记	1951.1—1953.11
4	汉	河南	书　记	1953.2—1953.7
5	汉	河北	书　记	1953.7—1954.12
6	汉	河北	第一副书记	1953.7—1953.8
7	壮	忻城	副书记	1954.5—1954.11
8	汉	忻城	副书记	1954.9—1954.11
9	壮	忻城	书　记	1954.11—1956.6
10	汉	三江	副书记	1954.11—1956.6

①　壮市地方志编纂委员会：《壮市志》，广西人民出版社1998年版，第557—559页。

续表

人物编号	民族	籍贯	职务	任职时间
11	汉	河北	第二副书记	1955.1—1956.4
12	汉	壮县	第三副书记	1955.5—1955.7
13	汉	—	副书记	1955.7—1956.4
14	汉	河北	副书记	1956.4—1959.5
15	汉	三江	书记	1956.6—1957.7
16	汉	象州	副书记	1956.10—1959.5
17	汉	北京	副书记	1957.2—1958.11
18	汉	河南	书记	1957.7—1958.4
19	壮	忻城	书记	1958.4—1959.5
20	壮	忻城	第一书记	1959.5—1960.1
21	汉	河南	书记处书记	1959.5—1960.1
22	汉	河南	书记处书记	1959.5—1960.2
23	汉	象州	书记处书记	1959.5—1961.8
24	壮	都安	书记处书记	1959.5—1963.1
25	汉	横县	书记处书记	1959.5—1963.1
26	—	—	书记处书记	1960.10—1963.2
27	壮	忻城	书记	1963.1—1965.8
28	汉	河北	副书记	1963.1—1965.8
29	汉	横县	副书记	1963.1—1965.8
30	壮	都安	副书记	1964.5—1966.5
31	汉	河北	副书记	1964.9—1967.1
32	汉	河北	书记	1965.8—1967.1
33	壮	柳城	副书记	1965.8—1967.1
34	仫佬	罗城	副书记	1966.8—1967.1
35	壮	壮县	副书记	1966.10—1967.1
36	汉	—	副书记	1966.10—1967.1

续表

人物编号	民族	籍贯	职务	任职时间
37	汉	辽宁	书记	1971.1—1974.5
38	汉	山西	副书记	1971.1—1973.11
39	汉	北京	副书记	1971.12—1974.7
40	壮	壮县	副书记	1973.8—1975.1
41	仫佬	壮县	副书记	1974.1—1978.6
42	汉	河北	书记	1974.5—1975.2
43	汉	忻城	副书记	1974.7—1975.2
44	汉	忻城	书记	1975.2—1982.12
45	汉	南宁	副书记	1975.2—1978.6
46	仫佬	罗城	副书记	1975.2—1982.2
47	汉	宾阳	副书记	1978.6—1984.6
48	汉	象州	副书记	1978.6—1980.12
49	汉	壮县	副书记	1980.8—1984.6
50	壮	武鸣	书记	1984.6—1988.10
51	汉	湘南	副书记	1984.6—1988.10
52	汉	壮县	副书记	1984.6—1985.5
53	壮	壮县	副书记	1984.6—1991.10
54	壮	壮县	副书记	1985.5—1987.8
55	壮	壮县	副书记	1986.2—1988.9
56	汉	壮县	副书记	1987.10—1991.10
57	壮	壮县	副书记	1988.8—1992.10
58	汉	湖南	代书记	1988.10—1988.10
59	汉	湖南	书记	1988.10—1991.10
60	汉	灵川	书记	1991.10—1992.10
61	壮	环江	副书记	1991.10—1993.5
62	壮	壮县	副书记	1991.10—1997.6

续表

人物编号	民族	籍贯	职务	任职时间
63	汉	壮县	副书记	1991.10—
64	壮	壮县	书 记	1992.10—1993.12
65	瑶	都安	副书记	1992.1—1997.6
66	仫佬	罗城	书 记	1993.12—
67	汉	南丹	副书记	1994.11—
68	汉	梧州	副书记	1994.11—
69	汉	南丹	副书记	1997.6—

注：1993年壮县撤县设市，为县级市。

附录九

科普山歌[①]

环境保护篇

1. 鱼在江河爱水清，鸟在山头爱树荫；生态宜居环境美，绿水青山人爽神。

2. 山青才有金鸡叫，水秀才有鲤鱼飘；人间仙境到处有，人与自然相协调。

3. 要想城乡共繁荣，生态理念应弄通；植树造林保水土，省得年年去抗洪。

4. 树高凤凰来做窝，植树造林好处多；乱砍乱伐植被毁，暴雨一来岭塌坡。

5. 常把青山维护好，树林丛丛山体牢；节约纸张一次筷，莫给森林变木屑。

6. 树叶连枝枝连根，人与动物共生存；和谐共处当朋友，濒危物种要放生。

7. 雨淋翠竹出嫩笋，万物靠水得生存；水源清洁最重要，关系国计与民生。

[①] 2018年10月在壮村调研时根据橱窗宣传资料整理所得。

8. 世间事物有万千,饮水问题大过天;莫要贪图眼前利,毁掉森林断水源。

9. 想穿新衣要织布,想要厂场要治污;治理污水很重要,人人有责共监督。

10. 治理大气污染源,杜绝慢性咽喉炎;弱势人群易感染,妇儿容易犯病先。

11. 莫给废气排上天,莫给废水流下田;废气上天空气变,废水下田禾苗焉。

12. 一些工厂制造业,排放废水实在脏;若是排进江河里,水中动物都遭殃。

13. 农民种田种瓜果,不离薄膜与农药;农药瓶袋要收好,莫给污染大小河。

14. 致富门路大把多,循环发展创收获;莫为发财搞污染,千山万岭树叶落。

15. 自然环境要保护,山也青来水也绿;循环经济作用大,全面协调可持续。

16. 鲤鱼最怕河水干,画眉最怕火烧山;自然环境遭破坏,人类生存遇困难。

17. 城市人口密又稠,生活污水像小沟;集中处理再排放,莫给它们四处流。

18. 饮食行业常用火,燃煤臭气又太多;改用天然液化气,清洁能源最适合。

19. 有些车辆将淘汰,黑烟滚滚冒出来;不让它们行大路,更不准许跑进街。

20. 鱼靠江河鸟靠林,蜜蜂酿蜜靠花心;人类生存依环境,环保是件大事情。

21. 江岸水清住鸳鸯,岭坡林茂引凤凰;环境优美人长寿,代代长寿比蓝祥。

生态农业篇

1. 农业生产关系大,国计民生不离它;它的发展好与丑,事关万户与千家。

2. 天上彩云朵连朵,农业生产项目多;种植养殖样样有,农林渔牧相结合。

3. 发展经济搞种养,科技致富赚钱忙;质量必须得讲究,绿色生态保健康。

4. 岭坡上面种果树,林下放养果园鸡;肉质鲜嫩无公害,放心购买放心吃。

5. 种米就种优质米,养鸡就养林下鸡;种养结构优化好,品质优良增效益。

6. 低洼水塘种莲藕,岭坡种草养肉牛;因地制宜调结构,多种经营促增收。

7. 退耕还林意义好,山地岭坡种核桃;坚果核桃营养好,各地市场都畅销。

8. 种桑养蚕农家富,循环经济可持续;蚕茧出卖得钞票,蚕粪下田壅五谷。

9. 支柱产业技高超,养蚕种蔗有钱捞;种植双高糖料蔗,糖分产量一样高。

10. 推广先进好经验,依靠科学种稻田;化肥农药须慎用,绿色食品保安全。

11. 菜农用水淋菜园,粮农用水灌稻田;万物生长全靠水,农业灌溉要安全。

12. 一条河水流长远,流过田峒绕村边;莫给污水河里放,超标排放毁农田。

13. 工业污水乱排放,清洁水源挨弄脏;灌溉稻田苗枯萎,流进鱼塘鱼翻黄。

14. 清洁水源重要多,千家万户来配合;治理蚕沙堆放好,莫要随便倒下河。

15. 水源清洁利千家,莫在河中养鹅鸭;粪便病毒藏水里,日久天长水质差。

16. 一条河水弯又长,宛然流淌过山庄;庄稼人畜得滋养,管好水源意深长。

17. 你种柑橘在山岗,我种葡萄在村旁;培育优质生态果,笑迎宾朋来品尝。

18. 你的草莓红又鲜,我的西瓜大又甜;草莓红红瓜果大,游客蜂拥到地边。

19. 花香引得蜂满坡,树高招惹凤凰落;特色乡村结硕果,游客聚满下枧河。

20. 深潭起浪引鱼游,芝麻飘香戏斑鸠;三姐故乡生态美,特色旅游旺神州。

乡村清洁篇

1. 鸟爱青山鱼爱河,金鸡爱跻茅草窝;生态宜居环境美,甜美山歌满山坡。

2. 乡村清洁意义大,环境美化靠大家;好比端午龙舟赛,一人呐喊众人划。

3. 同个村子住隔壁,清洁家园众心齐;李四不排污染水,张三不乱倒垃圾。

4. 同个村子一小区,村头巷尾要整齐;垃圾不能乱倒放,杂物一定要清除。

5. 几十户人共一村,生活污水乱纷纷;制定村规约束好,莫给它们流满村。

6. 以往最脏是农村,苍蝇蚊虫满粪坑;改厕工程实施后,环境整洁又卫生。

7. 一条小溪过村头,四季河水绿幽幽;若把垃圾丢下水,小溪变成臭水沟。

8. 支柱产业最益农,家家户户养蚕虫;若把蚕沙河里倒,造成河水清变红。

9. 不管种地是种田,环境治理走在前;超标农药适当用,尽量减少污染源。

10. 无论田里种什么,杀虫总是用农药;外壳包装收捡好,免得污染到江河。

11. 创新科技用地膜,防寒防冻保苗活;旧膜果中销毁掉,切莫污染小山窝。

12. 废弃物品有多种,丢弃回收不相同;我们应当分类好,处理起来也轻松。

13. 门前屋后有垃圾,及时开展大扫除;若是垃圾堆久了,苍蝇蚊子比飞机。

14. 如今农村大变样,科技致富起楼房;屋后房前勤打扫,窗户抹得亮堂堂。

15. 牛哥经常扫厕所,三姐勤把地板理;和睦家庭营造好,满屋欢笑过生活。

16. 张家果树在后院,李家花草种门前;德义中间来走往,文明礼让在两边。

17. 道路干净人爱走,河水清纯鱼要游;环境清新村容美,宜居宜旅乐悠悠。

18. 鱼爱江河鸟爱林,蜜蜂酿糖恋花心;人爱清洁山水秀,温馨留给下代人。

19. 要想山水美如画,美丽环境靠大家;绿化乡村舔美景,我栽果树你种花。

20. 众人拾柴火焰旺,细雨浇撒花更香;万民齐心来参与,打扮人间像天堂。

21. 乡村古城好风光,蔗海桑园绕村庄;生态家园兴建好,田园秀美水更靓。

附录十

2010年民族地区乡村治理访谈提纲

一、农牧民卷

1. 您认为自己和汉族有差别吗?为什么?

2. 您认为民族身份对您现在和将来的发展有影响吗?如果有影响,有哪些影响?为什么?

3. 请您介绍一下您身边的共产党员的情况。您想加入共产党吗?为什么?

4. 请您列举几件近期村干部开展的工作并简单谈谈您对这项工作的看法。

5. 您认为基层政府为您的生产、生活做了哪些工作(比如修路、治安,等等)?您如何评价他们的工作?有哪些需要改进的地方?为什么?

6. 请您谈一谈您对民族区域自治的理解。

7. 请您谈一谈对我国民族政策的看法(民族优待、民族照顾、对口支援,等等)。

8. 请您谈一谈对惠农政策的看法(比如合作医疗、义务教育、农业补贴,等等),有哪些好处,有哪些不足?

9. 您的生产和生活中有困难了,您会找政府、找朋友还是找宗教组织解决? 在问题的解决中,政府、朋友、宗教组织各自有哪些作用? 为什么?

10. 您知道国家举办奥运会和世博会吗? 请谈一谈您对国家举办奥运会和世博会的看法。

11. 请谈一谈您的宗教生活(活动地点、活动频率、活动习惯,等等)以及对宗教的看法。

12. 请您介绍一下:在您周围,不同民族成员在生产、生活中的交往情况。

二、基层干部卷

1. 请您介绍一下您的工作经历和在民族地区工作的经验与感受。

2. 请您谈一谈基层干部培养、外出交流和学习的情况。

3. 在民族地区基层工作,有哪些困难? 为什么? 您如何克服这些困难?

4. 请您简单谈一下您对民族地区近几年的发展的看法。

5. 您认为民族地区要取得良好的发展,主要从哪些方面着手? 为什么? 请谈谈您的高见。

6. 民族地区如此广阔,您是如何开展工作的? 如何贯彻政策的? 如何办事的?

7. 请您举例谈一谈咱们这里不同民族之间的交往。

8. 请您谈一谈您对民族地区维持政治稳定和推动经济社会发展的看法。

博士论文后记

当静坐在电脑前敲上"后记"二字时,我才隐约感觉到学生生涯几近尾声。但是学海无涯,愿此论文成为一个阶段性的小结吧。伴随着"后记"二字流淌出的复杂的心情中,首缕当属感激和感谢之情……

回首22年的专职学生生活,每每想起的,还是敬爱的老师们。也许是老师们一个不经意的目光和关注,就可能为学生撑起一片天空。还可清晰记得:小学二年级的一次音乐课上,音乐老师对我的大声歌唱投以赞许的目光,培养了我今天对音乐的爱好,并在往后能以唱歌的方式获得我人生第一个展示的舞台;中学的语文老师知识丰厚,才华横溢,向他学习书法,培养了我们课下的师生感情;中师的美术老师靠他对艺术的美妙体悟赢得了大家的崇拜,能进入他的私人画室,初步培养了我对中国画和中国文化的了解和后来的喜好,美术也差点变成了我往后的专业;西北师大一位讲授政治学专业课的老师,对社科知识和思想的融会贯通,并能运用到对时事的洞察和讲解中,使得政治学成为我们全班考取研究生最多的专业。为此,怀着对华中师大政治学研究院的崇敬之情,我有幸来到桂子山。在对政治学的知识、思想和智慧的追寻中,美好的6年,也就这样愉快地结束了!在华师6年的学习中,我的硕士生导师刘义强老师带我们四位开门弟子进入学术的大门,到目前为止,三位即将博士毕业,一位也即将成为博士。感激之情首先要表达给他。我的博士生导师徐勇老师是一位学术大师。在博士阶段的学习中,每当我进入情绪的浮躁、步入生活的空虚、陷入思想的殚精竭虑之时,徐老师的点拨与指引往往拨云见日,使我进入思想的快乐王国。在华师6年的学习中,每每听到徐老师的讲谈,看到徐老师的大作,我会为茅塞顿开而欣喜若狂。学问需要大师的点拨。如果说在华师6年的学习,使我踏上了学术之路,徐老师就是我学术路上的航导。政治学研究院的肖友英老师、王长华老师、程又中老师、唐鸣老师、项继权老师、贺东航老师、邓大才老师、吴理财老师、王敬尧老师、刘金海老师、黄辉祥老师、袁方成老师、陈荣卓老师、王静老师、邵云华老师、赵琳老师、郑先梅老师等诸位老师,无论在学习场合还是工作场合,都为我的成长提供了莫大的指导和帮助,在此致谢!

  22年的青春记忆,总有一批一批的同学与我们一起学习、成长和进步,稍做回忆和总结,便有很多快乐和愉悦迸发出来!还可清晰记得:父亲的木箱子里面放着各种版式的、红色外皮的《毛泽东文选》和《毛主席语录》,丰富的红色典籍和同学之间相互传阅的几本画册,建构了童年时期的阅读。初中三年是感受到自身猛烈成长的三年,知识的全面获取加之"哥们几个"偶尔策划一次的"小行动",在与同学的交往中我们初步感受到了"自身存在的价值"。初中毕业,15岁的我进入了中等师范学校,全面而自由地发展,使得我们身边经常涌现出"奥数专家"、小作家、小画家、小书法家、灌篮高手、"谈情(其实指'弹琴')说爱(其实指'唱流行歌曲')"的高手等等。每一个人都是相对全面发展基础上的某一"特长生"。大学阶段,由初中外语水平,赶不上大学外语水平,通过外语四级和六级考试,与同学们一起相聚外语天地,恶补外语,是大学四年最深刻的记忆!真正的探讨学习和学术,开始于研究生阶段。感谢师兄师姐们的鼓励,感谢师弟师妹们的支持。感谢"田野与政治"读书会上老师的指导和点拨,感谢同学之间的热烈讨论与交流。特别是感谢中国农村研究院的农村调查项目,与老师和众多同学一起身在项目之中,让我学习了书本,学习了社会,学习了团队精神!就在博士毕业之际,同学之间一个手机短信,一个QQ留言,也曾寄托着我们对工作、生活、人生的体会和感受,虽然略显静寂,其中少却了曾经拥有的骚动与激情,但也充满着初入社会的毛糙与真切。22年的校园生活令人难忘,在此,我深刻体会到了:"今天,我以母校为荣!"

  同时,我也要默默地告诉自己,希望自己做到:"明天,母校以我为荣!"为学的日子使我认识到:追求知识、体察社会、历练心智是相辅相成的。特别是博士阶段的学习使我认识到:做学问是一项复合型社会行动,尤其是对于实证调查的社会科学学问来讲,甚是如此。在阅读理论的过程中,不但要有心平气和的理智上的投入,更要有对人性、人情等社会性因素的全面把握和体察,这样方能深得理论要义。在实地调查的过程中,书生气的理论教条就不能深入实际生活,深入生活的细碎也会影响理论的提升和概括,杂乱的情感体验又会干扰冷静的思索……所以,"做人和做学问充分结合","伸出你的双手,拥抱世界;伸出你的双脚,脚踏实地"等做人和学识之道,是徐老师多年治学的经验之谈;在博士论文的写作过程中也有深入的体会;在以后的学习和生活中还要身体力行!

  还想"后记"的是,博士论文的初稿是在2010年11月至2011年1月之间完成的。写作初稿的日子是来武汉第六个冬天,也是最冷的一个冬天。偶尔敲键盘的手指会被冻得僵硬,使唤不得,但是,将两手搓一搓,双手捧着一杯热水,喝完继续写作……偶尔觉得是一种独特的体会:有一点自我感动!初稿的写作之初,同门师妹师楠、吴敏、陈梦菊帮我整理了县志的资料,大大节省了我文字输入的时间。初稿的写作中,经常与亦师亦友的王勇博士快步于操场上,开阔的足球场和宁静的夜晚总能激发我们讨论的激情,博士论文中也包含了王勇博士许多思想和智慧,在此致谢!远在西宁的乔军老师也为我搜集、邮寄了民族问题调查研究的资料,也给寒冷的冬日添加了许多温暖的祝福和问候。还曾记得:华师学子都放假回家了,"学子餐厅"也关门了,我与同窗6年的马华博士一起在沁园春餐厅吃饭,在相互的鼓励中完成了论文最后章节的写作!这个冬天,甘肃老家也是特别冷,爸妈经常打电话来问寒问暖,"娃……""娃……"的几声昵称,有点被感动!回想22年未曾间断的求学经历,父母不仅给我物质上的最大支持,而且给我精神上莫大的鼓励和安慰。虽然他们都是农民,但是读书与犁田一样,同样充满着艰辛,其中的酸甜苦辣,父母最想替我们做子女的分担!可以说,妻子与我共同完成了我的博士论文,从大学开始,我们就一起学习,一起交流,博士论文也是我们多年来的友情、爱情和亲情的凝结和记录!

慕良泽

二零一一年三月于武昌桂子山

出版后记

本书是在博士论文《民族、国家与基层治理——藏族、回族、壮族乡村的实证研究》的基础上修订而成，也是以博士论文为基础申报的2017年国家社科基金后期资助项目"治理现代化背景下民族地区乡土社会与现代国家关系研究"的结项成果。首先感谢出版社细致的校对、编辑和出版！

笔者2011年博士毕业，2012年拿到了有关惠农政策研究的国家社科基金青年项目，2017年结项。在修订书稿的过程中，笔者融入了近年来关于惠农政策、民生政治、贫困治理和乡村振兴方面的调查、研究和思考的一些成果。回顾而言，不管是本书，还是惠农政策的研究，笔者所关注的核心问题是一致的，即将国家与社会关系进一步聚焦于国家整合与国家认同研究。这一主题也许是政治学研究的一个老话题，但是，惠农政策、精准扶贫、乡村振兴、民族区域自治等不断为其赋予新内容，也可以开拓新的研究空间，开发新的理论成果。所以，本书成稿，既是博士阶段研究成果的修订，也是新近研究成果的部分汇集。

笔者2010年独自一人深入民族三地从事社会调查，撰写博士论文。2017年国家社科基金后期资助项目立项后，2018年带领硕士研究生再次深入三地调研，修订博士论文，完善书稿。本书的写作，首先是充分记录了民族三地的社会景观，也试图充分展现民族三地的社会变化。可能，限于自身学术水平，未能全面挖掘和有效分析，只能留待读者讨论和后续再深入研究。笔者认为，记录社会是社会科学研究的第一步，充分记录变化的社会和社会的变化是更好的第一步。第二步的研究工作，需要不断思考、反思，甚至修订，第二步的工作永无止境。本书尽笔者所能，先做好第一步。其实，项目申报、书稿修订、回访调研的过程中，笔者也反复阅读书稿，与此同时，民族三地的自然景观、社会风情、人物形象、言谈举止等等，不断浮现在笔者眼前，与十多年来笔者所经历的生活世界构成了互动和交流，也成为笔者思考、写作的源泉。总体而言，中国社会的总体进步与个别民族、区域的跨越式发展，使调研和回访的过程充满惊喜与好奇，使研究和思考的过程充满对比及其反思。总之，是一项较好操作且有很大开拓空间的探索之旅、文化之旅和思想之旅，往后还要继续坚持，踏实走下去。

在集中修订本书的过程中，闭关三个月、伏案写作博士论文的镜头不断浮现。已过十载，记忆犹新！首先是恩师徐勇教授点点滴滴的学术指导和生活关照就像键盘敲击出来的文字，凝结为思想，展现于书稿，让我心存感激，也不敢懈怠，催我奋笔于写作！恩师年近古稀，毅然激扬文字，引领学问；受聘资深教授，毅然笔耕不辍，守正创新！徐老师永远是晚辈敬仰的楷模！在本书修订的过程中，笔者也充分汲取了恩师新近有关"家户制""乡村底色""国家化"等研究成果的启发。在成果写就之际，恩师欣然作序，为本书增光添彩，再次向恩师致以崇高的敬意和衷心的谢意！

再次感谢民族三地的群众、干部和调研中遇到的流动人员，以及为我调研提供帮助的老师、朋友、同事、家人和学生。衷心感谢陕西人民出版社诸位同志扎实细致的编校工作！在此恕我不一一列举姓名！本成果是大家思想的汇集、情谊的升华和交流的载体！

慕良泽

二〇二一年二月于太原